浙江省哲学社会科学规划课题　课题编号：N05JY03

U0646936

校园道德生活丛书

学校道德生活的现代性问题辨析

甘剑梅 著

江苏大学出版社

图书在版编目(CIP)数据

学校道德生活的现代性问题辨析/甘剑梅著.—镇江：
江苏大学出版社,2009.12
(校园道德生活丛书/刘国永,薛晓阳主编)
ISBN 978-7-81130-124-3

Ⅰ.学… Ⅱ.甘… Ⅲ.中小学－学校教育:德育 Ⅳ.
G631

中国版本图书馆 CIP 数据核字(2009)第 233181 号

学校道德生活的现代性问题辨析

著　　者/甘剑梅
策　划　人/芮月英
责任编辑/芮月英　张　平
出版发行/江苏大学出版社
地　　址/江苏省镇江市梦溪园巷 30 号(邮编：212003)
电　　话/0511-84446464
排　　版/镇江文苑制版印刷有限责任公司
印　　刷/丹阳市兴华印刷厂
经　　销/江苏省新华书店
开　　本/890 mm×1 240 mm　1/32
印　　张/10
字　　数/270 千字
版　　次/2009 年 12 月第 1 版　2009 年 12 月第 1 次印刷
书　　号/ISBN 978-7-81130-124-3
定　　价/28.00 元

本书如有印装错误请与本社发行部联系调换

校园道德生活丛书编委会

建设好的学校道德生活
让学生的道德生命自由成长

（代总序）

班 华

得知刘国永、薛晓阳主编的"校园道德生活丛书"即将问世，我很高兴，特向主编和丛书的所有作者们致以衷心的祝贺！

当人们谈论改善学校德育问题时，容易想到德育体制改革，想到德育内容改革，想到德育方法、德育形式的改进，也想到家庭教育、社会教育的协调等等。这些都是很对的。只是许多涉及体制和政策的问题，不是学校和教师所能解决的。学校和教师的职责，就是建设好的学校道德生活，让学生的道德生命自由成长。我想这套丛书的出版，对建设好的学校道德生活是会有积极作用的。

建设好的学校道德生活，就是为学生营建良好的道德生态环境，让学生能自由地呼吸，自主地开展道德学习，享受学校生活的道德滋养。学生的德性成长，不是靠机械的说教、强制的灌输，不是让学生经历循规蹈矩的、未经解放的学校生活。教育是解放，学校和教师的任务，是创造利于道德生长的生态环境，在这里，学生有自己的独立思考，有自己的生活和快乐，受到学校道德文化的熏陶、感染，有意无意实现着道德学习，让自己的道德生命自由生长、自由发展。我们需要改变这样的状况：过于看重"教"的作用，忽视"学"的作用；过于看重德育课这一直接的、显性的德育的作用，忽视德育课以外间接的、隐性的德育的作用；过于看重德育课堂这一狭小的空间的作用，忽视德育课堂以外极为广阔的学校道德生活的作用。本丛书所揭示的德性成长发展规律、所阐发的德育原理，能帮助我们扩大眼界，应成为我们建设利于道德发展的生态环境的重要理论根据。

学校各种教育活动、各项工作都是人参与的，都有人—人关系，也必然有人—人的道德生活关系。道德是全部学校生活的一个层面、一个维度；或者说，学校的一切教育、教学、管理等工作，无不具有道德的层面。道德的存在和传递必须有一定的物质依托；没有孤零零的、不借助任何物质载体的道德。道德作为一个因素、一个维度，总会融入实际的教育、教学、管理之中；没有离开具体的教育教学活动、管理工作等学校工作而单独存在的、纯而又纯的道德生活。因此，学校生活领域有多宽，学校道德生活领域就有多广。整个学校道德生活构成了学生道德成长的生态环境。有利于德性生长的生态环境，应是和谐的，人人相互尊重、相互关爱、相互理解、相互信任的，充满道德精神的学校生活。本丛书所论述的德育理论、所介绍的德育实践，将会帮助我们处理好这几个层面的关系。

道德生命的成长与发展是一个内容丰富、形式多样、范围广泛的过程。真正有效的德育，就需要营造生动的、活泼的、实在的、行动的、自由的道德成长的生态环境，让学生实现自主的道德学习和自主的发展。

如何建设好的学校道德生活是值得认真探讨的课题，希望本丛书的出版能引起更多朋友对学校道德生活的关注，也希望通过创建有道德的学校生活，进而创建有道德的社会生活，从而创建和谐的社会！

目　录

导　言

一、问题的提出

曾经有这样一首童谣流传于我国的中小学校园：

> 太阳当空照，骷髅对我笑。小鸟说：早早早，你为什么背上炸药包？我去炸学校，老师不知道。一拉弦，赶快跑，轰隆一声，学校炸没了！

听到这首童谣，我们不禁惊异于孩子的暴力想象，同时，也不得不深思我们的学校究竟出了什么问题，以至孩子如此不满，想要一炸了之？过重的学习压力、不如人意的师生关系、不合人性的课程教学安排……是导致这一现象的原因吗？是否有更为深层的原因呢？我们认为，今日中国学校教育的问题根源，深孕于中国社会独特的现代性实践之中。

中国社会的现代性实践是在西方文化的冲击下由国家自上而下启动的，它一开始就充满了急迫的追赶心态。在急迫的追赶中，传统被认为是无用的障碍而遭到决绝的否定与批判，技术被认为是强国的法宝而受到无限的推崇。片面的反传统与技术至上，使中国社会处于道德传统的持续断裂与人文价值的持续流失之中。这积累为 20 世纪末学校道德性的丧失与学校生活的价值虚空，直接导致了学校生活的异化，是催生暴力童谣的真正根源所在。同时,在中国道德权威主义传统与西方现代性的相遇中,中国社会在不断趋于民族国家和意识形态认定的同时,开始面临理性主义、自由主义和生命主义的价值挑战;中国社会开始由封闭走向开放,个人开始有了自由的实践空间。个人自由对意识形态独断的极大冲击,使曾经无可置疑的国家意识形态不再居于首要位置,以国家意识形态为根基的学校道德生活开始面临合法性危机。这一切都表明,学校道德生活的当代问题是社会的现代性实践在教育领域中的积累。源生于现代性实践的问题,需要在现代性的理论与历史审视中寻求解决路径,这是我们提出学校道德生活现代性论题的现实理由。

在全球化的历史语境中,现代性已成为中国文化不可拒绝的历史命运,中国已被抛入现代性之中。然而,复杂的现代性经验使中国同时身处前现代、现代与后现代之中。学校道德生活在自身前现代的传统、现代的理性解放和自由之声、后现代的浪漫主义和虚无主义的交织与动荡之中无所适从。何种现代,如何可能,已成为学校道德生活自身不得不追思的问题;如何面对那些游弋在传统与现代中的冲突思想和价值,也成为其必须面对的现代性难题。在失去了价值根基的情况下,究竟如何面对道德的自由、生命的自我和意识的解放,这一切都只有在现代性的问题探究中才能找到答案。学校道德生活的现代性问题辨析成为一种伦理的重构和道德的重新论证过程,同时也是对中国传统和西方现代性进行价值追思和领会的过程,这正是本书思考的起点。

中国残缺的现代性实践,导致了中国教化启蒙的未完成性。到了今天,未完成的教化启蒙再一次成为中国社会现代性努力的一个巨大障碍。如何接续中断的启蒙努力、重新书写中国的教化历史,是当代学校道德生活重构所面临的具体任务。启蒙在西方以及中国的复杂命运警示我们,需要认真对待启蒙的辩证。因而,我们需要在对启蒙的伦理、价值以及知识的存在中,去辩驳它的合理性。启蒙不是一个具体的教条目标,它既需要哲学的辩护,也需要哲学的批判。我们确立学校道德生活现代性问题辨析的主题,就是基于对启蒙的谨慎。在这种谨慎之中,自由、生命、科学、进步和民族国家,都并不具有天然的自明性,它们都需要在"人是目的"这一现代性伦理底线的基础上接受理性的检审。现代性和启蒙一样,天生是个问题,所以它需要的不是简单的追寻,而是谨慎辩驳中的实验。学校道德生活现代性问题的提出正是基于对启蒙的谨慎,它既是对中国文化现代性问题研究的回应,也是当代学校道德生活建立自身合法性的起点。

二、研究背景与基础

(一)研究背景

早在 19 世纪,随着西方现代性的发展及其日益暴露出的种种问题,对现代性的反思与研究就已经开始了,康德、黑格尔、马克思、韦伯等人都是现代性问题研究的先驱。甚至随着现代性问题研究的深入,产生了一门新的理论学科——社会理论。在西方,社会理论就是现代性问题研究的代名词。随着现代性问题日益渗透到社会生活的各个领域,现代性也日益成为不同学科研究的一个共同的问题域,哲学、文学、美学、社会学……都从不同的视角,不同程度地涉入了现代性问题的研究。西方学人在西方现代性问题的研究方面已积累了相当丰富的学术成果,但这些成果是西方学者与西方的现代性经验与问题对话的结果,其理论是否能够用来有效地解释中国的问题呢?这仍是一个需要仔细检审的问题。不过,作为一种资源它们无疑为中国的现代性问题研究提供了相当丰富的启发,尤其,后现代对现代性问题的反省与批判已提供了超越现代性的理论视野。从某种意义上说,中国的现代性问题也是在后现代性的视野中真正突显与启动的,而中国的现代性问题话语却是近几年才开始真正兴起的。

在中国,现代性问题是随着西方文化的冲击、伴着中国社会的现代化历程产生的。中国自身的社会文化特性使中国的现代性问题从其产生之初,就具有不同于西方文化的问题性。但中国学界对中国现代性问题的理论探究甚为薄弱。中国学者研究的问题核心是现代化问题,而不是现代性问题。正如有学者指出的那样,20世纪80年代被中国思想界作为分析中国问题的现代化理论,是美国版的现代化理论。这一理论充满了一种理性的自信,它坚信一种持续不断的、系统的和创造性的知识探索,并把社会变化视为一个有确定方向的过程。① 20世纪80年代的中国思想界,是将这一理论作为一个自明的分析工具加以利用的。如果说现代化理论主要是对现代社会结构、政治制度以及经济制度的系统解释和综合研究,那么,现代性话语则主要是对处于现代社会中的个体与共同体之间的关系以及个体与个体(包括个体与自我、个体与他者)之间的关系的揭示,是对个体心性结构的现代形态和集体意识的现代变迁的探讨。现代化研究注重的是宏观层面的结构,而现代性研究注重的是微观层面的意义。中国社会的现代性从一开始就体现为由国家发动的技术现代性的追求,而作为批判力量的文化现代性始终没有得到恰当的关注。在中国,现代化问题遮蔽了现代性问题。对于现代性的合理性、合法性等理论问题的反思、探究,是20世纪90年代随着批判现代性的后现代话语在中国学界的登陆才真正开始的。现代性的基本理念在现代阶段主要着眼于民族国家的宏大建设;而在后现代阶段,现代性的那些理念主要着眼于人本身的建设,着眼于重新回到个体的主体性和内在性。现代性知识旨在实现国家和社会权力的理性化,而后现代知识旨在实现

---

① 杨念群:《中层理论:东西方思想会通下的中国史研究》,江西教育出版社,2001年,第52页。

个人行为的理性化。正是后现代的个体差异视角，使以牺牲个人权利与自由为代价的总体性的现代性暴露出了自身问题。

中国现代性问题的讨论最初是从西方的现代性理论与现代性问题切入，借助西方的现代性话语开始的。20 世纪 90 年代初，国内学者张博树就从哈贝马斯的现代性理论出发，考察了现代性的基本涵义、历史起源及其对资本主义文明的挑战以及它的未来前景等问题，同时对中国的现代化与现代性问题也作了初步的讨论。但当时，人们还是将现代性视为现代化的一种后果，所以在他这里，中国的现代性还不成其为问题，因为当时的主要任务还是实现现代化，而不是对现代性进行反思与批判。因而，他是将现代性作为一个前瞻性的问题来加以考虑的。[①] 同时，在文学界，文化的现代性问题也开始成为学者们关注的问题。但随着 1992 年南方讲话后市场经济的主体地位的确立，中国的现代性已不再是一个前瞻性的问题。20 世纪 90 年代中期以后，随着后现代话语在中国学术界的登陆，"现代性作为一个令人感兴趣的关键词，越来越多地出现在各种研究著述和文献中，越来越频繁地进入我们的理论视野"。[②] 其中，汪晖、刘小枫、张志扬等学者对现代性问题的研究，将汉语学术界对这一问题的关注引向了一个新的深度与广度。

（二）相关研究基础

1. 关于生活现代性的研究

所谓生活现代性，是指社会生活在物质与精神层面所显示出来的现代性特征。对这一问题，人们从文学、哲学、社会学等视角进行了广泛的关注。其中，直接以现代性及生活为论题的研究，主

---

① 张博树：《现代性及其超越——哈贝马斯研究》，中国社会科学院哲学研究所博士论文，1991 年。

② 周宪：《现代性与本土问题》，《现代性的张力》，首都师范大学出版社，2001 年，第 38 页。

要是陆汉文的《现代性与生活世界的变迁:20世纪二三十年代中国城市居民日常生活的社会学研究》。在该书中,陆汉文以人的生活与发展为中心,梳理和分析了历史上遗留下来的大量调查统计资料,提出了一套评价性的社会指标体系,从物质生活与消费水平、群体生活与社会交往、文化教育与精神生活等主要方面对20世纪二三十年代我国城市居民进行了考察,揭示了他们日常生活中的现代性因素。① 这一研究主要从社会学的角度对生活现代性的外在特征进行了研究,为我们考察学校道德生活现代性问题的外在特征提供了思路上的启发。

2. 关于学校道德生活现代性的研究

学校道德生活是一个广义的概念,它泛指影响儿童道德形成与发展的所有学校教育活动。从这一意义来说,发生在学校场域中的所有活动,都对儿童的道德形成与发展有着某种影响。学校道德生活既有显性的课程教育影响,也有隐性的环境与制度影响,是一种宽泛意义上的学校德育。学校道德生活的现代性问题研究,就是从现代性的视角对学校教育的道德影响中存在的问题进行探究。这种探究一般有三种视角。

(1) 宏观的教育背景与制度视角

从这一视角出发,学校道德生活的现代性问题与教育的现代性问题相通。

虽然中国教育早在19世纪末20世纪初就开始了艰难的现代转型,但中国教育的现代性意识却是在五四运动以后才开始确立的,而新中国教育全面苏化使教育的现代性努力为意识形态的教化所取代。对教育现代性的重新思考,是20世纪90年代以后的事。和中国20世纪80年代以来的学术语境一样,在教育领域中,教育的现代化和德育的现代化在80年代的理论中是一个不被反

① 陆汉文:《现代性与生活世界的变迁:20世纪二三十年代中国城市居民日常生活的社会学研究》,中国科学文献出版社,2005年。

思的概念,是建构新的教育理念与思想的前提与标准。教育现代化与德育现代化也是从社会现代化的角度来加以理解的。在现代化的视野中来讨论德育的转型问题,总是不能脱离工具论的嫌疑,遵从的总是现代化、人的现代化、德育现代化的逻辑。20 世纪 90 年代,随着对社会现代工业化问题的全面反思,现代性问题逐步成为中国文化思考的一个重要问题,对现代性问题的讨论日渐代替了对现代化问题的讨论。在这样的思想背景中,教育的现代性问题也开始受到我国教育学界的重视。

国内学者孙传宏首先质疑了人的现代性依赖于学校教育的观点。他将人的现代性获得置于生存论的视野中,认为现代性的人是在现代性的生活中形成的,学校的能力是有限的,它仅限于提供营养和部分理智训练的作用。① 即教育现代化并不必然带来人的现代化,这是一种不同于乐观自信的教育现代化观念的一种反思。国内学者褚宏启则认为,一个国家的教育现代化程度高低主要体现在教育现代性的增长上,并指出教育传统与现代性并不是必然对立的,相反,教育传统是教育现代性的基础。② 这对视传统为现代化进程之障碍的观点是一种有益的启示。刘铁芳对教育学研究中个体性话语缺席现象进行了分析与批判,指出了教育学话语的现代性转向与生成的必要和可能,从而为中国教育的现代性转向作了方法论的论证。③ 吴全华在对教育现代化与教育现代性的比较之中,论证了教育现代性研究的反思、整合与整体启蒙意义,论证了教育现代性的学理基础。这是一个有现代性话语意味的研究,开始在现代性与现代化之

① 孙传宏:《学校蒙养与生活养成》,《海南师范学院学报(人文社会科学版)》,1997 年第 2 期。
② 褚宏启:《教育现代化进程中的教育传统与教育现代性》,《北京师范大学学报(人文社科版)》,2000 年第 1 期。
③ 刘铁芳:《生命与教化》,湖南大学出版社,2004 年。

间去寻求一种思考的张力。①

　　以上的研究只是对教育现代性问题的片断性思考。近年来，人们越来越重视从一种历史的整体的视野来探讨教育现代性问题，开始对教育现代性问题进行一种较为系统的研究。丁钢教授在对 20 世纪 80 年代以来中国人文社会学对现代性问题探究方法与言路的反省基础上，批判了教育研究的理想主义研究言路，提出了现实主义的研究言路，强调从中国经验和中国历史出发对中国教育的现代性问题进行探究。他指出：我们无论对于现代性的价值理想有多了解，也不能以此代替对中国历史与现实的了解。他认为，历史的现实应当成为我们探究中国教育现代性问题的起点。丁钢教授正是在这一思想原则指导下，在文化的名义下，在《历史与现实之间：中国教育传统的理论探索》一书中对中国教育的诸多现代性主题进行了梳理，力图为中国当代教育的理论与实践研究提供一个反思背景，以"促使当代中国教育的理论与实践反思自己是在什么样的背景历史结构之基础上展开行动的"②。这种回到具体历史的研究思路，正是中国教育现代性研究极其缺乏的。丁钢教授的研究为我们开启了教育现代性研究的新的思想路径。王啸则立足于"全球化——本土化"这一当代视域，对中国当代教育的"现代性"问题、教育学的话语建构问题进行了系统研究。他的研究开启了教育现代性研究的另一种理论视域。杨东平在《艰难的日出：中国现代教育的 20 世纪》一书中也涉及了教育的现代性问题。他在历史分析与理论辩驳的基础上，对中国教育现代性问题产生的历史根源及教育现代性的理论指认作了研究，他指出：现代教育不是由外在的物质条件定义的，而是由教育的人文性、公正性等现代性的理念为支撑的。他的观点对当前工程性的教育现代

---

　　①　吴全华：《教育现代性研究的学理基础及反思向度》，《教育评论》，2002 年第 3 期。
　　②　丁钢：《历史与现实之间：中国教育传统的理论探索》，教育科学出版社，2002 年，序论第 7 页。

化无疑是有深刻启示的。这些研究从不同的角度与层面为学校道德生活的现代性问题思考提供了理论资源。

（2）学校德育理论与实践模式角度

无论在西方还是在东方，德育的现代性相较于教育的现代性都是一个晚出的话题。西方的现代德育启动比教育晚了 300年。① 而中国的德育现代性可以说至今还没有真正开启。在一个多世纪的现代性努力中，中国教育罕见地仍处于传统之中，除了有形式的现代教育制度与教育组织形式之外，深层的教育价值观念仍然是传统的。这从 20 世纪 80 年代以来中国社会愈演愈烈的应试教育之风便可见一斑。在中国，教育与德育同样面临建构现代的任务。中国的贫穷使中国教育走向现代异常艰难，教育的普及成了一个世纪性难题，而新时代的阶层分化又使教育公正成为一个新的现代性问题。中国传统文化的泛政治与泛道德以及当前市场文化的唯利益，更使德育的现代性面临政治意识形态与市场意象形态双重控制的危机。现代性对于中国的德育来说，任重而道远。

目前在我国德育研究领域，专门以现代性或德育现代性问题为名的系统研究还不是很多，但对德育现代性及其问题的思考与研究却并不少见。从宽泛的意义上说，德育在从传统向现代的变迁中所遇到的种种问题都可以说是现代性问题，是德育转型的另一种表达而已。20 世纪 90 年代市场经济所带来的深刻社会变化，使中国同时身处前现代、现代与后现代之中，德育近百年来所积累的种种问题在这一社会急剧转型时期开始集中突显出来，德育在这种急剧的价值文化变迁面前显得空前的迷茫与无用，德育的转型研究成为一件迫在眉睫的事。在这样的背景下，以现代为

---

① 冯增俊：《论现代德育的历史转型及其当代变革走向》，《道德教育论丛》，2000年第 1 卷。

名的德育研究成果开始丰富起来①，同时也有不少研究虽未以转型或现代为名，但事实上是对德育理论或实践模式的一种重构性思考②，以重新确立中国德育的理论基础与价值导向。这些思考主要是一种规范性的建构思考，即将德育现代性视为一个有待实现的目标，在对其进行规范指认的基础上进行建构性研究。

我们认为，这对行走在现代性途中的中国德育来说是一种非常必要的研究，但仅限于此也还不够。尤其，现代性的目标对于我们来说是否就是一个无须质疑的目标？为了防止走向新的异化，需要对德育现代性进行反思批判。也许，因为人们认为中国德育还不具有现代性，所以才质疑批判从何谈起。我们认为，批判并不直接意味着一种否定，它只是一种合法性的检审。现代性的批判对于中国德育来说并非不可能，德育中种种非现代与反现代现象就是一种非常值得反思的现代性现象。还有，从现代性的视野中对这种非现代与反现代的历史文化根源进行探究也是一项非常重要的工作，因为现代的建构只有具有历史的合法性，才有现实的可能性。分析问题的历史来源是一种真正智慧的研究，只是这种研究在德育领域还相当稀缺。这不仅因为我们曾长期处于无需研究德育的状态，而且因为理论话语的贫困也使人们认为德育就是一种经验，理论与科学对它来说是可笑的。然而，随着社会道德的恶化，德育面临越来越多的自己无法解决的问题，如何转型也就成为一种迫切的思考。

国内也有不少学者从不同的角度直接谈论德育现代性问题。如班华教授从德育现代化的角度谈到德育的现代性，将德

---

① 相关论著主要有魏贤超的《现代德育原理》（1993 年），班华的《现代德育论》（1996 年），戚万学、杜时忠的《现代德育论》（1997 年），杨玉宝的《中国道德教育现代化研究》（博士论文）。还有不少以现代为名的研究文章，在这里不一一例举。

② 如鲁洁的《德育新论》、朱小蔓的《情感教育论纲》、戚万学的《活动德育模式》、檀传宝的《德育美学观》，还有其他一些学者提出的道德体验论、生命论道德教育、幸福教育论、生活德育论等。

育现代性视为现代德育的特质,同时还从不同的角度对德育的现代化问题作了系列研究。① 力求展开德育的现代特质,这对于德育现代性尚未成为一个受关注的理论课题的中国教育来说,是一个非常重要的突破。鲁洁教授则在不持现代性之名的情况下,对德育现代性的一系列问题作了深刻探究。如现代化进程中的道德危机与悖论;面对现代社会中的德育异化,德育如何返本归真、回归自我;社会转型期中国道德教育所面临的选择;等等。尤其是她对现代德育的人学基础的一系列深入思考,为中国德育如何既走向现代又可避免新的教育异化提供了丰富的启示。② 金生鈜教授则从现代性哲学的视野对德育现代性问题进行了相对集中而又深入的研究,从现代性的立场对中国德育中存在的问题进行了深刻的批判。他对中国传统的总体性道德教育的解构以及对公民理性培养与美好生活建设的关注,在很大程度上填补了中国德育现代性论说中的话语空白。③ 高德胜对知性德育的批判,可视为直接涉及德育现代性问题的一个研究。他认为,现代性的知识取向德育造成了教育与人的疏离,因而,回归生活世界成为当下德育改革的一个主流叙事话语。这正是对德育现代性问题批判的结果。④ 刘铁芳围绕个体生命与道德教化的关联,将中国社会的道德教化问题作为一个现代性事件进行了系统的历史审理,这是对中国德育现代性转向问题的一种深

① 班华:《世纪之交论德育现代化建设》、《近十年来德育思想现代化若干进展》,《教育研究》,1999 年第 2 期;《创造性的培养与现代德育》,《教育研究》,2001 年第 1 期;《德育理念与德育改革——新世纪德育的人性化走向》,《南京师范大学学报》,2002 年第 4 期;《现代德育论》。

② 鲁洁:《当代德育基本理论探讨》,江苏教育出版社,2003 年。

③ 金生鈜:《质疑建国以来的道德教育规训》,《教育理论与实践》,2001 年第 8 期;《规训化教育与儿童权利》、《道德教育与美好生活》等,http://www.nsddys.cn/qylt/page2.htm.

④ 高德胜:《知性德育及其超越——现代德育困境研究》,教育科学出版社,2003 年。

度研究。①

（3）儿童生活体验角度

当人们将教育理解为一种引导儿童接受普遍价值过程的时候，人们往往将儿童的道德教育理解为一个价值灌输的过程，很少能够考虑到儿童在这一过程中的感受。而当人们将教育理解为促进个人自主与自由的时候，人们就开始怀疑教育灌输的合法性，开始试着从儿童体验的角度去理解和关心儿童的学习。由此，从儿童体验的角度关注道德教育中的问题，也开始成为一种新的研究取向。伴随这一研究取向的出现，便有了关于儿童道德教育的叙事研究、体验研究的成果。如朱晓宏的《儿童的成长：另一种记忆》采用叙事研究和生活体验的方式，对儿童在学校的诚信生活、合作生活、公正生活、民主生活、纪律生活、激励生活、生活中的压力体验和校园欺负的体验等进行了研究。这一研究关注儿童在学校生活情境中的个体感受，这种对儿童生活体验故事的研究能够以一种更为深刻的方式唤醒人们对学校生活经验存在意义的关注。② 这一研究虽然没有直接论及现代性的问题，但书中对儿童所体验到的种种生活的原因分析却离不开现代性的大环境，从某种意义上说，它表达的是现代性语境中的儿童成长记忆。

三、研究目的与方法论思考

（一）研究的主要目的

本书的研究建立在继承已有成果的基础上，并力求从以下几方面进行探究。

---

① 刘铁芳：《生命与教化——现代性道德教化问题审理》，湖南大学出版社，2004 年。

② 朱晓宏：《儿童的成长：另一种记忆》，江苏教育出版社，2009 年。

1. 寻找学校道德生活新的伦理根基与哲学前提

在现代性带来的价值冲突和现代性的危机面前,反思学校道德生活的现代性问题,探索现代性的批判意识与超越方式,为学校德育建构新的价值基础,为中国德育的现代转型提供学术方案,这是探究的基本出发点。现代性既是造成中国伦理价值危机的原因,同时也是审视中国伦理价值危机的线索。从现代性出发,可能为处于危机中的中国德育提供一种新的理论框架,使德育领域的现代性问题得到显现和揭示。本书对学校道德生活问题的讨论首先从道德的奠基问题开始,试图在反思和批判现代性哲学与伦理主题的过程中,去呈现学校道德生活所面临的现代性理论困境与现代性实践难题,并力图在寻找新的伦理根基与哲学前提的基础上尝试性地探讨学校道德生活走出困境的途径。

2. 寻求学校德育研究新的方法论基础

在 20 世纪 90 年代中国学术研究的背景之中,现代性概念被理解为一个悖论式的言说体系。在这种言说语境中,学校德育研究也开始引入现代性反思维度,其目的是力图超越已有研究中的本质主义话语模式,从而把中国德育问题置于更为复杂的理论与历史场景中重新加以把握。在应对现代性的问题上,比适应还是超越更为基本的问题是学校德育如何面对现代性带来的价值分裂与价值虚无。价值的分裂与虚无使学校德育陷入无根基的境地,无根基的教育如何为之? 这不仅决定了德育现代性理论论证之必要,同时也说明,中国现代性实践的种种诠释方案给德育所造成的复杂影响不是通过某种单一的、本质主义的诠释就能简单予以说明的,它是一个包含复杂矛盾的悖论性课题。因此,学校德育研究如果要找到新的理论立足点,就不能仅仅停留于对现代性的本质主义诠释之中。如学校德育的出路究竟应当指向理性化方向还是生命化方向等。学校德育需要迫切完成的工作是:在对现代性的哲学主题进行批驳性反思的基础上,努力建构自身独立的话语权力,并运用这种话语权力去抵抗他者的支配。对当代中国学校德育的变革而言,现代性现象既是一种宿命,也是一种建构。

3. 发现新的教育品质,阐释现代性的教化哲学

在现代性的视野中,德育的品质得到了新的阐释,它不再只是一种依附性的工具,还是一种自主自立的存在,适应与服从成为对德育的过时解释,在虚无中创造意义、在强制中寻找自由,成了它新的努力方向。德育越来越多地与公共生活联系在一起,而不是一种实施特定教义的表演。在回归生活、关照生命的过程中,它开始重新书写自己的历史;在新的品质的获得中,它开始重新塑造自己的形象。

坚持未尽的启蒙理想、建构现代性的教化哲学,既是中国学校德育自救的需要,也是救治中国现代疾患的需要。中国现代性的书写仍需以理性为根基,理性的缺失正是中国文化现代性问题病根之所在。因而,寻找学校德育的理性背景,尤其是启迪中国学校德育的理性意识,仍是中国学校德育走向现代的基本方向。当我们把理性作为现代性的最终成果和价值尺度的时候,并不意味着对理性的盲目崇拜,理性也只有在接受理性的不断批判的基础上,才能始终保持自己的理性。因此,我们需要在现代性的时间意识中,对理性的一切形式与后果进行一种理性和伦理的审度,以防止理性的异化与暴政。泰勒说,理性是有毒的圣杯,它既是我们无法拒绝的,又是危险的,我们唯一的出路就是保持审慎的智慧。这种智慧正是通过现代性的教化哲学来加以表达与培育的。依凭这种审慎的智慧,我们才能对教育中的浮泛与偏执保持足够的警惕,并以此来修缮我们的学校德育,这便是本书想要寻求的一种观念努力。

(二) 方法论思考

作为一种研究方法的思考,本书要建立一种考察伦理教化的

现代性方法论立场。现代性在许多场合被作为一个价值论的规范使用，如现代性意味着一种理性与自由的启蒙，意味着在道德上的个体自立和选择等。但本书在使用现代性这一概念时，却不仅仅是一种价值论的概念，在相当程度上是从一个方法论的角度使用的。本书没有把现代性作为一种价值的目标去追求，而是将其作为考察伦理观念时间谱系的重要轨迹。

从哲学立场看，道德诠释观主要有三种：一是哲学本体论的道德诠释观。如康德的绝对命令学说认为道德律令出自理性命令，在他那里，道德是超验性的存在，人的经验道德只有向超验命令靠近，才能获得理想的道德。二是经验论的伦理观。如叔本华批判康德的超验伦理认为，伦理是在经验过程中形成的，不存在什么超验的理性和意志。三是麦金太尔的历史实践观。麦金太尔他避开了超验论和经验论对伦理问题的讨论，在他看来，无论是超验伦理还是经验伦理都不能真正把握现代伦理意识的发展，伦理的发展建立在谱系的流动之上，时间的历史才是伦理判断的基础。因此，用现代性的视野考察伦理是讨论现代人道德生活的根本依据，从任何绝对命令和个人经验中都不可能阐释出伦理的合法性。

从这个角度看，现代性作为一种方法论的意义要远远大于它作为一种价值尺度的意义。从方法论的角度看现代性，可以看到前现代、现代和后现代的伦理谱系，而从价值内容的角度，则只能看到一个无法确定具体意义的观念。这种方法论是一种时间历史的方法论，正像鲍曼对现代性的论述一样，现代性是一个流动的观念，它不断向我们身后无限延伸。从这个角度还可以看到，现代性的方法论还包含着理性批判的哲学态度。流动意味着不断诠释和理解，意味着不断反省与批判，没有什么绝对的真理，一切都有另外一种可能；现代性意味着此时此地的原则，"对现代来说，重要的是把目光投向此世，并确立此世原则"，意味着面对当下以及面向未来的一种开放，而不是对未来的承诺与透支。① 在方法论上寻找现代性的时间意识，但在内容上却要超越现代性。不过一切都是一种在传统与现代撞击中产生的现代性哲学，向现代性接近还是超越它，都应当由处于时间历史中的观念谱系来决定。比如，对于中国的现代性问题，可能不是单纯性的超越，而是要在适应中超越，事实是穿越现代性。穿越意味着在经历中超越，而不是在否定中背弃，现代性对于中国来说是一个无法拒绝的存在。此时，若仍要以寻求个性和独特之名企图漠视它的合法性，就是故意与自己的生活为敌，最终，还是不得不去走自己必须要走的路。中国的历史已无数次地证明了这一规律。对于我们来说，重要的只是走自己的路，从自己的脚下出发，这是真正的独特；从自己的经验出发，才能确立起属于自己的一种合法立场。这是由中国这个未成熟的现代性、这个处于传统与现代对抗的现代性中的观念谱系决定的。

用这个观点建构现代性及其伦理教化观，是研究努力争取的一个方法论视野，也是进行观念论证的逻辑立场。它不以现代性为尺度，而是以现代性为时间理性。比如，从伦理上看，中国的现代性转型是一种以现代化为形式的道德进步，然而，对于中国的伦理现代性来说，既要建构这种道德的进步意识，又要去除它对中国伦理实践的遮蔽。比如，学习西方的全球主义和理性自由等伦理意识的确是一种道德的进步意识，可见，道德的确有追随历史并适应历史的进步意识。然而，道德又不像现代性所宣称的那样，是一种积累性的、不断向前的、由人主宰的历史过程，它可能具有超越这种有明确轨迹的、受进步意识支配的历史方向。事实上，无论现代性提供了什么样的进步理性，我们都不可能完全摆脱道德传统所包含的永恒价值和回归意识，诸如现代民族国家、公民自由、理性自由、道德自立等，我们都不能彻底取消由现代性导致的个体生

命危机。正如刘小枫所指出的那样："历史生命的具体内涵不可能完全相同，但人都无法逃避爱与恨、善与恶、沉沦与得救、希望与绝望的生命意义的分裂，都承负着自我与他人、男人与女人、人类与自然、罪人与上帝的原始对抗。由这种分裂和对抗构成的生命形式是超历史、超个人的。"[①]道德既有永恒的东西，也有受进步支配的、确定性的东西，更有飘忽不定和流动性的东西。这就决定了学校道德生活的矛盾性与复杂性。没有完美的道德，也没有完美的德育，一切都需要接受理性的批判与反省，这就是本书在书写与研究时的方法论立场。现代性的方法论立场既是一种批判的立场，也是一种可能的立场。批判使我们保持理性，但也可能使我们保持开放，在无人能敌的历史长河中，一切都是可能的。

四、本书框架和基本观点

本书依中国学校道德生活现代性语境、伦理难题、价值困境辨析以及学校道德生活内容建构的现代性旅程、转型的现代性选择与现代性重构的逻辑线索展开。在对中国学校道德生活的现实审理与现代性的哲学主题的反思性辨析中寻找中国学校道德生活新的价值根基与行动策略。

本书共分五部分，其基本内容与观点如下。

第一章"学校道德生活的现代性语境及其问题"。本章主要讨论为什么要从现代性的立场来讨论学校道德生活问题。首先，因为当前的中国社会遭遇了现代性问题。中国近百年残缺的现代性实践致使中国的教化启蒙至今还未得以真正的进行，并积累了越来越多的现代性问题，道德是这一实践的重灾区。现代性教化

---

① 刘小枫：《拯救与逍遥》，上海三联书店，2001年，第23页。

的重构成为中国社会突围困境的必要途径，学校道德生活的现代性作为一个问题与课题在后现代的语境中显现出来。当今中国学校道德生活问题的实质也是中国社会现代性实践在教育领域中的反应，在文化的转型中它们日益蜕变为德育自身的现代性问题。经验意义的现代性对规范意义的现代性的悖离，是当今中国学校道德生活现代性的最大问题。从具体的存在来看，合法性根基的重建、伦理立场的选择和教化的精神退化，是当今中国学校道德生活现代性所面临的几个首要问题。

对于中国现代学校道德生活的合法性寻求来说，立场的选择是一个比观念的确定更为重要的问题，立场决定了视野，也决定了合法性的根基持存的界域。合法性的寻求可以有很多视野，如伦理学的、社会学的、教育学的，等等，但对于有着复杂处境的中国学校道德生活来说，需要一个既有学术性又有纵贯力的理论视野，现代性的宏阔与纵深使它成为一个有效的理论视野。在这一视野中，不同学科、不同历史时段的问题都可以得到综合审理。

第二章"学校道德生活的现代性伦理难题与价值困境"。现代性伦理是否可以作为现代德育的一种根基，这是一个需要辩护的问题：在现代性的视野中，伦理自身有着一个怎样的演变，它有着怎样的时代意义，面临着怎样的内在困难与危机？人的意义是现代性道德要考虑的一个伦理主题，正是意义的丧失使现代性成为一个令人怀疑的问题。人为何需要道德，现代性是否有道德等，都是一个需要论证的问题。在苦难记忆的启示下，现代性开始自身的伦理反思，对原罪的遗忘成为现代性暴力的根源，理性的狂妄放逐了道德的守护，如何重新开始道德的启蒙成为现代性自身治疗的必要选择，由此，学校道德生活的现代性获得了自己的伦理支持。

民族国家是中国现代性实践的最大成就。在民族国家的怀抱中个体显得卑弱而又幸福，这是民族国家给现代人提供的独特生存处境。国家的建立使个体有了一个群体的归属,获得了安全的感觉,但安全的代价是自我的丧失和自我的无条件消失,一切在集体与国家的名义下都有了合法性。民族国家成为道德主体,道德的进步也变成一种集体的行为,变成一种国家运动,以至国家性的思想改造成为20世纪中国德育的奇特景观。民族国家以及个体自由都标志着理性自身发展的这一方向,使人们开始遗忘道德的普遍人性基础,形成狭隘的、相互对抗的地域伦理以及完全不受束缚的、根本无视他者意志的民族伦理。民族国家作为一种现代性的道德法则,用民族理性压制了个人理性。民族国家意识束缚了道德诠释的自由,而这一点正是我们难以从政治哲学或所谓政府推进的德育模式中解放出来的重要原因。

技术现代性和进步理念是对中国现代性实践发生深刻影响的两种主要价值观念,它们所承载的价值对中国学校道德生活产生了深刻影响,辨析它们的价值合法性,成为重建学校道德生活内在基础的准备。技术现代性对学校道德生活影响的突出表现是人文价值的流失与德育存在的边缘化,对物质功利或政治功利的病态性崇拜使中国社会的人文精神急剧流失,道德与精神处于持续的荒漠化过程之中。中国德育也因其与人的生活与生命的持续脱节中,而始终处于一种虚化状态。即在德育为首的旗帜下,道德教育其实从来就没有真正保有自身的尊严和独立。严格地说,技术现代性的迷误使中国的德育自20世纪40年代以来一直处于一种道德匮乏状态,它有对各种意识形态的服从与努力。却没有道德的努力,这一经历注定了世纪末的德育危机,没有道德哪来的德育?

进步是最基本的现代性观念,现代社会就是人们在对进步的追求与想象中建构起来的。进步的逻辑导致一种自然适应观,因为历史是自然进步的。在进步理念的支撑中,一切都是一个有序累进的过程,道德也不例外,现代的道德必然优于古代的道德。站在进步的立场上否定传统就成为一件合法的事,一切都有一个最终的目标和结果，到达这一点就实现了至善的理想。以此指导的教化就是将不完善的个体引向完善的普遍性，在普遍性之中，人才可以永恒。因而，在进步的名义下生命的滞留与衰退是被否定的，与普遍的历史相比，个体也是微不足道的。德育中对人的否定和对个体生命的漠视就孕含在这种进步的追求之中，在对现代性的追求与想象中，我们一直充满了进步主义的乐观态度。学会理性的怀疑和悲观，是我们需要修习的现代性功课，这是道德教化的使命所在。

　　第三章"学校道德生活内容建构的现代性旅程"。学校道德生活中德育知识的生产及其现代性建构，是德育现代性的一个重要知识学问题。伴随现代性的历程，在德育从前现代向现代的过渡过程中，德育知识生产的主体、方式以及内容都经历了一种什么样的变化？有着一个什么样的知识谱系？教化知识的现代性结构是怎么样的？在现代性的知识运动中，中国德育的知识生产方式有着什么样的特色，存在着什么样的问题？我们如何来进行现代性的德育知识建构？这都是中国德育现代性建构中正在经历也需要面对的问题。我们以德育模式研究的演变为例探讨了德育知识的现代性创生过程，从前现代的想象到现代的论证，直至由科学到行动的努力，勾画出了德育知识生产的一个清晰线索。前现代的想象虽只是提供了无法验证的道德直观，但它深孕的原理却有可能成为现代机械思维的解毒剂。想象并不是无知，但巫祭对知识诠释的独权却使知识变得神秘。由智性的沉思到知性的证明，德育知识逐步成为脱离生活的理性教条，哲学家们因为有着知识生产的权利，因而也就获得了教化民众的权利。在由科学到行动的蜕变中，知识重新贴近生活实践，生产教育知识的权利也由教育专家扩展到众多的教育实践者的行动之中。

　　中国的德育知识生产在经历了一个漫长的圣者言教时期之后，在现代性的世纪语境中，开始接受新的知识洗礼，西方知识观开始改变我们对德育的认识与理解，也包括对德育知识的生产。20世纪20至40年代，中国的德育开始接受最初的知识启蒙。我们曾试图用西方的伦理文化改造我们的知识构成，但历史的中断使其成了一个未尽的事业。80年代后的走向西方、新一轮的理论进口，现代性的伦理与德育成为新时期中国德育知识建构的重要资源。中国德育的现代性知识努力，经历了一个从进口到主体探索，再到个性化的实践建构的历程。这一历程是中国德育知识努力寻找自身特性的过程，也是作为教育实践者的教师努力争取知识权利的过程。理论的旅行成为现代性的知识建构的独特景观，我们有理由相信，知识的旅行绝不只是由西方到东方的单向行进，由东方到西方也是一种需要，只是它的实现需要旅行的能力，也许我们正在准备之中。

第四章"学校道德生活转型的现代性选择"。在伦理的论证、价值的辨析和知识学努力的基础上，学校道德生活的转型需要寻求一种合理的方案。中国学校道德生活既需要适应现代，也需要超越现代，它只能在穿越中走向自己的现代。这种穿越需要寻求哲学前提的置换，形而上学本体论是学校道德生活始终无法进入现代性的哲学障碍，近百年来的努力我们不停改变的只是不同的道德内容，基于本体论同一的价值灌输却是一个始终没有改变的教育思维。学校道德生活的现代性，面对的是如何既避免本体论的独断又避免本体虚无的双重任务，绝对的肯定与否定本体都不是一种现代的态度，偶在论提供了一种本体论差异的方法论思维。在这一思维方式之中，本体成为一个不可实体化的存在，它是一种域外的审视，在这一审视之中，每种生存都有了可能与价值，但都无法成为绝对。基于这种方法论的学校道德生活，就是一种基于差异的对话教化，对话不是为了共识的寻求，只是为了生命的显现，实现了一切话语的真正平等，教育中的道德强制也就能得到合理的限制。

在现代性的伦理证明中,形而上学哲学本体论不再被认为是一种能为现代性伦理提供合法理据的证明,代替抽象人性的是具体的历史实践。在复杂的现代社会中,伦理被认为是美好生活的重要保证,正义是现代社会的"基本善",但对"好"的精神渴求,使得人们总是追求卓越。在正义与好的争论中,真理自身成了一个被遗忘的孤魂,因为绝对真理在今天往往被视为极权与专制的代名词。但离开了真理,生活的意义是值得怀疑的,因而需要重新寻求真理的教化观。在寻求关系建构的教育时尚中,保持对真理的敬畏是德育现代努力应有的态度,没有真理的关系,就有可能沦为浅薄的伦理游戏。真理的教化需要哲学的沉思,在沉思的默观中,真正的伦理成为一种精神的资源,生命的成长在沉思中找到了自己的深度。现代性高举解放的大旗,但解放具有绝对的合法性吗?这也是我们需要深思的问题。现代性既使人获得自由、成为主体,又使人失去自由、变成奴隶。这正是现代性的悖论所在,解放自身并不具有自足的合法性,真正的解放总是以相对的限制与不自由为代价的。自由只有以"适度的不自主"作为前提,才能真正成为现实,适度的不自主依靠精神与道德的引领,德育现代性的价值合法性也就依此而立。

第五章"学校道德生活的现代性重构"。现代性哲学对理性的倡扬带来了对生命的贬抑,对现代性的理性反思就是重新确立生命的合法地位,教育的合法性也需要在对生命的认同与呵护中取得自己的合法性。生命原则是德育现代性的建构原则,但教化的生命并不是纯粹感性的生命,它是在与精神的互动中生产新生命的历程。中国德育的国家模式成为其始终无法确立自身的独立性而真正成为社会教化力量的重要原因,如何实现由国家到社会的结构置换,成为中国德育获得现代性可能的一种力量。

德育作为一种教化实践,最终只有通过教师的现代性实践才能落到实处。由理念到制度再到人,是德育现代性实践变革的思路,教师是终端,同时也是起点,对教师道德进行一种现代性的构建,成为德育现代性建构的主体依托。由榜样到学习者是现代教师的角色指认,作为生活常人与教育实践者的教师在学习者角色的建构中学习了道德,同时也进行了真正的道德教育,因为现代的道德是一种理性的自主道德,人不是在接受道德中来形成道德,而是在学习道德中来形成道德的。

学校道德生活的
现代性语境及其问题

现代性从西方到东方，从近代到当代，它是一个"家族相似"的开放概念，它是现代进程中政治、经济、社会、文化诸层面的矛盾和冲突的焦点。在世纪之交，面对沧桑的历史和未定的将来，思考现代性不仅是思考现在，也是思考历史，思考未来。①

——周　宪

第一节　学校道德生活的
现代性视野与言说立场

在人类还没有发展出一种全观能力的时候，对任何一个事物与问题的考察都离不开特定的视野与立场。对学校道德生活的了解与研究可以从很多的视野与立场去进行，但为什么要选择现代性视野，本节中将有所交待与澄清。

---

① ［英］特里·伊格尔顿：《后现代主义的幻象》，《现代性研究译丛》，华明，译，商务印书馆，2000 年，总序。

一、现代性视野的必要性

现代性是当今学校道德生活不可逾越的一个基本语境。学者陈赟在《困境中的中国现代性意识》一书中指出:"现代性的总体叙事是中国一百多年来最大的意识形态,中国文化的历史性精神在现代中国就是通过它来体验自身的,这似乎已经成为一种文化的宿命。"①

(一) 不可逃避的命运

现代性已成为我们这个时代的命运,无论当代的学者和思想家如何辩驳与分析现代性,不论是拒绝还是拥抱,是讴歌还是贬斥,现代性都已成为我们这个时代挥之不去的幽灵,它已深深地浸润在我们的日常生活之中。现代性既非天使,也非魔鬼,它只是我们不可逃避的命运。对于它,只能在了解、适应和超越的基础上才能实现和它的距离审美,寻找到心灵的自由。现代性也是学校道德生活话语实践的一个基本语境,在现代的经济、政治、文化变迁中,学校道德生活从内容到形式都发生着深刻的变化,如科学知识取代人文知识成为学校教育的主导内容、学校教育的目标与使命由陶冶走向筛选,都在营造着不同的学校生活氛围,也带来了不同的学校生活问题。其中,最触目惊心的就是学校中的各种反道德的生活现象。一位一线的教育工作者在反思学校教育中的反道德问题时,这样写道:

> 长期以来,"应试本位"的教学观,"知识本位"的课堂观,"分数本位"的评价观,使本应着眼于"人"的发展

① 陈赟:《困境中的中国现代性意识》,华东师范大学出版社,2005 年,导言第 1 页。

的丰富多彩、充满生命活力与情趣的学习生活、校园生活,被妖魔化为见"分"不见"人"的机械的认识活动。课堂的"灌",作业的"滥",考试的"多",管理的"死",使学生成了知识的容器、考试的机器。天天如此,月月如此,年年如此的"听—记—背—练—考"的学习生活与"教室—食堂—宿舍"三点一线、周而复始的校园生活,使学生少的是积极、愉悦、兴奋、发现、成功的体验,多的是疲惫、无奈、痛苦、厌烦、挫折的感受。考大学,考好大学,几乎成为学生三年高中生活的唯一追求;高升学率、优升学率几乎成为学校办学质量与办学品牌的唯一标志;学生上大学、上名牌大学,几乎成为评价"好教师"、"名教师"水平与能耐、业绩与功名的唯一标尺。沉重的学业负担,过重的升学心理压力,枯燥、乏味的校园生活,使"学生不能好好睡觉,健康的权利被剥夺;学生不能充分地运动、游戏、参加社会实践,生活的权利被剥夺;学生不能表述自己的观点,探究的权利被剥夺"(张华教授语),甚至使学生到了激情丧失、精神萎缩、人格扭曲的地步——厌学、逃学、迷恋网吧、跳楼自杀甚至不满家长、老师的管教而杀害老师和父母……层出不穷的一件件血淋淋的事实演绎出一个个令人痛心而又令人警醒的马加爵事件。

多年来,从党中央、国务院领导,到社会各界有识之士,到每一位教育工作者,都在为改变这种状态、建立理想的教育而苦苦追寻。从当年"应试教育"向"素质教育"转轨的大讨论,到以第三次全国教育大会召开为标志的全面实施素质教育的大发动,到此次着眼于"人"的发展的课程改革的大行动,不可谓时间不长,不可谓范围不广,不可谓力度不大。但令人困惑不解、尴尬无奈的是,到目前为止,这种状况却愈演愈烈了:以牺牲学生健康、自由、灵性、生命活力为代价,去换取所谓的"升学率"、"高升学率"、"优升学率",还美其名曰"对学生的未来负责";以这种所谓的"升学率"、"高升学率"、"优升学率"作为炫耀于社会,获得教育、学校、教师荣耀的资本而沾沾自喜——我们的学校教育走上了"不合道德"甚至"反道德"的歧途!①

忽视学生生命、将人视为社会制度与社会机器的一个零件,正是现代物质主义文化的一个主要特征。学校道德生活这一切新的问题与特点,只不过是现代社会生活问题在学校中的投射与反映。因而,学校道德生活的转型与变迁只有和现代性问题联系起来才能得到恰当的理解和定位,才能得到更科学的观照和分析。

同时,现代学校道德生活价值的合法基础,也只有在现代的历史理性中才能寻找到。在很大意义上,现代性意味着一种历史理性,它涵融当下性与历史性。学校道德教育价值合法性根基的寻求,既需要历史的线索,也需要现实的线索。历史语境提供了一种历史的维度,而当下性提供了一种现实的理性维度。学校道德教育的价值在于它能在直接引导儿童向善的过程中,间接创造一个良善的社会,而良善的标准与依据可能会因时间与环境的变换而有所不同。在历史维度的审理中,可以寻找到良善社会的方向,由此,道德教育便能够找到自己变革的方向。而现实的理性维度又为学校道德教育的变革提供了行动的起点,无论多么美好的理想,只有从现实与当下出发,才能一步步地被实现。因此,从当下的现代性问题出发,也就成为学校道德生活重建的一个重要基础。不过,从现代性问题出发不是要求我们按照现代性的伦理去建构学校道德教育,而是要求我们从新的维度来重新理解学校德育的伦理框架。

---

① 徐金才:实施"合道德"的学校教育,http://www.hjzx.net/My_HtmlPages/HJZXB/2008/01-07/A2-001.html.

（二）德育现代转型中的误区

作为一种历史理性，现代性的根本标志是观念的转型。因此，学校道德生活的现代性问题，又可转化为学校道德生活的现代转型问题，寻找学校道德教育的价值转型以及转型的价值依据和价值方向，就成为学校道德生活现代性的实质问题。

有学者指出，现代性问题就是由传统向现代转型的问题，正是社会转型带来了学校道德生活当前的种种问题。不少人认为我国古代的德育是成功的，是具有典范性的，正因如此，中国才被称为文明古国，那么，回归古典似乎也可以成为解决学校道德生活现代性问题的一个路径。还有研究者把中国学校道德生活的转型放置于现代化的理论视野中来讨论。这种视野强调以德育体系科学化为中心的现代化方案，在德育领域寻找一种高效率的目标/手段体系把道德教育目标化和工具化，甚至创造出许多能够对学生道德行为进行科学评价的科学体系，并把这种科学体系作为德育现代化的重要标志。其中，最为典型的就是对学生的操行评定。从下面某中学学生数量化的操行评定制度片段，可以发现这种科学评价的问题与局限。

某中学的操行评定制度规定[①]：

每学期初学生的操行底分一律为70分，在此基础上加减分，期末由班主任累计总分，并征求科任老师及本班学生的意见，对学生操行进行总评。

1. 加分项目：（1）全勤加5分；（2）各学科都及格加3分，各学科都为80分以上加5分；（3）作业按时、按质、按量完成加2分；（4）学习成绩依据班内排名，每提高5个名次加2分；（5）班、团、干部、组长、科代表工作出色加2分；（6）劳动表现好（包括值

---

① 谢燕：班级管理中的操作主义取向反思及其超越，http://www.alllw.com/chuzhongbanzhurengongzuozongjie/052511a22009.html。

日)加2分;(7)积极参加学校组织的活动,认真做好两操加3分;(8)获国家级奖励加10分,省级加5分,市级加4分,区级加3分,校级加2分(以上各项取最高值,不重复加分);(9)后进生经教育进步明显或处分被撤销加2分。

2. 减分项目:(1)旷课每天扣5分,迟到、早退每两次扣1分;(2)缺交、抄袭作业每两次扣1分;(3)课堂纪律、自习纪律较差的学生每堂课扣2分;(4)集会、做操时被点名批评每次扣1分;(5)无故不参加学校组织的活动,不做值日,每次扣5分;(6)损坏公物、考试作弊依情节扣3~10分;(7)因违法违纪受处分,依情节扣5~10分。

从列出的项目看,操行评定的方案几乎涵盖学生学校生活各方面的行为,且对每一行为均赋予了明确的分值,以学生守则和学校章程为基础,通过对学生德、智、体等方面进行加分、减分、评定等级来规范学生的日常行为。制定这种操行评定细则的假设前提是:学生的任何行为都是可以用具体的分数来衡量的,并且所列出的行为越明细,就越能够在实际的教育实践中起到激励和约束学生的作用。于是,教师人为地把学生的行为规范分为若干项,每一项都有不同层次的要求,又人为地赋予每一层次相应的分值。这样,教师在班级中对学生的管理就有了明确的操作程序,只要按照学生的可见行为进行加减分,最后判定等级就行了。于是,班级管理成了一种纯客观的、可以操作的技术化实践。

这种实践最大的问题在于,它忘记了教育并不只有可见的部分。尤其是德行的转变与提升,可能并不是显见的,而看得见的所谓的德行表现也可能是基于利益获得的机会主义行为。如学生知道这样做可以获得更好的操行分数,为了分数他(她)可以做违背自己内心意愿的行为,而当这种利益不存在时,其行为可能就会呈现完全不同的状态;如有的学生可能在家与在学校是两种完全不同的表现。在这种技术化的评价方式下,培养的是大量伪善的机会主义者,如果结果如此,与教育的初衷则是完全相悖的。

在这种科学化运动中,教育的内在理念和价值信仰不见了。事实上,这种德育的变革只是表象的形式转换,没有实现内在的价值位移,这不是真正的德育现代性的转型,而是某种意义上的倒退。因为德育面对的是有生命、有感情的人心,而不是冷冰冰的理性。转型应当不仅是形式的变化,而且应当包含一种内容和精神的蜕变。德育的转型是一种价值的转型,这种转型不应当脱离中国的文化与传统,也不应当脱离时代和历史;不是简单接受现代化的科学思维,而是要在批判的基础上学习现代化的科学思维。传统是学习的根基,要警惕简单地用现代的科学否决传统的价值和意义的做法。

中国的现代性问题在很大程度上正是非理性地对待传统与现代的结果。我们需要的是在反省现代化科学统治带来的恶果的同时,寻找一种再现传统魅力与人类精神世界的途径。刘小枫认为,现代性的根本问题是现代人何以安身立命的问题。而美国的贝尔则认为,现代性问题的核心是文化与传统的关系问题。由此可以推论,现代性问题不能仅仅用现代化的科学眼光来确认,而必须与人、与人的传统相关联,人是现代性问题的核心,人的问题只有通过人的教化来解决。

德育的现代化不是论人类精神以及人类早已形成的美好信仰向现代化的物质需求让步,不是论人们放弃自己的道德信念和生活理想去适应现代生活对人们提出的各种非人化的要求,其最内在的本质是人的教化。德育不是现代化的婢女,而应当是现代化的解毒剂。在现代化唯物质、唯技术是从的时候,德育应当用它的人文精神与道德理性来治疗现代化的物质与功利病,使人能真正有意义、有尊严的生活,这才是它真正的使命。由此,带入现代性的精神气质与态度能够让人们对学校道德生活的变革保持一种恰当的理性。

二、学校道德生活的言说立场

学校道德生活作为一种存在,任何一种言说对于了解这种存在都会有不同广度与深度的帮助,同时,任何一种言说都没有办法穷尽其存在。因而,想要客观清晰地说明学校道德生活究竟是什么,它存在一些什么样的问题,是一件困难的事。重要的是表达清楚我们的言说立场以及立场选择的理由。

(一)立场高于论证

德国哲学家叔本华曾经为道德的奠基问题向哲学前辈康德发起挑战与攻击。叔本华在研读康德的哲学体系后发现,康德哲学尽管看似完美,却存在着一个致命的弱点,那就是将一切道德论证奠基于一个根本不存在的先验命令之上。这一发现令叔本华兴奋不已,洋洋洒洒地写了一篇数万字的论文《道德基础》来批驳康德,并以此文参加丹麦皇家科学院的征文。遗憾的是他的论文却未能获奖,为此,叔本华还心怀不满,认为评委们的行为是一种不识货的"童稚之举",而且有失"公正"。然而,在新的知识语境中,叔本华与康德的争论实际是无法得到一个所谓"公正"的结果的,因为在现代的新的知识视野中不再存在一个评判公正的普遍标准。正如美国学者史蒂文·塞德曼在论述后现代的社会知识特性时所说的那样:"社会知识将永远是片面的、有视点的,并且显示出特殊的道德与意识形态含义。"[①] 从这一知识立场出发,叔本华与康德的论争只是意味着具有独特的历史身份的学者从独特的视角对道德的奠基问题作出的不同阐释,而无所谓真理与谬误。真理

---

① [美]史蒂文·塞德曼:《有争议的知识——后现代时代的社会理论》,刘北成,等译,中国人民大学出版社,2002年,第230页。

与谬误是与立场相关的,"它总是与社会建构而且与我写的历史特点相近,真理因此总是带有情境性、偶然性,需要质疑甚至有可能充满矛盾"。① 没有绝对的真理与绝对的谬误。叔本华与康德只是代表了不同的研究立场,研究者的立场是一个比研究者的结论更为重要的问题。在后现代的知识语境中,立场的选择是一个比价值的论证更为基本的问题。这是立场理论的观点。知识总是落在具体的社会历史情境甚至个人境遇的某种表达上,任何表述都有其局限性,也有其背景性。没有固定的知识生产模式,更没有所谓的本质知识,也没有所谓的最先进的知识。真正的"公正"是所有的知识都有同样的话语权。② 因而,回味两位哲学大师争论的意义在于,意识到思考立场对于言说的重要性。

德国社会学家韦伯把"主义"纷起的现代学术景观称为"诸神之争",这正是美国学者麦金太尔为伦理学写出一个新的里程碑巨著《德性之后》的背景。但麦金太尔并没有像他的前辈那样陷入人类伦理概念的思考之中,而是站在现代人的生活历史之中来对伦理发问,他选择的是一种立场而不是一种观念,这种立场是一种历史理性的立场。麦金太尔在《德性之后》一书中,以非常严肃的态度论证了思考伦理学的方法论问题,他最关心的问题是如何处置传统伦理考察中经常运用的纯粹哲学定义的方法。在对传统伦理学方法进行批判的过程中,他深刻论证了哲学分析方式与历史分析方式的不同。麦氏提出,纯粹哲学的分析将无助于讨论伦理学的问题,"在现实世界中,当今占统治地位的哲学不论是分析的或是现象学的,都将无力察觉出道德思想和实践中的无序性,如同它们面对想象世界中的科学的无序性时无能为力一样"。③ 因而,

---

① Mal Leicester, Celia Modgil and Sohan Modgil: *Education, culture and values*, Falmer Press 11 New Fetter Lane ,2000:172.

② 刘云杉:《国外教育社会学新发展》,《比较教育研究》,2002 年第 12 期。

③ [美]麦金太尔:《德性之后》,龚群,等译,中国社会科学出版社,1995 年,第 5 页。

在他看来,只有像黑格尔那样的"历史"态度才能解决今天的伦理问题。他说,在今天,我们应当学会在"哲学和历史学的类型中,找到我们在分析哲学或现象学中不可能找到的方法"。① 麦氏的这一巨著是考察现代意识形态及伦理世界观的经典,而他运用的方法论思想,又正好体现了现代性哲学的新的方法论和世界观。

现代性本身意味着一种历史理性,即从历史视界出发审视人自身的位置。因为现代性首先意味着一种把现在作为中心,同时又指向未来的时间意识。黑格尔哲学在遭受了近两个世纪的冷落和批判之后,在现代性的批判中重新看到自己的价值,其历史目的论被抛弃了,但历史方法论却生存了下来。在历史的实践中,一切观念具体地生成,离开历史的任何观念谱系将失去真实的意义。在具体的立场上来考察今天的伦理问题,讨论学校道德生活和教化问题,应当是今天德育研究的一种基本态度。历史理性是一种现代性意识,黑格尔在现代的时间意识中发现了历史理性,站在历史理性的立场就是站在现代性的立场。在麦金太尔看来,"道德哲学家仅仅通过思考他或她及其周围人们的所说所做,就能够研究道德的诸概念"。② 他在《德性之后》这样一部巨著里的那样简短而珍贵的前言中,却花费了主要精力说明道德哲学应当如何发现自己的历史根源,足以表明他是如何以西方启蒙这个现代性的根源为出发点来思考伦理传统的价值的。他说:"《德性之后》的一个中心论题是:发现这类(为启蒙运动所系统提出的)原则的运动已经决定地失败了,认识到这一点的时代也已经到来。"他还说:"《德性之后》提出了一个问题:一个社会的成员们是否有可能以某种不同于启蒙运动及其西方后继者们的方式在基本的道德问题上达到真正能合乎理性的一致。"③ 他唯一要表达的就是,伦理问

① [美]麦金太尔:《德性之后》,龚群,等译,中国社会科学出版社,1995 年,第 1 页。
② 同①,第 5 页。
③ 同①,序言第 1-2 页。

题是一种传统自身的内在价值的结果，而不是普遍的历史过程。他不将伦理问题视为有着绝对本质答案的东西，而是强调它的历史具体性，将伦理问题放到伦理的传统中去，放到自身的伦理处境中去，这就是他要说的全部。因此，他劝告中国学者："在这种论争中，至关重要的是在西方应该能够听到中国人的声音，学到中国人的东西，正像在中国应该能够听到西方人的声音，学到西方人的东西一样。"① 倾听不同的声音正是立场理论的态度，麦金太尔真正地实践了一种新的人文研究范式。

（二）言说的立场

站在中国社会的立场思考中国现代性的问题，这是麦氏伦理思考对我们最有价值的启示。我们学习西方的理论，需要学习的不是那些现成的抽象观念，而是观念的产生与由来，即观念的生产而不是观念的呈现。西方理论是西方学者与西方文化经验对话的结果。如理性启蒙在中国与西方有着完全不同的方式与后果，西方的理性批判与中国的理性批判有着不尽相同的对象和问题。由此，我们需要从自己的经验出发来寻找中国问题的解决，我们对话的对象是中国的文化经验而不是西方的理论。如丁钢教授就强调一种直接以中国经验为探索对象的现实主义研究思路，他认为："无论对于现代性的价值理想有多了解，都不能以此代替对中国历史与现实的了解。"② 这也应当是我们讨论学校道德生活现代性问题的基本理论态度。从这个意义上看，现代性本身即是一种伦理立场。从西方传统来看，现代性视野就是在坚守启蒙的立场上的批判，以启蒙理性为参照的批判性、反思性视野考察现代人的伦

① ［美］麦金太尔：《德性之后》，龚群，等译，中国社会科学出版社，1995 年，序言第 2 页。
② 丁钢：《历史与现实之间：中国教育传统的理论探索》，教育科学出版社，2002年，序论第 3 页。

理意识和道德生活。现代性的这一伦理立场尽管不能直接运用于中国的伦理实践，但由于西方的这种现代性意识已经跨越西方的文化地域，使人们同样处于世界主义的理性世界中，因此，我们同样要现代性，同样要面对理性启蒙，但我们的伦理生活和学校德育实践又要有自己的现代性生成过程。寻找中国独特的现代性语境，这就是处置中国学校道德生活和教化理性的基本立场。

学校道德生活问题重重，这是一个人尽皆知的问题。但学校道德生活何以会问题重重？我们的德育有些什么样的根本问题？对这些问题的回答需要考察中国文化的现代性努力趋势。

中国文化的现代性寻求过程，是一个对传统全面宣战的过程，但作为价值观念与心性结构的德性传统并不是那么容易反掉的。中国人的价值观念与从前相比尽管有很大的变化，但与西方人相比，我们还是我们，我们与传统的紧密关联要远远胜于对西方文化的偏好。从这个角度看，中国人的基本生活方式及人生态度并没有发生根本性变化。我们可以看到我们与西方传统的不同，但同样也可以发现它们之间一致的东西。"知识就是力量"，这一标志西方哲学价值核心的东西，只有在欧美文明中才能找到它的根基和意义。然而，"知识即美德"这一苏格拉底的名言，不仅为西方人所信仰，其实也为孔子和佛陀所承认，在孔子那里，最高的道德是一种生而知之的智慧，而佛陀则把智慧的灵性视做佛性的最高境界。因此，现代性虽是首出于西方的一种文明成果，但它也是一个具有普遍性的现代文明方式，并已经成为一种文化普遍遵从的生活趋势。

陈赟指出：现代性作为我们这个时代的构成力量，它的成就是非凡的，它使我们进入了一个崭新的历史时代，在某种意义上，现代性构成了人类当下的处境或存在本身。任何对现代性的简单否定本身都是一种对于我们当下的存在状态，对于我们置身其间的世界的敌视。① 高瑞泉也说:"现代化的特殊意义在于它的动态特征以及它对人类事物影响的普遍性。"② 现代性是一种正在生成中的开放性的世界文化,它在两个方面影响并干预着现代人类的生活。一方面,它使人类用开放的、不断自我超越的方式面对自己的生活信仰;另一方面,它又使人类的价值真理不断从一个文化走向另一个文化,再也没有被封闭于一个地域的信念。

从学校德育的角度看,现代性的意义在于它的世界观和方法论。现代性改变了认识世界的方法和视野,因为视野不同了,我们才有了对启蒙的历史考察,才用谱系的方法去看待理性和自由的价值。如果站在这个视野中来考察中国的现代性伦理及学校德育的价值立场问题,我们就可以看到传统的文化主义是如何在中国的伦理现代性中发挥特殊作用的。中国的伦理现代性与中国传统的文化主义密切相关,中国现代伦理的建设必须考虑中国现代性所遭遇的文化传统,把中国的现代性放在这样一个大的传统中考察,才能比较清楚地看到中国的伦理现代性是如何形成的,它的问题和困惑在哪里,它应当如何选择未来。

不过,中国的现代性背景与西方有很大的不同,如果不考虑这种文化的地方性,简单移植西方的学术话语也是非常危险的。当然,这不是说不能引用西方的学术话语,作为人类的文化学术成果,西方学术话语同样具有学术的诠释力,但如何具体运用它却需要审慎的思考。正如有学者在评论现代性研究中的"本土化"与"西方化"问题时所说的那样:"问题的关键,似乎还不在'本土化'或'西方化',而在于我们有没有足够的主体意识,有没有哲学权利。"③ 同样,对现代性话语的运用并不在于现代性话语本身是东

---

① 陈赟:《形而上学、虚无与现代性意识》,http://www.xslx.com/htm/zlsh/zxfl/2002-11-20-11325.htm.

② 高瑞泉:《现代性与中国文化精神的近代转向》,《江苏社会科学》,2001年第6期。

③ 夏勇:《哈哈镜前的端详——哲学权利与本土主义》,《读书》,2002年第6期。

方的还是西方的,而在于我们是否有足够的主体意识和清晰的问题意识,在于我们如何去理解与运用源于西方的现代性话语。虽然中国的现代性形成不同于西方自由主义,但中国同样需要西方的民族国家和民主意识才能实现中国的现代化,只不过中国不能简单套用西方对启蒙的批判意识来实现这一目标。现代性不能改变,而历史的传统又不一样,这就是中国的现代性,我们的学校德育正处于这样的冲突中。法国社会学家杜兰在论述现代民主时说,无论是发达的西方国家,还是发展中的东方国家,民主是不能多义性的。① 也就是说,无论在外在形式或文化风格上有什么不同,民主的实质一定是相同的,民主的意义应该是普世的,它们应该有同样的涵义。杜兰认为,法国人对民主的理解已经很清楚,就是自由、平等与博爱,而在现代生活中,民主就是它的政治含义,就是一种能够限制国家权力的政治制度。这种分析立场就是现代性的诠释立场,用这一立场才能找到中国现代性的伦理问题在哪里,又应该如何解决,这样才能把握住学校道德生活的现代性应当如何建构和批判。

然而,在肯定现代性成就的同时,检视现代性意识得以立身的基础及其问题,又是把我们从作为当前人类整体的意识形态的现代性的"短视"中解放出来不可或缺的工作。

西方的现代性过程是从启蒙开始的,一切现代伦理问题由此产生并延伸,中国的现代性同样面临启蒙的问题,只是西方面临的是启蒙之后的问题,而中国面临的是未完成的启蒙的问题。在后启蒙的话语中,理性是一个需要反省与批判的对象,而在我们的现代性中,却还要去寻找那个被批判的"理性"才能最终找到自身现代性的起点。因为,没有充分的理性启蒙,理性的批判也是不可能的。只有站在这个立场上进行现代性的诠释与批判,才能真正建

---

① 哈佛燕京学社、三联书店:《公共理性与现代学术》,生活·读书·新知三联书店,2000年,第80页。

立中国现代性的合法性基础，我们的批判才是具有合法性的批判。从这个意义上说，在中国这个充满悖论与歧义的现代性概念中，我们只能说批判或选择"哪一种现代性"，而不能说我们就是在批判和选择"一种现代性"。汪晖说："中国的现代历史是被现代性的历史叙事笼罩的历史，因而在讨论中国的现代性问题时，需要重建更为复杂的历史叙事。"[1] 在中国自己的历史语境中来寻找属于自己的现代性，是我们的真正使命。虽然从现代性的目标上看，我们与西方有着不少相通之处，如现代化的生活和民主自由的政治是中国现代性同样要追求的目标，但对于中国来说，最基本的启蒙理想还远未过时，只是它的实现有着不同的文化与历史处境。因此，这便使我们的现代性，尤其是对现代性的批判出现了复杂的局面。现代性并没有理想的绝对本质，它只能在历史实践中被不同的文明或文化吸收与改造。对于中国这样加速发展的国家来说，在当下的时空中堆积了不同时期的历史沉积物，对于这样特殊的历史，有必要在当代活的历史实践中来理解和建构现代性。对学校道德生活的现代性问题的研究同样如此。

（三）理论的定位点

现代性的复杂性使我们如果泛泛地谈现代性问题，是不可能有任何切实的学术收获的。张三夕在对现代性的概念进行多侧面分析以后指出，要对现代性下一个确定的概念是不可能的，我们只能讨论不同视角的现代性，从不同的视角对现代性问题进行研究，这才使现代性问题的研究有一种可操作性。[2] 沈语冰在对中国语境中的现代性问题进行分析之后，也指出对现代性问题的讨论必

---

[1] 汪晖：《死火重温》，人民文学出版社，2000年，第408页。
[2] 张三夕：《论"现代性"的含义及其与"现代化"之关系》，《海南师范学院学报（人文社科版）》，2002年第1期。

须限定在不同的层面上,否则无法对它进行有效性的讨论。① 同样,对学校道德生活现代性问题的思考也只有限制于一定的视域与层面才能有效地进行。学校道德生活的合法性问题,既有哲学前提的合法性,也有现实经验的合法性。现实经验的合法性主要关涉学校道德生活现代性的历史建构问题,而哲学前提的合法性则主要是追问历史建构的价值合理性,它是一种反省和批判的维度。现代性的历史建构从某种意义来说主要是一种文化的制度选择问题,它更具有实践操作性,而不是理论辩护性;它更多属于权力的实践范畴,而不是学术的理论批判范畴。从理论的意义出发,我们将问题的分析锁定在哲学层面,主要讨论学校道德生活现代性的哲学合法性问题,对学校道德生活现代性的哲学前提进行审理与论辩。前者涵盖中国现代性过程中如何正确看待理性的价值并积极地向理性启蒙靠近,而后者则涵盖一种超越现代性的价值,反思现代性基本价值如何影响学校道德生活的理论与行动选择,诸如进步、民族国家对德育的影响,以及对德育生命殖民化和对自由价值的批判等。由此分析学校道德生活的无根、无位、无力、无用和功利、政治、科学、实用等。在这样一种追问中,我们要对已被合理化的结论进行追问,如自由真是现代德育的合法性根基吗?没有自由就不可能有真正的道德,这个论断是合理的吗? 如果站在现代性的立场上,我们就可能得到完全不同于习惯中的结论。

也许有人会说,我们的学校道德生活事实上还处于前现代的传统之中,它缺乏自由也没有理性,对于我们来说现代性还没有真正开始,批判从何而来? 我们认为,批判并不是否定,而是一种条件性的检审,如学校道德生活的现代性为何在一百年的社会现代性历程中还没有真正开始,这本身就是一个很值得反思的问题。现代性既是学校道德生活所要追求的,也是学校道德生活所要超

---

① 沈语冰:《透支的想象——现代性哲学引论》,学林出版社,2003 年,第 6 页。

越的。从规范的意义来说,学校道德生活的现代性不是太多,而是太少,如真正地在教育中确立自由、平等、博爱的理念还需要长久的努力,走进现代还有一段必要的旅程。但我们对现代性,尤其是现代性的道德所持的广泛批评也不能置若罔闻,我们要对这些批评持一种审慎的态度,从自己的立场出发来选择与评判理论,而不是简单地肯定或否定,我们需要在适应与批判中"穿越",需要的是一种辩证的理性态度。正如学者包利民所指出的那样:在现代的历史阶段现代性尚未见有被超越的可能,现代性及其伦理学虽然有许多缺憾,但它在伦理上的成就(主要是大众的幸福与每个人的同等尊严)仍然是值得基本肯定的。但这并不意味着历史的终结。我们需要用辩证法的方法把握现代性,现代性事实上意味着变化的当下性,每一个时代都有自己的当下性。现代性意味着新的可能,也意味着开放性与未来性,在现代性的视野中一切都是可能的,好与坏都同样如此,需要的只是人类要用自己的理性与道德去合理地把持与选择。①

现代性的辩证不仅是学校道德生活现代性建构的态度,同时它也说明了学校道德生活现代性的必要与理由,现代性的辩证需要理性的道德护持,现代性的教化也就是现代社会自身的看护者。所以,对于现代性来说重要的并不在于它勾画的是一幅什么样的社会蓝图,而是我们是否有足够的理性与伦理智慧去把握它,道德理性与道德智慧是我们开始新的可能生活的真正基础,现代性的教化哲学的建立也就成为现代性成全自身的必不可少的努力。我们从学校道德生活的意义角度来探讨现代性问题,其理论的意义也就在此。

现代性道德既是现代性教化的起点,也是现代性教化的终点。对于现代的中国来说,现代性道德是有待通过现代性教化

---

① 包利民、M·斯戴克豪思:《现代性价值辩证论——规范伦理的形态学及其资源》,学林出版社,2000年,第216页。

去培养的,辩证地对待与建构现代性道德也就成为必要的理论起点。正如学者万俊人所说的那样:"在现代社会条件下如果我们想要建立某种普世伦理的基本理念系统,就必须重新审视现代性道德本身,它既是我们不可逾越的文化前提,也是我们寻求普世伦理的观念资源和现实的起点。作为一种普遍的文化价值观念的'现代性道德'并没有被超越,至少没有被普遍的超越。它的确是'一项尚未完成的谋划',而它的未完成性不仅仅表现在它已有的生长过程的不完善性或诸多缺陷上,更重要的是表现在它作为一种新的普遍伦理的主要资源与巨大理论潜力上。因此,当我们决心寻求一种能够跨越世纪和千年里程的普世伦理时,我们依旧不能不从这里开始,即从所谓的"现代性道德"及其重构开始。① 然而,出于对现代性道德缺陷的警惕与弥补,对现代性道德的哲学审理成为德育现代性建构必不可少的理论准备。现代性是建构现代德育的一种规范参照,也是反思现代学校道德生活的基本立场。

第二节　学校道德生活的
现代性话语背景及其问题

　　我国的现代性话语是如何在西方文化与中国自身的现代性实践中逐步突显出来的?学校道德生活的变化与此有何关联?学校道德生活的现代性问题有何具体体现?这是本节要探讨的主要问题。

---

① 万俊人:《现代性道德的批判与辩护》,《开放时代》,1999 年第 6 期。

一、学校道德生活的现代性话语背景

（一）后现代的语境与现代性问题

有学者指出：对于中国人来说，现代性问题是一个迟到的问题，它作为一个现代化的社会运动之结构性的问题反思，是现代化社会运动的一种思想检讨结果。[①] 中国社会对现代化的反思可以说是从 20 世纪 90 年代才开始的。20 世纪 80 年代，中国的现代性实践主要是以西方经典的现代性理论为指导的，主要将现代化理解为国家与社会的民主化和经济的工业化，这被认为是一个代表着社会进步与发展方向的人类目标，也是人们努力要实现的目标，人们对它抱着普遍的热情。90 年代，随着现代化进程中种种弊端的日益显现，人们开始了对现代化的反思与质疑。同时，后现代话语在中国的登场也使这种反思获得了理论的支撑，现代性的反思性话语被引入中国文化思想界。

在这种反思性中，现代化被看做一个具有复杂构成要素的悖论式框架，其内部充满了各种可能冲突，而不是一种可以普遍遵循的完美解释体系。以个人权利为代价的国家现代化模式也开始受到置疑。这些问题在早期民族国家的建立过程中，在旨在实现国家和社会的权力理性化的现代早期，是不成其为问题的，但在着眼于人本身的建设、旨在实现个人行为的理性化的后现代阶段，它却成了问题。正如英国学者鲍曼所说的那样："后现代意味着新的状态且要求对传统的任务和策略进行反思和重新调整。然而，对于旨在于后现代的新条件下保持现代的希望和宏图大志的这样一个策略而言，谁在运用管理的知识以及为什么样的目的而运用这些

---

① 任剑涛：《现代性、历史断裂与中国社会文化转型》，《厦门大学学报（哲学社会科学版）》，2001 年第 1 期。

知识的问题就变得至关紧要了。"① 民族国家的建设对于今天的中国来说是一个已经基本完成的任务,因而,中国的知识分子在考虑现代性问题时,关注点就应有所变化,应该突破原有的狭义的理解,思考在当前这个世界上,中国人究竟要过什么样的生活,中国人要做什么样的人。这涉及一系列价值论证的问题。对于当代中国来说,现代性问题背后最大的紧张和焦虑不再是经济和技术发展问题,而是价值认同的问题。市场社会与残缺的现代性实践带来的价值颠覆,使身心的安顿成为中国社会亟须面对的文化问题。中国人如何安身立命? 这不是一个经济能解决的问题,也不是一个技术能解决的问题,而是一个教化与信仰的问题。如何重新承负起自己的教化使命,是后现代给德育提出的现代性问题。

中国分裂性的社会建构方式,也使中国社会呈现出严重的问题性。在现代社会建构的意义上,现代性方案有两项主要任务:一是正式确立现代民族国家的身份;二是经济、法律、科学、教育、道德、审美领域逐渐从政治范畴中剥离分化出来,独立为一个个自律性的领域。在西方,这两个过程是同构的,而在中国却是以现代民族国家的建立为先的。同构的现代社会建构表现为文化现代性的自然演进与个人权利的获得,而以民族国家为先的现代社会建构表现出强烈的强制性,显示出浓厚的威权色彩,它往往不是以文化的自然演进及个人权利的获得为基础,而是以文化的自主与个人权利为代价,文化的依附性与对个人权利的遮蔽是国家现代化模式的重要特点。这种建构从一开始就具有内在的结构性矛盾,这种矛盾使得现代性的开展在中国不可避免地呈现为一个充满危机的过程。当现代化过程从国家规定的科学技术领域向越来越敏感的政治与文化领域延伸和扩展的时候,它的结构性矛盾变得越来越尖锐,从而也就积累了越来越多的现代性问题。以至于到今天,

① 鲍曼:《是否有一门后现代社会学》,史蒂文·塞德曼《后现代转向》,吴世雄,等译,辽宁教育出版社,2001 年,第 272 页。

中国社会生活的非现代性和伪现代性成了一个亟须研究的课题，尤其是道德和教育领域里的非现代与伪现代，使中国的文化严重丧失了创造与生产力，同时也使中国人面临着越来越深的意义危机。

随着市场经济的推行，曾经承担着价值合法性的国家意识形态开始受到大众文化的冲击，对公众的影响力日渐跌落。价值依凭的缺失导致了社会的普遍"颓废"、群体价值和理想共识的崩溃、人际沟通机制的破坏和群体成员越来越极端的个体化，同时也使社会陷入严重的道德危机之中，道德的拯救也成为中国社会时不我待的社会性课题。虽然促进新道德的良性生长是社会各个领域的共同任务，但德育作为社会教化的积极构成部分有其自己独特的作用与功能，尤其在社会陷入制度性的道德堕落的时候，制度问题的突围正需要理性智慧的开启，有理性能力和善观念的公民是它的希望所在。

（二）未完成的教化启蒙

在汉语里，启蒙就原初的意义来说，是开导蒙昧使之明白贯通之意。汉代应劭《风俗通皇霸·六国》云："每辄挫衄，亦足以祛蔽启蒙矣。"后来浅近入门的书，多取启蒙为名。如朱熹的《易学启蒙》即为教导初学《周易》的入门书。由此可见，中国将启蒙视为与人的教化相关的活动。

在西方，人们对启蒙一词的理解也有着类似的含义。它主要是指人类摆脱愚昧、迷信和盲从，走向明智、理性与自主的过程。如康德将启蒙定义为人从不成熟的依附状态中挣脱出来，达到自觉以及不需要外来权威主宰的自立状态。他说："启蒙运动就是人类脱离自己加诸自己的不成熟状态。不成熟状态就是不经别人引导，便不能运用自己的理智。当其原因不在于缺乏理智，而在于不经别人引导就缺乏勇气与决心去加以运用时，那么不成熟状态就是自己加诸自己的了。"①启蒙就是对理性的自由运用,它既意味着理性,也意味着自由,对于中国来说这是一个至今仍未完成的事业。

中国现代化启动的特殊境遇,使我们一直把关注点集中在社会历史运动的表层,即物质文明的进步和社会制度的变革,而忽略了现代化的深层文化内涵。这个盲区延伸到精神层面,直接导致了价值选择的功利性,如新文化运动的自我意识虽然是文化,是国民性的改造,是旧传统的摧毁,是把社会进步的基础放在民主启蒙工作上,但是启蒙的目标、文化的改造,仍是为了国家、民族,仍然没有脱离中国士大夫以天下为己任的固有传统,也没有脱离中国近代的反抗外侮、追求富强的主线,救亡挤压了启蒙。美国学者维勒·施瓦茨在评价中国的启蒙运动时指出:"五四新文化运动提出了启蒙的任务,却缺乏革命的基础。中国的启蒙者企图输入西方的科学与民主来推进启蒙运动的开展,由于他们所面对的是异常坚韧的家庭与政治的权威,他们又身处严重的民族危机及由这些危机激起的政治运动风暴之中,延续了将近半个世纪的政治暴力与反帝动员的漩涡,不以他们意志为转移地将他们卷离了启蒙者的宝座,也使中国的启蒙直到今天仍是一个未竟之业。"②中国启蒙的困难正在于人的权利意识与理性意识的缺乏。托克维尔富于洞见地指出:"如果我们不逐渐采用并最后建立民主制度,不向全体公民灌输那些使他们首先必得自由和随后享受自由的思想和感情,那么,不论是有产者还是贵族,不论是穷人,还是富人,谁都不能独立自主,而暴政则将统治所有的人。"③针对革命的启蒙局限,康德也智慧地论述道:"革命也许能够打倒专制和功利主义,但它

---

① [德]康德:《历史理性批判文集》,何兆武,译,商务印书馆,1997年,第22页。
② 姜义华:《理性缺位的启蒙》,上海三联书店,2000年,第115页。
③ [法]托克维尔:《论美国的民主》上卷,董果良,译,商务印书馆,1988年,第364页。

自身决不能改变人们的思维方式。旧的偏见被消除了,新的偏见又取而代之。它像锁链一样,牢牢在禁锢着芸芸众生。"①

对个人的理性启蒙意味着对个人权利的重视,而在中国的现代性历程中,个人始终是一个不曾真正存在的主体。学者张宝明在《自由神话的终结》一书中对此有深刻分析,他指出,洋务思想家在技术压倒一切的现代化思想指导下,根本就不谈论个人权利的问题;维新思想家提出了"新民"的任务,但没有提出"新人"的规划;"五四"思想家虽然提出了"立人"的口号,但这"人"字终于还是在革命的口号中成为革命的奴隶。他们所要倡导的是一种民本的人道主义的德育,而不是个体本位的人道主义德育,在国民性改造的话语中,对民族对国家的忧患意识大大冲淡了终极的个人关怀,对民族的道义、责任压倒了个性、权利。历代统治者以及贤臣的"民"之所思所想,多为保障社会的长治久安而设计的"民道"。自古而今的开明思想家无不是把"民为贵"作为最高境界来追求,在明中期的启蒙运动中曾有过一线人本的生机,但很快就在原君、原道、原臣的文章相继问世后结束了。尽管后来的"人"字可以间或"起立",但却难以跳出以民为本的思想窠臼。如近代提出的"开民智"、"新民说"、"兴民德"、以民权中心和三民主义,都没有走出群体性的局限。庞大的民本主义思想体系制约着个性的张扬与人的独立。② 新中国成立后,这一思想仍在继续,并变本加厉地使群体主体成了绝对的发展代言人。"(在此阶段)我们几乎找不到个人的位置。代替个体的是暧昧的人民、群众、阶级概念,而对绝大多数个体的唯一规定就是做庞大的国家机器的零件。个体自由、民主体制、多元文化这些构成西方现代性重要内容的要素在此阶段的中国现代化运动中几乎是完全缺席的。"③几乎连"民"

---

① 雷丝:《康德政论文选》,《中国的启蒙运动》,山西人民出版社,1989年,第360页。
② 张宝明:《自由神话的终结》,上海三联书店,2002年,第8-10页。
③ 王晓华:《现代性的中国形态与后现代主义问题》,《探索》,2001年第3期。

也消失了,国家培养的新人是对新政府绝对顺从的工具。"人"与"国"始终紧紧地绑在一起,没有生成自由的空间。

虽然我们反对对现代启蒙的教条化理解,但现代之为现代也有它的基准与底线,那就是它引入了个人行动和选择的自由,引入了理性的生活,引入了哲学的权利,个人与民族的自立是现代性的真正标志,仅有民族的自立而没有个人自立的现代性是一种残缺的现代性。黑格尔曾明确断言:主体自由的权利,是古代与现代之间差别的要点和中心。① 在他那里,个体性的意识被视为现代启蒙意识的要点和中心。中国的德育虽然一直在追寻现代,但道德教化的现代性启蒙却并没有真正完成。正如学者刘铁芳所说的那样:"从明末清初早期启蒙教化思想的出现,到五四新文化运动,中国现代性教化的艰难启蒙一步步走向深入,在发现了吃人的礼教的同时,也发现了人。由于现实的危难、传统的根深蒂固、启蒙者自身的缺失,中国现代性道德教化的启蒙并没有真正完成,使个体生命的凸显、生命意识的全面发育成为现代性问题在今天的积累。反思传统,又关注现实问题;反思旧的威权,又警惕新的威权;面对自身,又面向世界发展;关注真实个体生命,又不放弃道德教化的引导。这是我们今天所面临的双重任务。"② 在这里,继续未完成的教化启蒙成为当今学校道德生活无法拒绝责任。

(三) 作为问题的学校道德生活的现代性

学校道德生活的现代性可以成为一个问题吗? 这是我们进行研究不得不思考的。讨论这一问题的前提是确认学校道德生活的现代性及其问题性。学校道德生活具有现代性吗? 这不得不涉及对现代性的指认。然而,现代性的多义与复杂使得我们几乎不可

---

① [德]黑格尔:《法哲学原理》,范扬、张企泰,译,商务印书馆,1996 年,第 126 - 127 页。

② 刘铁芳:《生命与教化》,湖南师范大学博士论文,2003 年,摘要。

能对现代性的把握会有一种实质性的结果，从某种意义上说，整个现代哲学与社会思想就是对现代性的澄清和界说。即便从语义的角度，要对它作清楚地界说也是一件极其不易的事，国内有不少学者都曾对此有过较为系统的研究。[①] 对现代性的理解只有三个基本的维度：经验、规范与方法论。从经验的意义看，现代性是指一种社会文化从古代向现代转换变迁的努力过程，这一意义上的现代性是一种时间意义的、相对于古典与传统而言的现代性，它强调的是当下对传统的超越，是指一个特殊的历史时段所具有的文化特性，它与时代性具有相通的涵义。任何一个时代都有自己相对于传统而言的现代性。

在这一意义上，可以将现代性理解为一种时代性，它是一种对传统的反应。这种时代性因国家民族文化历史传统的差异而有所不同，现代性的多元也从这种差异中体现出来。从规范的意义看，现代性是指启蒙思想家在提出现代性这一规划时所坚守并论证过的理想。哈贝马斯在《现代性的哲学话语》一书里将这一理想描述为：在社会领域里，民法保护的合理地追求个人利益的空间；在国家中，平等参与政治的原则；在私人领域中，伦理自主和自我实现；在公共领域中，围绕着习得反思文化所发生的教化过程。沈语冰则将这一理想进一步概括为围绕着主体性建立起来的现代性的一系列规范内容：哲学与世界观层面上的主体性（自我）、科学层面上的客观性（自然）、实践层面上的道德自律与政治自由、审美与文化层面上的艺术自主。即现代性的"五自原则"（自我、自然、自律、自由与自主）。沈语冰将之视为社会文化现代与否的标志，

① 张三夕：《论"现代性"的含义及其与"现代化"之关系》，《海南师范学院学报（人文社科版）》，2002 年第 1 期；赵景来：《关于现代性若干问题研究综述》，《中国社会科学》，2001 年第 4 期；唐文明：《何谓现代性》，《哲学研究》，2000 年第 3 期；汪晖在《现代性问答》一文中也对现代性的来源与含义进行了较系统澄清，《死火重温》，人民文学出版社，2000 年，第 1-14 页。

有之则现代,无之则尚未走到现代。① 也有学者认为,人们据以断定某种社会究竟是"前现代"还是"现代"的基本指标,主要包括价值层面的自由、平等、博爱、民主、法治、科学等;制度层面的市场经济、宪政、分权结构、全民教育、开放文化等;日常生活层面的宽容、秩序、交易、妥协等。② 虽然,人们对现代性的规范表述有差异,强调个人自由与政治民主却是共通的,由此可见,现代性是一套复杂的规范体系。

现代性是一种辩证的存在,它既意味着一种经验,也意味着一种规范,还意味着一种批判的态度与气质;它既非空无一物的自我批判与自我质疑,也不是有着固定内容与不变本质、可以拿来模仿的现成模型。从经验的意义看,中国早已进入现代性,中国的近现代历史就是一部追求现代性的历史,只是这一历史是有着自己独特性的历史,有学者将之称为现代性的中国形态;③从规范的意义看,中国的现代性则是一个尚未真正开始的方案。④

对于学校道德生活的现代性,也可以从经验与规范的意义来理解。从规范的意义看,学校道德生活的现代性是指现代性的基本价值在学校道德生活中的体现,它主要是教育的自由、民主、公正与科学等,还有教育的人文性。从这一内涵看,当今学校道德生活对现代性的追求还处于形式的阶段,如科学精神往往被单纯的技术应用所取代,民主形态常常只是利用民众力量以达到某些阶层某种目的的手段和借口,理性仍然蜷曲在传统的实用主义与功利主义的挤压之中,而个体人格的尊严与独立性常常只可能成为

---

① 沈语冰:《现代性:尚未开始的方案——关于〈透支的想象〉的对话》,《边缘》,2003 年第 2、3 合期。

② 任剑涛:《现代性、历史断裂与社会文化转型》,《厦门大学学报(哲学社会科学版)》,2001 年第 1 期。

③ 王晓华:《现代性的中国形态与后现代主义问题》,《探索》,2001 年第 3 期。

④ 沈语冰:《现代性:尚未开始的方案——关于〈透支的想象〉的对话》,《边缘》,2003 年第 2、3 合期。

第一章　学校道德生活的
　　　　现代性语境及其问题

049

群体巨大力量面前的小丑。从规范的意义看,中国的德育还不具有实质上的现代性内涵。① 然而,从经验的意义看,中国文化早已和现代性发生了遭遇,不过,与社会现代性追求相伴的不是教育的自主自立,不是人的解放,而是人的异化。分析规范意义的现代性之未完成正是学校道德生活现代性问题探讨的任务之所在,即为什么这些规范不能在我们的文化中得到落实,它的原因何在。

启蒙的积极内涵不能得到真正的实现与落实,正是中国文化现代性最大的问题所在,也是学校道德生活现代性的问题所在。因而,学校道德生活的现代性从中国现代性的实践开始,就作为一个问题而存在,只是在已有的探究中人们对这一问题还没有形成一种自觉的意识,但在今天的市场文化与后现代文化的语境中,它触目惊心地突显出来了。学校道德生活现代性的问题在现代性的视野中突显出来,其问题的诊断与解决也需要从现代性的视角加以审视才能把握和解决。这是我们提出学校道德生活的现代性问题的一个重要缘由。

二、学校道德生活的困境与问题

在我国,学校与国家的不分化使得学校道德生活与国家意识形态有着高度的同构性,同时也与社会的实践高度同构。伴随中国社会现代性问题的积累,学校道德生活的困境与问题也越来越多,这些问题主要表现在以下几个方面:

---

① 虽然由启蒙所奠立的基本价值在东西方文化中都开始被普遍质疑,但我们认为启蒙所奠立的价值并非都已过时,对科学的质疑并不能否定一切,因为比科学更为根本的启蒙价值是人的基本权利与自由,这是人类尊严生活的基础。这些价值不论对于我们,还是对于西方,都还没有真正实现。正是在这一意义上,哈贝马斯说"现代性是一项尚未完成的方案",而对于我们来说,它确实还没有开始。

（一）学校道德生活的价值合法性困境

随着中国社会现代转型的日益深入，传统德育的合法性根基开始受到置疑。中国现代性的前期任务是建立民族国家，德育服务于民族国家的政党实践，其合法性建立在意识形态的认定上，以驯服社会成员、维护社会稳定为目的。而随着市场社会的启动，实用主义成为新的社会实践原则，政治意识形态不再居于首位，社会开始成为一个有限开放的社会，个人开始有了自由的实践空间，价值的多元逐渐成为一种社会事实，个性的独立与自由的创造成为新的社会美德。政治意识形态对大众生活的控制已经跌落，传统德育已不再具有事实的说服力，面对社会生活中种种复杂的道德问题，传统德育也越来越缺乏解释与应对力。如教育与批评学生本是教师的天职，但伴随家长对独生子女的溺爱以及法律强调对学生权利的无条件退让，许多教师面对种种问题学生既不敢管也不敢教，以致教育部在近日发布的《中小学班主任工作规定》中郑重声明班主任有权批评学生。① 这一声明既显示了学校德育的尴尬与无奈，也说明了我们的学校德育仍然没有走出政党工作的模式，仍然简单地认为德育的具体问题可以通过发通知、发文件的方式加以解决，而没有真正确立通过研究寻求科学解决教育问题的意识。正如杨东平曾经指出的那样："令人遗憾的是，尽管阶级斗争的时代已经结束，改革开放已经二十多年，但囿于某种刻板思维，时至今日，学校的人文教育、道德教育仍然被统辖于政治教育之中。"② 当然，这里所说的政治教育并不仅指内容上的政治教育，还有教育思维上的行政化取向。

---

① 参见中华人民共和国教育部文件教基一[2009]12号：教育部关于印发《中小学班主任工作规定》的通知。

② 杨东平：《艰难的日出——中国现代教育的20世纪》，文汇出版社，2003年，第335页。

改革开放以来,中国的社会生活从某种意义上已开始进入现代与后现代,但教育在精神上仍深陷于前现代之中,这种脱离于生活的意识形态教化,使中国的学校德育不可避免地走向虚无化。①即学校德育从内容到形式都缺乏实质意义的道德性,学生受的是虚假与伪善的道德教育,这种德育的直接后果就是学生道德信仰的缺失以及精神与肉体的分离。学者王怡曾形象地说道:"他们的肉体活在一个充分时尚的后现代,但就精神世界的深度和广度而言,多数却几乎活在可怜的前现代。"② 同时,意识形态的过分渗透也使学生几乎丧失了自主性伦理实践的可能与道德反思的敏感。一方面在单一的价值背景和对教条意识形态似是而非的遵从之中,学生对于真正健康的道德生活和观念的意义世界日渐失去了判断力和起码的兴趣,在这样的教育中,人日益变得冷漠。另一方面,市场意识形态对学校无批判的入侵,使市场机会主义与庸俗功利主义成为学生的实际处世原则,精于算计且只重眼前实利是畸形的市场教给学生的生活法则。如流传于中小学校园的灰色童谣中有这样的内容:"读书苦,读书累,读书还要交学费,不如加入黑社会,有的吃,有的穿,还有美女陪着睡!"这些童谣的流传便与市场意识形态的渗透有关。自我成了物欲的奴隶,精神与道德的荒漠化使人退化为肉身的感性存在,人脱离了威权的控制,但仍然没有走向解放。政治意识形态与市场意象形态用不同的方法取消了个体自由发展的可能,从而,使个体精神走向封闭。③ 这一切正积累着日益严重的社会问题,是中国社会真正的危机所在。一个缺乏精神与道德的文明,只能是野蛮的,它既无法让个人自身有尊

---

① 即形式与内容的分离,这些形式的教条与学生真实的精神生活与世俗生活相关性很小。很难真正地帮助学生学会如何去过道德的生活。

② 王怡:《"前现代"还是"后现代"?》,http://women.sohu.com/2004/01/17/68/article218656850.shtml.

③ 一行:《转型社会的教育与法》,http://www.gongfa.com/yixingjiaoyuyufa.htm.

严地生活,也无法让他人有尊严地生活。

社会主义德育的核心价值理念和模式都面临着重新合法化的问题。重新寻找合法性根基,承负起自身的教化使命,成为学校道德生活最为根本的现代性问题。然而,这一任务对于今天的学校道德生活来说异常艰巨,这不仅因为我们处在一个前现代、现代与后现代杂陈共处的时代,还在于中国国家伦理资源的亏空。中国社会现代性的后发外生性和急迫的追赶心态,使中国社会惯于从否定传统的基础上开始新的征途,激烈的反传统是中国现代性展开的特殊方式。对传统的连续否定带来的是价值的连续断裂,到了今天,可用的价值资源已到了穷绝的境地。合法性的价值根基,需要在教化的努力中来加以重建。当前的教育理论界对德育的合法性问题已经有了关注,如有学者指出中国公民教育的真正困境在于国家化的德育模式,金生鈜教授深刻地质疑了新中国成立以来的道德规训。这些都是对中国现行德育合法性问题的反思。

学校道德生活的合法性问题也是在现代性语境中突显出来的。中国 20 世纪 90 年代以来的现代性实践,真正改变了中国社会的生活结构,同时,全球化与信息化的来临也深刻地改变着中国人的生活方式,这一切都使生活日益多样与多元。从而,以控制为目的的意识形态教化很难和现代生活形成真正的对接,重新寻找恰当的合法性基础也就成为学校道德生活必须要面对的一个问题。

(二) 伦理立场的选择问题

中国现代德育伦理立场的选择需要以现代中国人的伦理处境为基础与前提。从某种意义上说,中国目前处于伦理的虚无状态,传统政治伦理的边缘化、无主导的伦理空间、不同个体与群体的欲望与利益争战等,都是中国伦理生活的真实状况。安排好不同的利益获得与安顿好人的心灵归属,应当是现代伦理重建的两项基本任务,前者指向于外,后者指向于内。现代伦理的重建需要吸收各种有益的伦理资源,从中国古代的各家伦理(儒、释、道等)到近现代的诸种伦理,从西方的古典传统伦理(古希腊、基督教)到近现代的诸种伦理。在这里,我们需要确立何为"有益"的立场,即何种伦理是有益的,它的标准是什么?从事实的角度看,这是一个有待验证的问题,但我们也并非完全没有能力对此做出理论的探究。现代德育的目的在于养成人的现代德性,那么,以现代人的德性为基准来吸收各种伦理资源应当是一个"有益"的立场,自由、平等、博爱是现代德性的基本规定,它是在现代性的伦理之中得到养育的。

　　现代性伦理的一个基本特点就是在价值上不作任何统一规定或限定,以达到开放、多元与自由。它承认每一个人都有自己的终极价值,帮助人实现自己独特的价值正是其基本追求。至于终极价值本身,是每个人视为自己的内在之好,那是因人而异的。① 但现代性伦理也有自己的困难,这就是:一方面,现代性要求在终极目的上完全开放,不得统一地讲人格的教化和何为人的优秀,反对灌输与传道,无比重视自我的自由决定的领域。所以伦理学只能谈幸福的外在条件(功利)和合法行动的最广的外限(规则)。但是,另一方面,现代性中个体觉醒又使人对于求得自我的完善极为看重。人们害怕在平庸中被淹没,深刻丰富的自我追求是现代人生存的重要渴求。但丰富而又有意义的生活往往存在于互利的自我完满之中,而不是纯粹自利之中。这意味着仅有有利于自由的规则是不够的,对卓越德性的追求也是必要的。② 伦理的两难与悖论是现代性伦理的基本处境,这也是现代性伦理与道德既得到辩护也得到否定的原因。人们既为它对大众幸福的关注和对每个

---

① 包利民、M·斯戴克豪思:《现代性价值辩证论——规范伦理的形态学及其资源》,学林出版社,2000 年,第 66 页。

② 同①,第 203 页。

人的尊重辩护,也否定它所带来的分裂与混乱。

那么,对于现代德育来说,以现代伦理为根基的教育谋划是否具有合理性呢?现代性伦理的合法性,是 20 世纪以来困扰西方思想家的问题。思想家们纷纷从不同的角度对现代性进行反省和批判,虽然他们反省的深度有差异,但确认现代性的基本合法性还是主流。哈贝马斯坚持"现代性是一项尚未完成的方案",以反现代性为名的后现代思想事实上也是在确认现代性基础上的思想修正。学者万俊人也指出:"人们对现代性道德的批判主要集中于其实践运用与消极后果上,而对其伦理理念本身并没有否定。也就是说现代性道德的缺失更多地表现在其道德理论的论证方式和解释方式上,而不是它的基本价值理念的问题。"他还说:"我们批评现代性道德所表现出来的过度的知识论和工具理性主义,以及它在这一扩张性学术信念基础上所奉行的普遍理性主义。但我们不能因此就否认现代性道德所确立的基本道德价值理念的普遍规范性和形式有效性。如自由、平等、宽容、公平或正义、权利与责任、理性、爱等现代基本道德理念。虽然这些理念可以依不同的文化传统和社会实践情景,作出具体不同的解释和理解。"[①]

现代性的基本道德价值仍然是我们建构德育现代性的合法性理论资源。对此,国内大多数学者都没有异议。如班华教授将德育的现代性诠释为全民性、发展性、民主性、终身性、世界性和科学性[②];冯增俊教授以科学、民主、自由来确认现代德育的本质[③];王啸则认为教育现代性的精神内涵是对"人是目的"思想的认肯及对人权的维护、对人的创造性的培育,以及可持续的人性化发展思

①　万俊人:《"现代性道德"的批判与辩护》,《开放时代》,1999 年第 6 期。
②　班华:《世纪之交论德育现代化建设》,朱小蔓主编《道德教育论丛》,南京师范大学出版社,2000 年,第 1、76 页。
③　冯增俊:《论现代德育的历史转型及当代变革走向》,朱小蔓主编《道德教育论丛》,南京师范大学出版社,2000 年,第 1、159 页。

路。① 岳龙则认为教育现代性意味着一种新的指向未来的严格的时间意识、二元对立的人性观以及对世俗生活的看护和对主体精神的弘扬。② 在他那里，现代德育意味着人是目的，不是手段；意味着人的自由发展；意味着对个人权利的张扬。如何落实这些价值仍然是学校道德生活的基本问题。但这些所有的价值都只有在具体的情境中加以辩驳才能确立自己的合法性。因而，我们在伦理立场选择的同时，还要加上批判的立场，即启蒙主义的立场，它强调的是在反思或提供理性的根据之前，不能先验地确定某种制度或行为是伦理上必需的。一种规范的合理性的确立，还有赖于它是否是道德的判断。于是，价值与规范的辩驳也就成为德育寻求现代性伦理根基的一项必要的理论准备。

（三）道德教化的精神退化

德育的现代性问题还普遍表现为教化的精神退化过程，这一过程在西方表现为德育的知识化过程。而在我国则表现为德育的工作化过程，它们共同表现为工具理性对德育的侵蚀。

在西方，德育从一开始就有着知识论的传统，这一传统始于苏格拉底的"知识即美德"。但古典时代的知识是真、善、美的统一，是理性与德性的统一。柏拉图将知识视为本己的东西，它内在于人的心灵，因而，心灵的自由与知识的超越是同一的，同为教育的形而上学原理。知识的获得过程就是心灵获得教化的过程，知识起着提升人的灵魂的作用。学习不是为了满足社会分工的需要，而是着眼于心灵的充足。因此，心灵与自然的观察或者说心灵与客观性，作为相联结的内容共在于教育的形而上学之中。这样，包含在现代性中的疏离，即世界的知识只是客观形式的观点，在古典

① 王啸：《全球化与中国教育，四川人民出版社，2002 年，第 187-196 页。
② 丁钢：《历史与现实之间：中国教育传统的理论探索》，教育科学出版社，2002年，第 29-34 页。

教育中没有位置,古典教育将世界置于灵魂自我超越的向度内予以包含、充满和展示。教育的使命就在于开启人的内在心智,扩大人的开放性,是唤醒生命的实在之路。因此,学科性的知识不仅是客观知识,也是实在之路的阶梯。"教育在古典的方式中是成圣之路,是神圣之路。心性和头脑成为相互联结的共同体,教育体现了人之为人的整体性"。①

但在从古典方式向现代性视野的转换过程中,教育的自我认同发生了重要的变化:客观知识的要求代替主观精神形态的塑造成为了教育的主要倾向。在这种情况下,本来在古典方式中属于一元的精神形态现在成了二元的东西,知识与精神开始疏离。在古典的方式中,一切都旨在人的福祉,客观知识与人的心性陶冶密切联系在一起。但是在今天的教育中,人文性的教化知识和科学知识走向了二元分裂,心性体验的不可描述性和知识的全面逻辑化是其根本分歧所在,教化知识的主观有效性受到了强烈的质疑。由此,人文教化陷入了现代性的精神危机。同时,对个人权利过分小心,也使西方的教育只重视知识的形式而不是内容。西方的现代德育是在充分张扬个体主体性与个人权利的基础上进行的,这种对个体主体的极度张扬,带来的直接后果是教育的相对主义,即对权利的侵犯成了一个为教育所忌讳的禁区。为避免被贴上侵权与强制的标签,教育采取一种形式主义的策略,只发展学生的道德认识与判断力,却不涉足价值内容的引导,其实际的后果是学生有着越来越多的道德分析与判断能力,但却越来越不知道怎样行动,"去道德化"使学校德育完全放弃了自己的精神陶冶责任。

德育的功利化在中国也有着类似的表现,但它也有自己的一些不同特征。德育与教育是两个并不相同的词。在古代,教育以伦理为本,以道德为唯一目的,因而,古代教育的实质就是德育。

---

① 章雪富:《神圣教育的古典方式和现代之门》,http://www.hkbu.edu.hk/-cscs-net/articles/zhang2f.html.

在近代,教育逐步被分化了,教育虽然没有完全放弃道德,但道德已经不是教育的唯一目的。虽然教育不再以道德为唯一内容,但包括人的智慧发展的各种教育内容往往都服务于一定社会的道德目的。然而,随着理性主义出现,在教育价值中,道德逐步在实际的操作过程中转变成为知性教育的附庸。在这种情况下,学校的德育工作也由教育的最高目的跌为教育的普通目的。① 而事实上,教育对效率与知识的追求,使德育处于一种日益边缘化的位置。学校日常生活中不论是教师、学生还是家长,都没有给学生的道德学习及道德成长予以恰当的重视,以至于道德教育的地位成了一个需要论证的问题。我国 20 世纪 80 年代初对德育首位问题的不懈讨论就是一个明显的例证。到 80 年代后期,政治意识形态不断受到学术界的批判使政治对教育的支配力不断弱化,但市场意识形态对学校肆无忌惮的入侵又使学校德育丧失了自己的精神独立,道德教育在市场不讲道德的偏见中进一步走向边缘。正如金生鈜所指出的那样:"我们今天的教育已完全为工具理性所主导,教育已不是教化,不是为了精神与灵魂,而是为了在市场和社会获得更多的资历。"② 教育丢弃了自己的德性,同时,也就丧失了自己合法存在的根基。可以说,至此为止,学校道德教育已经在某种程度上彻底丧失了它的教育目的性,越来越成为一种边缘化的存在。

道德是确立教育性质的基本维度,没有道德的确认与检测,教育难以确立自身的合法性。德育变成工作以后日益庸俗化与实用化,越来越远离自己的精神教化功能,失去了其神圣性与启示性,而这却似乎意味着它的科学化与效率化。作为一种工作模式,学校德育只是一种程式化的操作过程,因而日益变为一项没有精神

①　黄向阳:《对德育地位的历史演变的分析》,黄向阳主编《德育原理》,华东师范大学出版社,2000 年,第 31-35 页。

②　金生鈜:《德性与教化》,湖南大学出版社,2003 年,第 72 页。

意义的过程,而不是人们对心灵发现与启示的创造性活动。德育的目的是使人更好、更多地成为他所是、他能是的人,是为了使人过更美好与更幸福的生活,是为了创造更多的生活可能。但随着人生存处境的变化,道德教育的基本理念需要随之变化,因为"任何道德精神都有其运行的特殊生态,只有在这个生态中才具有现实性和合理性,把其中的任何一个要素抽象出来都有可能导致片面"。① 我国现行道德教育却并未随着人们生存处境的变换而改变,这便使它越来越背离道德教育的原初目的:不仅没有使学生通过教育变得更富于人性,反而使人性受到了更多的压抑;不仅没有使人得到更完满的发展,反而使人性走向了片面与畸形;不仅没有使人过上更美好与更幸福的生活,反而使人陷入了从未有过的孤独;带来的不是更多的生活可能,而是越来越狭窄的生活视野。这致使人越受教育,生命力越瘦弱,受教育越多,心灵所经受的痛苦与不幸越多。即道德教育成了与人类自身需求对立的存在物,成了人类自身解放的对立物,道德教育走向了异化。应当说,防止德育在现代性建构中走向新的异化,是本书对现代性的伦理价值与哲学理念进行批判性辩护的一个重要理由。

---

① 樊浩:《"德"—"育"生态论》,《东南大学学报(哲学社会科学版)》,1999 年第 2 期。

第二章

学校道德生活的
现代性伦理难题与价值困

我们应该理性地审视我们所具有的理性并看到它的界限。我们不能像扔掉一件旧外套一样抛弃受康德思想主导的这种现代性的基本特征。它已经融化在我们的血肉中。现代性的生活条件是我们所不能选择的——我们被抛入其中——它已经成为我们生存的必然。然而,对于现代性警惕的眼睛来说,它不仅仅是我们的宿命,而且也是对我们的挑战。①

——尤尔根·哈贝马斯

第一节 现代性的伦理难题

现代社会对物质的极度追求,使人远离了精神与道德的世界,意义的消失与道德的退隐成为现代社会的普遍精神症候。同时,现代社会对个人权利的过度张扬,也带来了个人伦理与社会伦理的分裂。

这一切带来了现代社会的伦理难题。

---

① [德]尤尔根·哈贝马斯、米夏埃尔·哈勒:《作为未来的过去:与著名哲学家哈贝马斯对话》,章国锋,译,浙江人民出版社,2001 年,第 95 页。

一、意义的消失与道德的退隐

意义在现代性的语境中是如何消失的？道德又是如何退隐的？这两个问题是我们讨论现代性伦理危机的一个重要前提。

（一）现代性的精神症候之一：意义的消失

现代性的问题是人的存在问题，是个体的安身立命问题，是意义的寻求问题。正如加拿大学者查尔斯·泰勒在《自我的根源》一书中所说的那样：现代人最典型的道德困境是意义感的丧失，或者缺少方向感，没有确定性。然而，处于"道德空间中的自我"总是承认、追寻或认同于某种更高的东西，在自我内部、自我与世界的秩序中寻找自己的位置，寻找根源性的道德。这样一种认同、找寻状态，这样一种向着道德根源的存在，是"无可逃脱的框架"。你可能或可以不认同某一种或某一类"构成性的善"，但是这样一种认同的、向着根源的状态或存在框架是逃脱不了的。① 因为人的生命从根本上来说是一个连续不断的流。

学者张志扬指出："现代性"是一个晚出的范畴，它之所以作为一个问题被提出来，是基于形而上学本体论发生危机而动摇的背景。他认为，在存在论意义上，现代性可以指"当下生存性的揭示"。在对启蒙思想与现代性关系的思考中，张志扬对"现代性"的论述与那些偏重从政治、经济制度以及国家、民族的历史性方面理解"现代性"概念的人不同，他始终把个人的当下生存或个人的真实性置于思考现代性问题的首位。值得注意的是，张志扬认为："（在中国）现代性仍是一个晦暗不明的问题，今天更笼罩在'民族

---

① ［加］查尔斯·泰勒：《自我的根源：现代认同的形成》，韩震，等译，译林出版社，2001 年，第 3—34 页。

主义'或其他什么'权威主义'的经世之光中。'撒谎和遗忘'像影子一样追随着理性对利益的谋求与向往。而且,它回答'创伤记忆'的证词袭用了老派的腔调:不是'真理——理想——本体'错了,只是实现它的步骤错了,在调整步骤时,个人必须统一到民族复兴的意志中来。换句话说,'形而上学本体论'与'个人真实性'尚未提出就被事先的政治需要锁闭在中国现代化的视域之外了。"[①]由此,如何对个人真实性及其限度进行辩护是他考察现代性问题的一个基本出发点,现代性在他这里有着个人性的内涵。

而刘小枫则将现代性视为由制度、理念和心性构成的综合性题域。虽然不同题域的现代性内涵与主题是不一样的,如历史时间的现代性与作为问题的现代性是不相同的,哲学、历史学和社会理论对现代性的理解亦有差异,但就现代性是每一个体、每一民族、每种传统、制度和理念的现实力量而言,它们又具有内在一致性。现代现象是三个不同题域全方位秩序转型的呈现,是一场"总体转变"。[②] 然而在相关论说中,个体的安身立命问题始终是他思考现代性问题的基础与归宿[③],个体与社会的生活品质是他把握现代性的基点。对现代性有特别敏感性的德国思想家舍勒则关注精神气质或体验结构的现代性转变,所以很自然地将现代性问题由社会转向人,转向人自身。他说:"现代性不仅是一场社会文化的转变,环境、制度、艺术的基本概念及形式的转变,不仅是所有知识事务的转变,而根本上是人本身的转变,是人的身体、欲望、心灵和精神的内在构造本身的转变,不仅是人的实际生存的转变,更是

---

① 张志扬:《问题与思路》,《学术思想评论(第二辑)》,辽宁大学出版社,1997年,第492－493页。

② 刘小枫:《现代性社会理论绪论》,上海三联书店,1998年,第2－3页。

③ 《沉重的肉身》一书可以视为他对这一问题的集中解读。见刘小枫《沉重的肉身》,上海人民出版社,1999年。

人的生存标尺的转变。"①当现代性问题由社会还原到人本身时，舍勒的观点便具有一定的震撼力，他说："现代性——一言以蔽之曰：'本能冲动造反逻各斯'。"②刘小枫还指出，舍勒对现代性问题的决定性把握是"如何重新调整和校正人的生存根基和精神气质"。把现代性问题归结为人的精神气质的转变，是舍勒以后西方思想家理解"现代性"的一条重要思路。

在德国社会学家西美尔那里，现代性并没有改变人的生命原有的课题，只是使这些课题发生了某些变化，在生命的信仰之中，宗教的意志依然召唤着人去崇拜和信仰，但人的宗教意向已经远不同于处于传统中的人。他说，现代人不再信仰传统的宗教，但现代人仍然需要宗教。在现代性那里，信仰的主体与信仰的对象开始分离，人不再需要那种超越的目标，而只是依靠自己的意象去信仰。"信仰主体与信仰对象（超验内容）分离后，信仰对象成了抽象的规定性，随之，就被当作幻想排除了，只剩下信仰主体孤零零地憧憬。"③他的意思是：现代性的解放，不仅意味着理性的解放，实际也同时意味着感性的解放，人被原始的生命体验所统治，这是导致现代性生命危机的根源。他说，现代性使生命脱离了"形式"的束缚，只剩下生命本身在跳动。曹卫东在评论西美尔的学术思想时说："现代性危机与以前所有时代的文化危机之不同在于：生命因反对形式本身以致不再有形式可用来表达自己……生命的单纯原始表现成了形而上学本身，生命不再通过形式来理解自身，而只是靠生命身躯理解生命。"④西美尔把现代性视为一种脱离"形

---

① 刘小枫：《现代性社会理论绪论：现代性与现代中国》，上海三联书店，1998年，第19页。

② ［德］舍勒：《资本主义的未来》，罗悌伦，等译，生活·读书·新知三联书店，1997年，第16页。

③ ［德］西美尔：《现代人与宗教》，曹卫东，等译，中国人民大学出版社，2003年，导言第25页。

④ 同③，第23－24页。

式"的运动,这是对整个古典时期的背叛,因为古典时期最大的文化特征是思想的"形式"。在西美尔的观点中,所谓生命的形式即包含在生命之中的灵魂与精神,而脱离形式就是脱离人的灵魂与精神世界。这是现代性的一种文化危机和思想衰退,而这一切直接呈现为现代性的伦理问题。吉登斯从个体的角度看到了生命的这种低俗化趋向,他说,由于个体性的出现,社会终结了,作为社会学的主要论域的"社会"再也没有意义了。现代性使人从社会,包括阶层和性别等的束缚中解脱出来,因而"已经不存在任何习惯上所定义的'社会'了,现在只剩下个别的个体,而他们早已不再在传统的社会形构下活动了"。① 生命再也不要更多的东西,不要他者,不要社会,只要自我的快乐和激动。这就是现代性用理性赶走崇高和意义之后陷入的一种后果。

当真正看清了生命、体验和情感在人类伦理觉醒意识历程中的位置和原因时,人们就会对生命情感所抱持的不理性的热情持几分慎重和担忧。从上帝的荣耀中走出来,从传统的权威中获得解放,从政治的压迫中找到自我,这些都不是值得欢呼雀跃的事情,因为没有了精神的引导,人同样不会获得真正的自由,生命的欲望和情感的任性同样将成为统治并压迫人们的力量,甚至可能比传统对人们的暴力更使人不能忍受。这种任性的欲望和情感带来的可能后果是:韦伯所担忧的"专家没有灵魂,纵欲者没有心肝"②的局面。从这个意义说,了解生命启蒙的破坏力量甚至比了解理性启蒙的破坏力量还要重要,这对于我们这个还没有享受过理性成果的文化来说,就显得更重要。生命情感不是天赐的优于理性精神的一种恩惠,当人们摆脱了科学、道德、法理和秩序之后,

① [英]吉登斯:《社会理论与现代社会学》,文军,等译,社会科学文献出版社,2003 年,第 22 页。

② 马克斯·韦伯:《新教伦理与资本主义精神》,于晓,等译,生活·读书·新知三联书店,1987 年,第 143 页。

就会在纯粹的生命冲动和欲望激情中等待灾难的到来。在西方，人们也许在理性世界中生活得太久，需要让被压迫得太久的生命冲动释放出来，而我们却在还没有体验过真正的理性秩序是什么滋味的时候就要抛弃它。在这样的情况下，当现代性把理性启蒙这一人类精神财富送至我们面前时，如果简单地将其拒之门外，那将是一件愚蠢的事。

现代性正在超越自身，它在解放理性的同时，也解放了人的感性。在现代性中，是理性赶走上帝，最后又被自己的附属物——感性所赶走。福柯感叹上帝走了之后人也走了，即感叹当信仰消亡之后人的理性、精神和道德的出逃所造成的危机。因此，现代性使人失去意义世界，即失去本体论世界。现代性的解放是双重性的，它没有在释放人的理性力量的同时去压迫感性，而是把两者同时解放出来。因此，当现代性面临理性膨胀的危机时，它也同时面临感性膨胀的危机。从这个意义上说，在批判现代性之时，不仅要批判现代性的理性后果，而且要为疏导人类的感性冲动提供方案。我们用生命推翻理性的统治，的确为重新定义现代性所确认的理性世界提供了哲学依据，然而，在这一过程中，生命的解放本身可能带来的危险却被忘记了。正是从这个意义上说，强调重新建立理性化的伦理意识，实际不仅因为我们没有经历西方社会的信仰统治以及由矫枉过正带来的理性恐慌，而且还因为生命本身也是与理性解放一同被释放出来的魔杖。对于东方的文化和传统来说，反现代性的生命冲动实际不仅是对理性统治的反抗，而且是我们对抗传统、瓦解权威统治，并从政治意识的支配之下解放出来的重要途径。然而，这一现代性的生命魔杖并没有引起我们的注意，它与科学、理性、自由一同向传统的信仰世界发难。人类在用自己的思考去摆脱神性信仰的统治之时，实际也就打开了消灭理性自身生命欲望的感性权力。

从道德的角度看，现代性也是一个问题。文明的发展是否必然导致道德的衰退,这是一个从卢梭就已开始追问的问题,麦金太尔对现代性道德谋划失败的论断,更加剧了人们对现代性是否具有道德的反思。从某种意义上说,现代性的伦理学思考就是围绕这一问题的辩护与反思。以麦金太尔为代表的德性伦理学认为,现代性因为强调外在的伦理规范而忽视了内在的"好",使道德完全失去了基础与根基,因而,在道德上是完全失败的。而以罗尔斯、哈贝马斯,柯尔伯格为代表的自由主义伦理学则认为,现代性对人的理性与主体性的张扬使人成为自己有了真正的可能,因而,它确立了人类的真正道德。① 事实上,现代性并不具有坚硬的总体性、历史的一致性,不是永久性的和不可超越的,事实上它是在不断分离和断裂的历史片断中重新组装的一种状态,是对人自身生存的一种忧心与焦虑。鲍曼说:"现代性是一桩思的事情,是关切的事情,是意识到自身的实践,是一个逐渐自觉的实践意识,一种在假如它终止或仅仅衰落了的情况下对所留下的虚空所产生的隐忧。"② 由此可见,现代性的一切问题都在于人自身对意义的安置,离开了人对意义的发现,现代性就不再有问题,也不再被怀疑,正是人自身对精神世界的反思,才导致现代性的启蒙以及现代性自身的自我怀疑。

(二)苦难遗忘与道德的退隐

在西方哲学中,现代性对理性的反思最终指向人的存在。这从批判现代性的思想家的观点中可以清晰地看出来。马克思对人类历史进行彻底反思,发现了人类解放和精神世界的自然规则;尼采对西方信仰世界进行反思,要求再现人类自我意识的权力;海德格尔对西方形而上学进行反思,要求回归前苏格拉底的存在意识;

---

① 包利民、M·斯戴克豪思:《现代性价值辩证论——规范伦理的形态学及其资源》,学林出版社,2000 年,第 10 页。

② Zygmunt Bauman, *Modernity and Ambivalence*, Polity Press,1991:5,10.

施特劳斯对西方政治哲学进行反思，要求交还人的自然权利。无论在哪种视野中对现代性进行反思，都会最终归到人类生存意识的启蒙之上。从这个意义上看，现代性的理性启蒙的唯一缺陷在于放弃了存在及其道德性。这样，我们便可以回答为什么在现代性启蒙之后，西方哲学的主题会转到像奥斯维辛这样的苦难记忆之上，尽管苦难记忆并非现代性的唯一产物。犹太人的苦难记忆远盛于古代社会，但对苦难记忆的哲学思考会在人类已经操纵世界的今天再次得到关注，就是因为人类已经意识到，当自己成为世界的主宰时，已经过于得意，正面临着自我毁灭的危机。

"苦难记忆"是人类道德的记忆，无论是西方的基督信仰、东方的佛教信仰，还是中国的儒道哲学，都在用善和德性不断提醒人类自我克制和束缚。然而，20世纪现代性的理性启蒙却叫人摆脱道德束缚，用智慧创造辉煌的文明，用科学为人类创造幸福的未来。但是，人类还没有来得及享用理性文明的成果之时，却又再次陷于文明的苦难之中。在这种情况下，人们再次想起卢梭的预言，文明不能给人类带来幸福，而只能给人类带来灾难。人类要想获得幸福和美好，就必须不断回归自然——对存在进行追问，只有在这种追问中人类才会不断反思人与自然的关系。存在是一种苦难忘记，存在是一种道德的毁伤，今天的宗教回归是一种回归自然、追问存在的方式，也是人类对自我进行道德提醒的方式。如果说，现代性的反思是人的回归，那这种回归就是对存在的再次关注，就是用苦难的思索激起和恢复人类的道德意识，使文明不至于偏离人类道德信仰的指引。

受难记忆是人类解放的希望，人类只有永远记住苦难，才能永不放弃道德。如果说受难记忆是超越现代性的主题和途径，那么，现代性实际要呈现的就是从理性中解放出来，回到人的生命意识之中。受难的概念是基督信仰的起源，现在成了西方文化批判现代性、回归生命世界的起点，但受难作为人类历史的忘记形式，实际已经超越西方文明的限制，同样适用于东方世界。从某种意义上说，引用西方哲学对苦难记忆的关注来解释现代性的生命回归和道德启蒙，就是因为人类只有在对苦难的记忆中才会回到人性自身，回到人对善的诉求之中。人类的历史是由受难的记忆构成的。德国宗教哲学家默茨用人类的苦难遗忘来批判历史目的论，认为历史没有目的，而只有对苦难的遗忘。在他看来，正是目的论的历史观使人类容忍苦难，甚至用苦难去换取理想。正是因为这样的历史观，那些自称为历史创造者的人才会以毁伤道德的方式实现个人的意志，并为自己的行为寻找合法的理由。他在书中写道："因为受难史并没有目的，而只有未来。并非目的论，而是'受难轨迹'创造了可以达到的这一历史的连续性……基本的历史动力学是受难记忆：它是未来自由的否定意识，是在此一自由背景之下为克服受难而行动的激励者。"①

西方文化认为，人类曾经历了三种主体形态：一是自然主体，二是上帝主体，三是人的主体。在前两个主体概念中，人被放在对象的位置上，虽然已经有苏格拉底的"认识你自己"，但人终究没有获得解放。现代性使人普遍成为真正的主体，人开始了真正的自由与觉醒。从某种意义上说，自由这一概念是现代性的概念，也是现代性的产物，虽然作为一个概念它在传统价值中已经存在，但作为一种理性意识，它的确是在现代性启蒙中产生的。在古典时代或传统社会中，自由只不过是内在心灵的一种想象，抑或是少数个体能够达到的状态；在整个信仰哲学中，自由意味着解脱，无论是犹太的上帝信仰，还是基督的天堂世界，还是佛教的轮回哲学，它们的哲学含义都是相同的，尽管在不同的哲学中解脱的方式各不相同。然而，现代性把人对自由的想象变成真正的愿望和行动。当现代性把自由交给人时，人开始抛弃道德和自我束缚。所以说，

---

① ［德］默茨：《历史与社会中的信仰：对一种实践的基本神学之研究》，朱雁冰，译，生活·读书·新知三联书店，1996年，第115页。

现代性给了人自由,但却夺去了人的道德,人只知道如何统治这个世界,而不知道如何承担责任。

在西方世界中,原罪与苦难构成了两个道德理由,前者诉诸人的内省,后者诉诸人的期待。原罪使人类不愿或不敢承担自由主体的责任,而要人去寻找一个真正可能的善者。"由于他们非常害怕那臆想的罪过他律,于是,他宁可自己创造新的他律。他将自己的历史责任推掉一半,他并不想完全认真对待自己之为历史主体的品格。"① 原罪的理论使人永远怀疑自己成为道德立法者的能力,使自己甘愿成为一个受他律的道德对象。由此可见,在对现代性的反思中,西方哲学之所以重提原罪意识,就是希望用原罪意识来束缚人的自由意识。也正是从这个角度出发,一些西方马克思主义者称人类历史为无主体的历史,认为人没有能力担当存在的主体。在耶稣那里,人类只能做上帝的奴隶,因为人类缺少主宰世界的道德,在他们看来,人类在道德上就是一个盲人,因此,任何人都不能为他人指路。正是因为原罪的理念使道德在西方哲学中占有重要位置,也使现代人在批判启蒙时重新回到信仰世界之中。因为在人的彻底自由中,在理性成为唯一的权力时,人开始抛弃自己的道德传统。耶稣是一个永远的受难象征,未来有复活的一天,人会再生,从原罪中解放,得到天堂的恩典。德国学者默茨写道:"处于这个信仰中心者是回忆被钉十字架的主,这是一种确定的受难回忆,是一切人对未来自由的希望的根据。"② 由此可见,苦难与原罪相反,它不是让人放弃主体并诉诸内省,而是让人永远处于追求之中——人永远是需要解放的,不仅自己需要解放,而且需要另一个解放者。解放使人类永远处于对未来的期待中,向往一个真正善的未来和真正纯真的终极世界。

---

① ［德］默茨:《历史与社会中的信仰:对一种实践的基本神学之研究》,朱雁冰,译,生活·读书·新知三联书店,1996 年,第 132 页。
② 同①,第 118 页。

道德生活在本质上是一种受难记忆的讲述,它始终让人处于灵魂教化的反思和期待之中。从学校德育的角度看,西方哲学对苦难的道德追问,对论证学校德育应当如何处置自由、生命和解放等现代性伦理价值有重要启示意义。这种意义在于,为了避免更多的人类苦难,也为了增添人类面对苦难的勇气与力量,学校德育需要重新思考它的目的。从这个角度看,学校德育有两个内在的目的:其一,提醒人去反思与内省,并给予人美好的愿望;其二,激发人去为自身的自由与解放而行动。德育只有一个最终目的,就是培养美与善的人,建立美与善的社会。任何为其他目的而实施的道德教育,都没有表达道德教育的内在目的。在我国的教育中,虽然已经懂得道德教育应当有自己的目的,应当为道德而道德,而不应当为政治而道德,道德不是政治,道德也不是社会,然而,当道德摆脱政治的规训之后,却不知道自己应当做什么。不明了道德教化自身的目的是什么,这就是今天学校道德教育的悲哀。在我国的道德实践中,当道德摆脱政治的干预之后,便开始追求自由的体验,用自由思考代替一切道德的标准,难道这就是道德本体的回归?然而,从现代性的角度看学校德育,自由就不是一个抽象的概念,也不一定是一个好的概念。自由不能简单地与理性结合,自由,尤其是理性的自由可能包含着某种道德的危机。人在实现自由的同时必须承担对"恶"(在西方即原罪意识)的责任,自由应当是对人性的期盼,自由的想象力永远应当在道德规约下行动。自由的想象应当以人类的苦难为出发点,如果自由的想象只是一味地去追求美好与信仰,哪怕这种美好与信仰来自于一个善的目的,那也会在不知不觉中离开善的束缚。这种自由的想象正是现代性在创造文明奇迹的同时也"创造"了奥斯维辛的原因。

现代性的理性给予人自由,但自由使人遗忘了苦难记忆。因此,现代性对苦难的回忆,就是对现代性导致道德遗忘的批判。面对奥斯维辛的苦难,波德莱尔意味深长地说:"黑色,现代性的服饰,表现出公众的灵魂,我们人人都在举行某种葬礼。"① 这就是现代性为我们这个纪元准备的仪礼。张志扬说,一个民族、一个社会如何看待"创伤记忆",也应该看做这个民族、这个社会现代性自我意识的标志。对创伤的深度记忆,是这个民族在道德上觉醒的标志,创伤记忆越深刻,对未来的道德期待也越强烈,这个民族和社会就越不会在道德上盲目自信和以自我为中心,创伤的记忆是原罪反思的动力,创伤的记忆直指自我的灵魂。

创伤是仪式,是道德,从创伤开始,人类一次又一次地开始着灵魂的洗礼,基督的创伤是罗马哲学走向自我反省的起点,实际上是对希腊理性哲学的第一次洗礼,而启蒙的洗礼已经晚了 2 000多年。理性权威的统治实际也不是从现代性开始的。在某种意义上,古希腊哲学已经把理性放置于哲学的皇冠之上,古希腊哲学的本质是人道主义或人本主义,古希腊人对智慧的崇拜已经把人的生命和情感推向边缘。那时,因为理性还没有发展成为真正的现代技术,因为理性的力量还没有像现代人所看到的那样直接和现实。然而,在古希腊的智慧中,人类的自我膨胀已经初露头角,罗马人在古希腊思想的基础上继续发展着人类的这种自我信念。但耶稣发现了人类自我危机的萌动,他要对古希腊的人道主义进行彻底的清算,他要让罗马人重新回到生命世界中,看到在人的智慧之外有超越世界的力量。他认为,人不是世界的主体,没有统治这个世界的能力,人从本质上缺少守护这个世界的道德能力,人只是一种欲望的存在,因此,人也是一个带有罪恶之源的存在,人永远不可能摆脱由自身的缺陷造成的束缚,必须依靠一个更高的存在去引导自身走向未来世界,明天永远不属于人自身,而属于超越的存在。在他那里,这个存在用上帝的概念表达着。信仰,也只有信仰为人的道德开辟了真正的可能性,从而使道德成为人存在的一

---

① 张志扬:《一个偶在论者的觅踪:在绝对与虚无之间》,上海三联书店,2002 年,第 113 页。

种内在的需要，一种本能。

　　然而，现代性又开始重复古希腊、罗马的理性悲剧。因此，从这个意义上说，创伤记忆不是现代性的唯一景观，犹太人与基督的创伤记忆正是与今天的奥斯维辛出于同一个原因，都是人类对自我失去理性控制能力的结果。在罗马世界和十字军征程中，如果人类懂得自己的有限和不足，知道苦难的原因和理由，就可能少一点苦难的轮回。今天，我们只有再次从人类的创伤记忆中回到原罪的歉疚之中，才能摆脱现代性启蒙在道德上造成的危机。从某种意义上说，基督（包括其他信仰哲学的出现）的哲学转向，可以说是人类在道德上的第一次伟大洗礼，也可以说是人类的第一次道德启蒙。苏格拉底的"认识你自己"，使人类认识到自己的伟大和力量，而在苏格拉底那里，其原意是认识人的缺陷与不足，要人们真正回到善的追问之中，使哲学从纯粹的自然兴趣中回到对人的精神和道德的兴趣之上。然而，西方哲学在知性的力量支配之下，并没有真正领会苏格拉底的愿望，最终使认识自己的过程变成自我膨胀的过程，因为这种偏执的认识使人类在现代性的历程中不断陷于罪恶的深渊。

　　《圣经》中关于伊甸园里的生命树与智慧树的故事，就已经预言人类在生命与道德之间是难以进行选择的。这种选择的悖论和困惑，在现代性中转变成为科学与生命的对抗，这一主题可以说是伴随人类的不可避免的内在冲突，是人类之根的一种遗传性的疾病。从这个意义上说，人类从存在的本质上就需要道德的拯救，而不是因为世界有罪恶才需要道德的拯救。创伤记忆是人类原罪不可避免的结果，它的意义在于一次一次去提醒人类自我反思，不断用道德的力量来拯救自身。人类的道德追问是人类反思现代性的根本力量，正是现代性的危机使人类重新回到那个创伤的苦难之中。现代性的理性胜利，正是导致现代性产生新的创伤记忆的开始。在 20 世纪这个新的受难时代，这个充满自由与理性权力的时代,现代的全部哲学主题都不得不回到道德的追问之中。正因为此,斯特劳斯才说,理性的危机存在于理性之中,危机不是外在的,它没有任何罪恶之手在操纵,而是现代性自身危机的必然结果。因为,拯救现代性的途径也必须在对理性问题的反省之中来寻找。只有通过对理性问题的反省,人类才会谨慎地对待自我的权力,并在不断地自我反省中获得自我觉醒的力量。

二、国家伦理的亏空与公共伦理的缺失

(一)国家伦理的亏空

从传统希腊的共同体传统、中国古代的政治传统以及现代性民族国家的诞生中可以看出,伦理是为了维护共同体的有序生活而存在的,并以强烈的国家意识或共同体信仰为中心。柏拉图和亚里士多德的伦理学都具有类似的特征,尽管亚里士多德提出德性伦理的思想,但他的德性伦理是走向共同体伦理的一个起点,德性最终服务于城邦政治与共同体生活。撇开东方古代国家及西方的现代民族国家不谈,因为它们毫无疑问地都具有强烈的国家意识。只就古代希腊来说,雅典的政治可以说已经具备相当程度的现代民主社会的特征,在国家权力之外,社会成员具有广泛的参与国家政治的权力和自由,这说明雅典文明已经获得相当程度的公共伦理的秩序,甚至已经接近于现代公民理性社会。但是即便如此,雅典的文明在伦理上也仍然表现出强烈的国家意识,无论是苏格拉底、柏拉图还是亚里士多德,他们都一致宣扬公民对国家的责任、服从和信仰,绝对不能说他们已经建立起一个公共伦理高于国家伦理的社会道德秩序。也就是说,他们所创立的伦理观念在某种程度上已经超越国家,但仍旧不是完全意义上的"公共性",因

为它在根本上强调的仍然只是为国家权力服务的道德价值。现代性作为一种强大的历史意识、民族意识和国家权力,它使古代希腊和中国传统中的国家意志获得了更为强烈的显现。由此可见,从政治学的历史演化看,国家伦理在人类早期就得到充分发展,而能够对国家伦理进行某种抑制的公共伦理,却从来没有得到过真正强大的发展,它只是在人类进入现代并试图超越现代性的过程中,才开始得到推行。

　　哈贝马斯发现现代民主国家与传统民族国家有着很大的不同,在他看来,现代民主国家除了具有理智成熟的公民之外,还具有可供公民表达理智的公共生活空间(公共领域)。从某种程度上说,一个现代国家或民主社会,有没有公共领域或者公共领域是否强大,是衡量这个现代国家或民主社会政治文明和道德进步水平的重要尺度。公共领域越是成熟、发达,它的民主化程度就越高。在哈贝马斯看来,公共领域是国家权力与个体权力中间的一个对话和缓冲地带,可以使两种权力相互平衡,从而减弱社会的冲突和对抗,使社会内部产生一种稳定的力量。公共领域中的权力主体可以用独立的伦理承担者的身份与国家权力对话和交流。从某种意义上讲,"国家"与"社会"的内涵并非完全相同,社会概念在本质上不同于国家的概念,社会意味着一种共同生活的关系网络,而国家更多地是一种空间与政治概念,它意味着一种权力的表达,强调的是对国家权力的维护,并用强大的国家权力去抑制社会中的其他权力。公共领域的建立和发展,是促进"国家"向"社会"过渡的重要民主力量。公共领域的发展,要求伦理也要伴随这个过程进行调整和发展,由国家性的共同体伦理向现代性的公共伦理过渡。在这里,"公共"已经被作为一个特殊的概念区别于国家和共同体,它是指与公共领域相对应并维护公共领域秩序的伦理意识。公共伦理的发展是现代民主制的标志,体现了现代国家民主政治的特点。因此,发展公共伦理对促进现代的民主生活具有特别重要的意义。

在西方，通过民族国家这一特殊的文化共同体形式，已经发展出一套相对良好的公共伦理及其生活形式，如强大的法律规范、文化结构、公共团体、大众媒体等，这些都是公共权力对话的重要空间，是向国家权力传递信息的重要资源。然而，中国的文化传统虽经西方现代性的入侵，但却没有使中国人去除掉伦理传统中的国家主义倾向，而且在西方现代性民族、国家意识以及历史主义的权威之下，中国传统中的这种国家伦理意识更进一步被推进了。由此，中国传统在现代性的运动中并没有建立起强大的公共领域以及由此而生的公共伦理意识。如果把中国的现代性意识作为一种知识体系，那么这个知识体系则从不同的领域为国家意识形态提供了各种支持。① 在这里，可以清楚地看到，中国的伦理传统是奠基于儒家礼法政治基础上的，强调以国家政治特权力为中心的伦理。

刘小枫认为，中国在现代性的发展历程中出现了国家伦理资源的亏空现象。他把中国受政治主导的道德生活称作"政党伦理"，视为伦理学的一种异化形态。而这种具有政治意识形态性的伦理生活及教化哲学，既来自于中国古老的德治传统，又来自于现代性民族国家意识。他说，当代中国德育以"政党伦理"作为教化的合法性根基，只是在中国当下市场伦理的发展驱动下，政党伦理的影响力才日渐萎缩，难以再为社会伦理提供足够的正当性资源②，同时，以政党伦理为根基的道德教化也开始面临全面的危机。正如金生鈜教授所指出的那样："道德资源的亏空、生活伦理秩序的混乱、道德宣传的空乏、道德观念一致性的断裂都意味着这

---

① 汪晖：《死火重温》，人民文学出版社，2000 年，第 371 页。

② 刘小枫：《这一代人的怕和爱》，生活·读书·新知三联书店，1996 年，第 295 - 211 页。

个时代道德教育的困境。"①他指出,这种政治伦理教化的危机主要体现为对个体生命的贬抑,用泛道德主义给儿童生活带来沉重的道德负担,使他们产生强烈的道德厌倦感。刘小枫区分了两种现代伦理的叙事,一是"人民伦理"的大叙事,一是"自由伦理"的个体叙事。② 人民伦理的大叙事是动员、规范个人的生命感觉,自由伦理的个体叙事是抱慰、伸展个人的生命感觉。自由伦理不提供国家化的道德原则,只提供个体性的道德境况,让每个人从这种伦理叙事中形成自己的道德自觉,并用这种感觉去构建社会的公共权力系统,使个人可以通过公共领域这个言说的场所对国家权力传递个体的声音。

(二)公共伦理的缺失

公共伦理的显现,使学校德育面临一种转向的危机和挑战。我们的学校德育还没有摆脱传统的政治权力和现代性的理性暴力的束缚,道德教育还没有开始关注公共伦理的问题,还被政治性的国家伦理所统治。从这个意义上说,中国德育的伦理价值存在着某种内在的危机性。这种价值中心的错误,说明中国德育的危机在性质上是一种现代性的危机。现代性理性启蒙的重要后果是,没有真正解决人的"个体理性",而是建立起强大的"历史理性",换句话说,理性在人的启蒙下,自身独立了,独立于每一个鲜活的生命个体,成为统治理性(个体)自身的力量。也就是说,理性创造了一个终极的历史,而这个历史反过来规训个人的理性,不允许个人的理性去思考,让个人融入这个宏大的理性之中。在现代性的民族国家中,这个宏大的理性就是民族国家的道德观念。从这个意义上说,现代性的国家伦理观念扼杀了社会的公共领域的存

① 金生鈜:《德性与教化》,湖南大学出版社,2003 年,第 323 页。
② 刘小枫:《沉重的肉身——现代性伦理的叙事纬语》,上海人民出版社,1999年,引子第 7 页。

在和拓展,扼杀了作为现代公民的公共理性的养成。民族国家作为一个绝对的道德主宰支配国家的社会生活,而学校教育正是遭受这种统治的直接受害者。我们常常责备学校德育总是不能摆脱政治意识形态的支配,但却没有看到,并不仅是中国政治权力不肯放弃学校教育的权力,而且,这也是现代性伦理传统自身的选择。在现代性的理性意识之下,公共伦理不可能成为伦理学关注的中心,因为国家不希望有强大的公共空间来阻止其自身权力和意志的推广。

英国哲学家波普尔认为,前现代的社会主要是一个封闭社会。封闭性即表现在以政治消灭伦理,从某种意义上说,就是封闭了国家的公共伦理空间。国家没有社会生活,没有对社会生活的伦理建构,那国家就没有真正成为一种社会,而只是政治专制的共同体。在这种社会中,没有任何公共生活,自然也就没有由此产生并用以维护公共生活秩序的公共伦理问题。中国德育的现代性焦虑何在? 中国现代性的焦虑就是一种缺少公共伦理空间的焦虑。虽然已经进入现代性,但在伦理上却处在前现代,伦理还没有成为国家政治生活的基础。从某种意义上看,国家和共同体是不一样的,国家是由政治构成的机器,而不是由伦理构成的共同体,国家是政治性的,共同体是伦理性的,一个是由权力构成的国家,一个是由伦理构成的社会。这是两个完全不同的生存状态,不能简单地用"现代国家"这一概念来概括。刘军宁在对美德伦理进行批判时,论证了"国家"作为一个共同体与"社会"作为一个共同体的不同。他在论文中有以下一段论证,非常深刻地揭示了"国家"这一概念之下那种单纯片面的政治暴力:"在古代城邦里,美德就是热爱国家,献身国家,这种热爱要求人们不断把公共的利益置于个人利益之上。把舍己为公、献身国家当做至高无上的美德来要求所有的社会成员也并不是古代共和政体中专有的事情……事实上,在所有的古代社会中都有类似的美德要求。在中国,三纲五常、三从四德、五讲四美不都曾是以道德规范形式出现的最高政治律令吗？用忠君与爱国来概括这种古典美德也许是最恰当不过的了……古典的美德最终被证明是败坏的美德，不论它是依赖直接民主还是依赖贵族寡头都必然要以奴役和专制为前提，奉行黩武的帝国主义和军事扩张。柏拉图主张，基于建立'一个美德的社会'的必要性，有必要对公民道德生活的各个方面进行严厉的管制。亚里士多德虽主张有更多的自由，但仍视美德为政治的目的，认为行动的自由随时必须为这一目的让位。在亚里士多德看来，在德治之下，统治者都应鞠躬尽瘁地献身于公益……只有能舍己奉公的政治人，才是政治生活中最合格的参与者。"①

学者一行在评论现代大学教育所面临的困境时指出："要走出此种困境，这些国家必须进一步削弱意识形态对教育的渗透，同时让出大学人文教育的公共空间，以为其法律规则提供抽象价值的辩护、反思和来自伦理实践的支持。否则，这些国家将面临更深的合法性危机。"②从这里可以看出，要开发公共伦理，必须改变学校德育的伦理特性，把培育和发展公民理性作为学校德育的基本价值。对于一个社会来说，没有公民的自由理性和民主意识，即公民具有的公共伦理价值，任何发展公共领域的企图都是不可能的。鲍曼认为，一切现代性的价值显现都在于对公民道德自我的唤醒。他说，真正的城邦乃是在人的身上，在人的灵魂深处。强大的国家暴力并不能改变一个民族的命运，而只有灵魂深处的城邦可以使其让我们强壮，坦然面对这个充满虚无和焦虑的世界。波普尔在《开放社会及其敌人》一书中讨论了伦理教育的问题，他说，在苏格拉底那里，教化被理解为对公民理智的唤醒，认为教育的责任就在于培育公民自我批评的精神，即寻找到"自知其无知的智慧"。苏格

---

① 刘军宁：《美德与黑暗时代——回应社群主义》，http://intellectual. members. easyspace. com/jnliu/on%20communatarian. htm.

② 一行：《转型社会的教育与法》，http://www. gongfa. com/yixingjiaoyuyufa. htm.

拉底相信这种教育的使命是一种政治使命，在他看来，改进国家政治生活的途径是教育公民做自我批评。在这种意义上，苏格拉底声称是"他那个时代唯一的政治家"，并以此认为自己可以区别于那些讨好人民但却不真正推进他们利益的人。然而，柏拉图却认为国家的未来在年青一代的身上，因而让孩子们的心灵由个人品味影响是可怕的事。由此，必须对孩子们的心灵进行统一管理。在不经意间，柏拉图已为极权主义打开了方便之门，因为任何一个现代民主社会，国家都不应威胁最可宝贵的自由形式，即个人的心智自由，因为这是个人参与社会公共生活、创造成熟公共领域的理性基础，没有这个基础，任何共同体的公共文明都是不可能的。

三、民族国家的道德化与道德的世界化

（一）民族国家：现代性道德的合法性基础

民族国家作为道德主体的意义在现代性中成为伦理学不可回避的问题。汤因比认为，现代性的爱国心将被人类之爱所取代，他说，国家代表权力而不代表道德，以国家作为道德代表是非常局限的。他认为："（应当）……放弃历来那种对国家的宗教般的献身精神。我希望国家的神圣地位要否定，而恢复纯粹大自然的唯一神圣地位。"①从某种意义上讲，道德是对权利的让渡，而不是对权利的占有，以权力为基础建构起来的国家道德主体必然是对道德的一种支配和奴役，而不可能成为实现道德的一种方式。在国家和民族意义上的道德，只能成为国家和民族实现自己意志的手段，在这种权力的道德之下，真正的人性将失去自己的位置。英国学

---

① ［英］汤因比、［日］池田大作：《展望二十一世纪——汤因比与池田大作对话录》，荀春生，等译，国际文化出版公司，1985年，第218页。

者鲍曼说，国家在对文化的支配上越是坚决，国家在创造"自然共同体"的成功上就越是完美。因此，在他看来，一个民族国家的共同体总是朝着一个道德的目标和方向努力，把自己塑造成道德理想的代言人。民族国家之所以要扮演这样的角色，正在于现代性把民族国家推向实现道德理想的轨道之上，民族国家不但是一个文化和种族的共同体，而且是道德上相对自立的共同体，这种道德标志，最重要的意义不在于它通过一种道德价值标志自己的文化上的独特性，而在于把民族国家变成一种道德的工具。"共产主义信条中的共同体要么是一个种族的共同体，要么是一个根据种族共同体的样子想象而来的共同体。"①

这正是现代性在道德实现方式上的重要特征，它需要建立一种更大规模且有效的道德形式，以便将道德理想变成有可能在更短时间内能够实现的对象。对于近代史上的民族国家运动，我们常常只看到它在民族解放上的意义，看到它对于世界文明进步所表现出来的民主平等的曙光，而没有看到它在人类道德进步中所体现出的一种巨大的革命。对道德理想的追求变成一种集体的行为，变成一种国家运动，无论是罗伯斯庇尔的法国大革命，还是法西斯德国的纳粹运动，无论是马克思的共产主义理想，还是毛泽东的"文革"方案，实际都体现出这样的一种现代性的道德冲动。道德已经不是随着文化而自然变迁，也不是按古代先哲所构想的由少数精英们来推动，而是按照民族国家意志的需要进行构造。无论是中国君王的自我改造，还是古希腊哲人们在"认识自己"的过程中所期盼的哲人统治的国家，在现代性的民族国家意志面前，都已失去支配伦理生活的内在力量。恰恰相反，现代性的道德模式与苏格拉底和柏拉图的设想完全相反，作为个体的哲人在国家的道德建设中并不重要，重要的是国家作为道德主体来统治所有的

---

① ［英］鲍曼：《流动的现代性》，欧阳景根，译，上海三联书店，2002年，第269页。

个体,使他们成为国家的道德附庸。

民族国家的道德化和义务化,使人类道德进入一个集体对抗并使民族意识道德化的过程,道德的自然演化变成在道德上进行的集体战争。鲍曼引用另一位哲人考拉考茨基的话写道:"民族主义者想要通过敌对行为和对其他人的仇恨而假定部族的存在,并想念他自己民族所有灾难都是外国人侵略的结果,并因其他民族没有恰当地尊重它却很好地对待本民族,而对所有其他的民族抱有深刻的仇恨……"①民族国家使人类道德意志分离,从而使道德价值本身产生地域性的紧张和对抗。这种民族国家意识在现代性的批判中仍然以新形式表现出来,即以扮演文化多样性的假象去损害道德的人性所具有的那种永恒不变的内涵。在一定程度上,民族国家意识是构成现代文化多元主义和伦理相对主义的重要理由,但它又常常不尊重多元对话和价值平等,而是潜在地推行一种在文化与伦理上的对抗。因此,从这个意义上说,我们对文化多元主义、伦理相对主义及现代社会所强调的文化对话,以及在伦理学上具有时尚意义的底线伦理等主题,应当建立一种现代性的分析框架,不能空洞地评价这种价值有意义还是没有意义,因为它们实在不是随风而起的道德时尚,而是由现代性这一民族国家的伦理力量所引起的一种道德后果,它的出现受潜在的历史理由所支配。

如果没有道德的意识,单纯民族国家可能并不是现代性的标志,但民族国家与道德判断的结合就产生了现代性的一个重要标志。现代性使民族国家上升为道德判断的尺度,或者反过来说,现代性使民族意识道德化了,道德失去了它自身的价值尺度,而被民族意识所支配,这一支配性的力量使现代性无法让人再回到人自身的道德本原上去考察道德。沃尔佩在论述康德伦理学时一再强调,康德是以人性自身为内在基础的,他写道:"人们应当记住,这

---

① [英]鲍曼:《流动的现代性》,欧阳景根,译,上海三联书店,2002年,第271页。

个如此庄严而神圣的公式正是（自由主义者）康德对人的个性的系统表述。"他引用康德的话说："只有被视为人身，也就是说，被视为实践理性之主体的人才是至高无上的。"[①]但现代性使这种基础瓦解了，它以民族意识强制道德本性，这是现代性的理性意识夸张的结果。民族国家以理性的方式奠定着自我的自由意志，理性的解放使整个人类在欢呼，以为苏格拉底认识自己的预言实现了。然而，人类的自由以民族国家的方式迅速发展之时，却是人类道德的永恒基础消亡的时刻。理性给世界带来了自由，而自由却给世界带来了灾难，这就是人类理性在向前迈进时所遭受的考验。

民族意识将道德理性限制在很小的领域，它需要自由，但不需要普遍的自由，它给自由作了民族的诠释，它由自由意志而创造，但最终却在扼杀自由的生长。它是在短暂的几个世纪中由理性冲动完成的成果，但却反过来对人类理性进行着远远长于这个时间的残酷压迫，它以民族自由的名义，对人类的道德普遍性进行扼杀。

民族国家作为一种现代性的道德法则，用民族理性压制个人理性，使人类道德失去个体心灵的想象力，以及由此而形成的寻找道德信仰的力量。奥地利学者赖希在他著名的《法西斯主义群众心理学》一书中，对法西斯进行剖析时提出一个非常重要的观点：群众的不负责任是一切法西斯主义的基础，换句话说，法西斯是由群众的不负责任喂养出来的。他写道："所有的独裁者都是把自己的权力建立在人民群众的不负社会责任上的。"[②]在这个以民族自由为旗帜的法西斯民族意识之下，民众已成了"生物学上僵化"的"无能力自由"的人。因此，他深刻地意识到"普遍自由"的伦理价值，他说："自由，首先指的是每个人为了以合理的方式塑造个人的、职业的和社会的存在而承担的责任，那么可以说，最大的畏惧

---

① ［意］沃尔佩：《卢梭和马克思》，赵培杰，译，重庆出版社，1993年，第69页。
② ［奥］赖希：《法西斯主义群众心理学》，张峰，译，重庆出版社，1990年，第289页。

莫过于畏惧创造普遍的自由。"①因此，在他那里，自由不是被分解为所谓积极和消极，而是被分为民族的和普遍的，以另一种形式深刻解释了相对与绝对的伦理意义。"绝对"不一定是暴力性的，"相对"才可能是更为深刻的暴力根源，相对主义如果变成民族的道德自我，那这种相对对于伦理学来说可能是更大的灾难。从这个意义上说，普世的伦理虽然似乎难以实现，或被解释为一种最基本的对话前提而失去自身内在的深刻的道德内容，但当我们仔细审视相对主义可能走向的民族主义方向时，则可以清楚地看到，危险可能并不一定来自于绝对，而可能来自于相对的褊狭之中。

在这里，我们不是在说自相矛盾的话，不是一方面反对历史目的论，另一方面又用历史目的论解释民族主义的道德意识。我们要说的是，历史目的论可能来自于道德的绝对与终极的思考，但在反对历史的普遍意志、张扬理性自由的同时，却不能被这种自由可能造成的褊狭所伤害。

现代性在道德上存在着不可避免的危机，但道德不能以民族的名义合法化，这种以民族国家出现的道德形式，使道德离开了自身内在的价值基础而可能成为瓦解道德的依据和武器。道德有自己的人生普遍性，这种普遍性是不能用民族意志消解的。在这个问题上，现代性永远地走入了一个悖论的、不可自拔的境地。一方面，现代性因为强调普遍意志，所以要将人类引向共同之善的目标，但这个目标因为目的论的历史观而受到批判和淘汰，历史是可能的，而不是预定的，人类是在想象和祈祷中走向未来；但另一方面，现代性又因为理性自身的发展而从信仰的普遍一致迈向对每一个体理性的自由崇拜，从而使人类原来的那种普遍信仰价值分解为不断个体化的意志，民族国家以及个体自由都标志着理性自身发展的这一方向，使人们开始遗忘道德的普遍人性基础，形成狭

---

① [奥]赖希:《法西斯主义群众心理学》，张峰，译，重庆出版社，1990年，第290页。

隘的、相互对抗的地域伦理，以及完全不受束缚的、根本无视他者意志的民族伦理。从某种意义上说，这是人类理性自我觉醒的悲哀。当人类没有受到理性之光的照耀时，人类被自我意志之外的意志（西方的神力或东方的权威）所统治，而当人类从这个束缚中解放出来之时，人类又面临自我确认的困难。

从道德上看，在信仰时代，虽然人类在价值信念上被一种他者的力量束缚着，处于他律的压迫之中，但这时人类还能看到什么是善和恶的世界，能够自我判断，尽管这种判断可能不是人自我的判断。然而，当人一旦获得了这种自我判断的权力，重新开始选择自身的统一之后，人却无法把握自身。在西方，无论是古典时代还是信仰时代，世界都被普遍的善支配着，西方的理性意识和东方的道德意志或宗教信仰，都成为支配人类生活的基本信念，人类处于道德的稳定之中。然而，进入现代性之中，人类实际同样在寻找着一种普遍，但这种普遍已经不是既定的，不是由人之外的力量决定的，而是由人自身决定的。当这种普遍的目标不是由神、上帝或其他他者的力量决定时，人类开始陷入道德的对抗之中，开始失去自身的目标。这是因为人虽然有理性的力量，但却从根本上没有把握善与恶的能力。

（二）道德的普遍性与世界化

政治的突显是现代国家的一个重要特点，在西方，当上帝退隐之后，人要自己管理自己，因此当西方世界进入民族国家统治时代时，民族国家作为世俗理性的代表，代替了宗教信仰这一精神统治的方式，民族国家在这一意义上成为西方现代性的重要成果。而后现代则倾向于多元，是一个全球性的生态共同体，强调大家的彼此合作。当人类真正迈出民族国家意识的边界，人类就真正迈出了通向一个新的道德王国的边界。可以说，民族国家的伦理意识是狭隘的政治伦理意识，而超民族国家的伦理意识才是真正道德化的伦理意识。两者的边界是政治与伦理的边界。从社会历史来说，人类还距离超越民族国家有相当的距离；但从伦理的意义上说，人类已经预知民族国家作为一种伦理意识已经过时了，一种从孔子和亚里士多德就向往的具有永恒与普遍价值的伦理信仰，应当就在对现代性的超越之中。国家应当放弃这种对民族价值观念的统治，这正是池田大作要论证的观点。对于池田大作来说，之所以让人们放弃"爱国心"，并不是因为爱国不好，而是因为民族国家在道德上违背了道德追问的历史意识。从民族国家的角度看，道德的历史被看成可以强制和归一的过程，从而将道德纳入历史目的论的轨道。许继霖认为，一种具有现代性质的民族主义之建构，必须是开放的、非种的，必须置身于全球性的现代化大背景之中。所以我们今天讨论学校德育尤其是公民教育，必须能够跨越现代性的历史局限，超越民族国家的狭窄眼界。

原有的、构成民族国家的意识形式，如诗歌、舞蹈、音乐、文学等，包括生活方式和传统习俗，都只能是一种世界性的文化形式，而不是构成民族道德和国家伦理的来源。现代性的未来不是民族性的增强，而是民族性的瓦解，是人类性成为一个普遍意识的时代。也就是说，文化可以民族化，而道德则不可以民族化，世界可以以习俗构成它的多样性，而不能用对抗的道德决定它的多样性。从这个意义上说，英国学者伯林的相对主义自由观是有缺陷的。伯林看到了道德永远是冲突的，人类种族与国家的战争正充分地证明人类道德的对抗性常常要大于相融性。这种推论在哲学上是有意义的，但在伦理学上可能是有问题的。在哲学上它澄清了道德的相对意义，揭示了普遍伦理的局限，用哲学的方式揭示了人类道德理解力的丰富性。然而，正是这种哲学阐释实际导致了人类道德正当性的危机，为人类拒绝道德的制约和规范提供了依据，从而给人类的道德实践留下了漏洞。道德的内容规范，由于文化的差异的确可能产生对抗，一些价值规范在一个地方可能是正当的，而在另一个地方可能是不正当的,但千万不要忘记,这种差异并没有真正离开人类对道德普遍性的追求。不管这种正当性的具体内容有什么不同,它们都是要使自己的选择合乎道德,这一点是永远相同的,绝不会因为相对主义而有所不同。也就是说,它们的差异只在于对道德的理解不同,而不在于对道德的追求不同。我们不能把这种理解的不同说成道德本身是对抗的,道德并没有对抗,对抗的是人的选择。也就是说,不管怎么选择,我们都是为了使自己更道德,而不是更不道德。那种把自己的选择说成是道德自身的冲突或对抗的结果,并用这一理由拒绝道德的指责才是真正的不道德。而这种情况在现代性的伦理争论中表现得尤其突出,以民族国家为道德基础的伦理现代性,把伦理的道德定义误读了,却还要用道德的理由为自己的误读辩护,这就是现代性的悲哀所在。种族主义对文明世界的拒绝实际大多采用的就是这一理由,它要人们不要用普遍的伦理去规范它,但它却在这个道德的盾牌之后做不道德的事。

从这个角度看,现代性是双重的。一方面,现代性用康德的绝对命令标志着一种普遍性,而另一方面,现代性又以民族国家标志着一种相对性。这在伦理上的确产生了一种矛盾和冲突,但这种冲突并不是道德本身的冲突,它并不教人扼杀或拒绝道德。道德永远具有普遍性,在这里,普遍的道德就是人类对美好生活的始终向往。人类道德的一切理想和追求都来自于这种道德普遍性,离开这种道德普遍性,人类就可能陷于堕落和罪恶。事实上,卢梭的道德"公意"思想就因为被暴力所利用而成为罪恶的渊源,如果他的道德公意没有被用来作为统治道德生活的工具,那么它本身作为一种道德信仰,并不会自然导致像它在法国革命时期所产生的暴力和罪恶;而民族国家作为一种伦理的丰富性,如果它不把其他的民族国家作为道德上的敌人,它也不会自然演变出法西斯这样与文明对抗的恶行。人类的道德有它不可动摇的、永恒的普遍性,这就是不变的道德普遍性。人类永远遵从这种道德普遍性,并在这种道德普遍性的指引下不断走向终极王国。从这一点上看,无论是康德的绝对命令、黑格尔的历史主义,还是卢梭的道德公意,它们都标志着现代性的道德世界观,这种世界观可能导致现代性的伦理问题和危机,现代性必须进行自我超越,打破道德绝对论和伦理相对论,但是,用这种观点来支持由现代性推动的民族国家之下的伦理世界观也是不适当的。

现代性的未来应当建立在对现代性的批驳上,西方现代性主要是过度的个人主义,是他者伦理和共生伦理的兴起。从这个角度看,道德的全球化不在于普适与交流,而在于人性的普遍本质以及善本身的终极性。亚里士多德早就意识到了这一点,在他看来,"升华"是世界的本质,世界是不断接近这个本质的。这种观点既为后世的目的论历史观奠定了基础,又为人类寻找解释道德的普遍基础奠定了前提。今天,我们重温亚里士多德的这一理论,不能着眼于他的历史目的论,而应着眼于他的道德普遍性信仰。他所论证的"最高目的",就是后世康德的绝对命令和黑格尔的历史目的,也就是伦理学对终极之善的论证。这种善的终极既推动了现代性民族伦理意识的出现,也为重新诠释民族伦理提供了资源,即从人性的内在性与普遍性方面解释道德,而不能从民族国家的意志方面诠释道德。由此可见,追求道德的普遍性就是追求道德;追求道德的普遍性,是寻找道德平等的前提,是真正建立现代伦理价值的基本保证。许多人并不理解道德普遍性的价值,认为肯定道德普遍性就是肯定现代性的绝对价值,就会导致对多元的破坏,就会产生伦理暴力和对抗。事实上,道德普遍性的信念恰恰是对道德多元的支持,而不是毁坏。只有肯定了道德的普遍性,肯定了人类的普遍道德信仰,人们才可能去寻找相互信任,才可能在这种价值观之下建立伦理的平等。恰恰是放弃了道德普遍性的信仰之后,才会出现在道德上自以为是,把一种道德作为另一种道德的领导者甚至是统治者,从而,出现道德的暴力和罪恶。

德育的基本框架正在改变,它正面临现代性的危机与挑战。我们被现代性的民族国家意识束缚了道德诠释的自由,而这一点正是我们难以从政治哲学或所谓政府推进的德育模式中解放出来的重要原因。当前,诸多研究者仍有以简单处置的方式对待学校德育问题的倾向,只是简单地把学校德育问题归咎于政治意识形态而没有看到它在哲学、伦理、文化与传统上的原因。这样简单分析不仅不能解决中国学校德育的问题,而且由于没有从根源上去思考,也不能真正找到解决的方案。

现代性的危机,首先是民族意识的危机,现代性的理性成果与危机同时并存,它激发了民族国家意识的觉醒,也激发了民族国家的自以为是的文化性格。因而,解决现代性的德育危机,还必须首先修正民族国家主导的道德价值,从现代性的伦理内涵上进行道德的修正,然后才能最终促使我国学校德育放弃片面狭隘的价值取向。从现代性的立场出发,我们可以带着民族化的意识与感情去看待我们的生活方式和传统习俗,但却不能以民族的意识和情感代替道德自身的普遍价值。在这里,道德自身就是启蒙理想所确立的自由、平等与博爱,其核心是人的基本人权与基本自由,它是一种普遍正当的道德理想和价值尺度,不能随着文化与传统的改变而随意改变其基本的伦理信仰。吴冠军指出:真正的现代性是坚守启蒙理想的多元现代性,它在宏大层面坚守启蒙理想,而在微观的层面保有文化民主。① 虽然道德存在着民族理性的差异,但不能任意夸大这种差异对这些基本道德原则的影响力,不能跨越"人是目的"这一最低的道义底线,否则,一切的努力都将走向人性的反面,而给人类带来灾难。这一底线也是美国学者罗尔斯论证政治正义之可能的基本出发点,他说:"我们必须从这样一种

①　吴冠军:《多元的现代性——从"9·11"灾难到汪晖"中国的现代性"论说》,上海三联书店,2002 年,第 195 页。

假设出发：即一个合乎理性的正义之政治社会是可能的，惟其可能，所以人类必定具有一种道德本性，这当然不是一种完美无缺的本性，然而却是一种可以理解、可以依其行动并足以受一种合乎理性的政治之正当与正义观念驱动，以支持由其理想和原则指导的社会之道德本性。"①这一道德本性是人类社会的永恒活火，也是僵化现实的无穷批判能量。

第二节　技术主义价值观的教育困境

德国学者韦伯认为，技术对神圣的去魅，既是现代性得以形成的动力与原因，也是现代性问题得以产生的根源。同样，技术现代化对道德人文价值的消解，是学校道德生活现代性问题得以积累的一个根本原因。在技术现代化的影响下，人们用现代化的技术思维与物质主义态度来谋划学校道德生活，道德的计量化、德育的知识化都是技术思维在道德教育领域的运用，其直接后果就是德育拥有越来越多的技术，但却越来越没有了道德与教育。因而，反思技术现代性中德育的生存状况，探求现代性视野下的真实学校道德生活，成为思考学校道德生活现代性的基础性问题。

一、技术现代性的价值悖论

（一）技术的现代性与解放的现代性

美国学者沃勒斯坦在论述现代性时，把由技术决定的现代性，

①　[美]罗尔斯：《政治自由主义》，万俊人，译，译林出版社，2000年，导论第50页。

即技术的现代性与人在现代生活中的精神感受区分开来,提出两种现代性,即技术的现代性与解放的现代性。在他看来,这两种现代性是完全不同的,它们虽然经历着同一个现代历史,但却有着完全不同的含义。他试图告诉人们,人的精神历程并不完全受制于物质演化的历史,人有自己的存在方式。两种现代性的思想,深刻地揭示了人类精神世界的独特性,这为解释人的道德生活应当如何应对现代化,以及人的现代性与文明过程究竟是什么关系,提供了一个极其有价值的证明。

人的现代性应当有自己的视野和解释方式,人应当用精神的感受去引导物质的感受,从精神的感受中创造物质的丰富性,人的这种精神丰富性不能被物质的现代化所遮蔽。技术的现代性是狭窄的,它只能把眼界盯着现代化这一技术对象。如果把视野向人的精神世界伸展开来,我们就会发现,现代性是如此精彩和丰富,它充满着生命的力量和文化的意蕴,现代性并不是与传统完全割裂的,而是传统的延伸和继续。沃勒斯坦写道:"事实上,可以说那些原本最希望获得技术现代性的人们在发现了提倡解放的现代性的人们的力量时,感到十分惊讶。"①

现代性的内涵是多样的,精神是其中的一个重要面向。学校德育也是多样的,也有精神的一面。以技术现代性为视野,就将看不到道德教育的精神内涵,学校德育将会被技术的时尚所淹没,人类价值世界的真理与永恒都将失去光彩。我们要以解放的现代性为现代学校道德生活的基础,而不能以技术现代性为现代学校道德生活的基础。我们的学校道德生活正在受到错误的诱导,人们不断以技术现代性的脚步来敦促学校道德生活改变自己的传统和价值,要求我们的青年从传统和习惯中解放出来,去适应这个充满竞争和对抗的现代生活。我们的教育者经常这样教育学生,时代

① [美]沃勒斯坦:《沃勒斯坦精粹》,黄光耀,等译,南京大学出版社,2003年,第530页。

在变化,世界是残酷的,必须改变我们自己去适应现代化的生活需要。然而,这种技术性的现代主义,这种适应主义的价值立场给我们带来了什么?带来的是人类精神生活的萎缩。由于在技术现代化的立场上人们开始放弃道德的传统根基,拒绝那些人类永恒不变的伦理价值,人们之间再也不需要相互关爱,再也不需要追求信仰和理想,人们变成了彻底地被功利驱使的道德适应论者。

为什么在20世纪这个残酷的时代生命哲学却重新在人类道德生活中再现,人们重新选择了生命和精神作为守护人类道德生活的根基?王怡写道:"时尚几乎不能向青少年提供任何有益的东西,因为他们需要的不是反传统的时尚,而是各种美好价值在他们精神深处的扎根。教育就是使积极精神传统重新在受教育者心中滋生的一个过程,这里的'传统'是在个人意义上说的。因为对一个未成年人而言,受教育的意义不仅是掌握知识与技能,更重要的是赖以形成自己未来个人生活的精神传承和思想背景。"[1]只有精神才有丰富的选择,而技术是没有这种选择的,技术就是理性,理性的丰富性需要由精神来把握,只有精神的丰富性才能给技术带来丰富性。技术现代性只能带来物质的单一性,没有精神的丰富性,如果现代性只有一种单一的模式,它就不会有开放性的未来。

(二) 技术的非独立性与现代性的可选择性

阿多诺、马尔库塞等法兰克福学派的学者,都曾尖锐批判过技术世界对人的统治,在他们看来,现代性是一种技术宗教。荷兰学者舒尔曼指出:"现代技术中危险的原因是理性的自律,它意味着在信仰和科学、超越和现世之间的断裂。伦理和宗教的观念不再在自然科学和现代技术中起作用,虽然人想由之取得自由,但建立

---

① 王怡:《"前现代"还是"后现代"?》,http://women. sohu. com/2004/01/17/68/article218656850. shtml.

在自律理性基础上的技术带来的却是限制。"①在舒尔曼看来，作为现代性的力量，技术的危机在于"信仰和科学的断裂，是所有与超越有关的东西的动摇"。② 技术离开了人的生命，离开了人的心灵，将给人类带来可怕的灾难。

然而，技术的理性并非原本就与人对抗，只是当技术成为完全他律的力量时，它的非人的力量才将显现。海德格尔对技术世界曾经抱有解放的期待，在他看来，技术的显现是一种自由的显现。人类的自由在技术时代才得到真正体现，或者说，是随着技术的解放，人类才真正看到人类自由的未来和可能，技术是自由的基础，因为技术是人的理性自然结果。因此，海氏说："技术不只是工具。技术是一种'去蔽'的方式，如果我们注目于此，工具之外的技术之本质的另一境域，将被公布出来。这就是去蔽亦即真理的境域。""技术是一种去蔽之道。在揭示和无蔽发生的领域，在去蔽、真理发生的领域，技术趋于到场。"③ 因而，技术原本不是限制自由的力量，恰恰是自由的源泉。但海氏的思想告诉我们，技术不能独立行走，只有用道德的力量去守护技术时代的命运，我们才能在现代性的理性进步中得到人的生存自由。海德格尔说："当我们确乎向技术的本质敞开时，我们会发现自己意想不到地被带进了一种自由的召唤中。"④

但技术时代我们看到的是现代性的外表，掩藏于这外表之下的是人的现代性，现代性是由人创造的，而不是人之外的。但技术的确从人的精神中分离出来，成为异化的力量。这正是技术现代性的伦理困境之根源所在。

美国学者芬伯格指出：现代性是可选择的。这改变了人们对

① ［荷］舒尔曼：《科技时代与人类未来，在哲学深层的挑战》，李小兵，等译，东方出版社，1995 年，第 141 页。
② 同①，第 145 页。
③ ［德］海德格尔：《人:诗意地安居》，邬元宝，译，广西师范大学出版社，2000 年，第 102 页。
④ 同③，第 109 页。

现代性的偏见和习惯。他用计算机的发展比喻现代性的多种可能性，计算机的发展方向并不取决于设备本身的性质，而是取决于用户的选择。因此，人们面对现代性的挑战时，精神越丰富，选择的可能性就越大，现代性的未来也就越广阔，越无限。在他的视野中，现代性是完全开放的，而不是和西方一模一样的，尽管科学成为现代性的基础，这是不能改变的，但人的精神需要和选择却呈现出无限可能的未来。

我们在这个时代被技术的现代性迷惑了，把自己的精神交给了现代生活。现代性不是由技术决定的，而是由人的期待决定的，人的选择决定道德教育应当以什么样的价值来建构自身。芬伯格尖锐批评了那种把现代性理解为由技术支撑的现代化的观念，在他看来，技术的确是现代性的基础，或者说现代性的确是以技术理性构成的。他说，现代性是在一种独特的技术系统扩展基础之上，并在这个基础上形成与传统的对立和分离，它要"消去人类的文化记忆"①，形成一种技术哲学，而不是文化哲学。如果把技术作为现代性的唯一基础，或者把技术作为透视现代性的唯一窗口，这种视野之下，现代性只能是西方式的，也只能以西方模式向全球扩散。然而，在他看来，这只是一些人的偏见，是缺少依据的。他说，他要提供一个新方案，一种完全解放的思想，这种思想认为，"社会的未来并不仅仅是现有基础之上的一种数量扩张"②，而应当是不同的人们、不同的价值、不同的文化基础之上的一种选择。

（三）道德陶冶对技术统治的拒绝

学校德育是精神生活的一部分，如果站在技术现代性的立场看学校德育，无疑会使学校德育走向功利封闭的方向。学校的一切都

---

① ［美］芬伯格：《可选择的现代性》，陆俊，等译，中国社会科学出版社，2003年，第1页。
② 同①，第6页。

将成为适应表面现代化的工具，人的灵魂也会在这种适应中被瓦解。然而，人具有精神的想象力，需要对自己的生活价值负责，需要选择一种幸福的尺度。但现代化不允许人进行这种选择，而只是用技术的现代性掩盖了现代性的丰富内涵和精神内容。技术是工具论的思想，而道德是本体论的思想，这是学校德育应当澄清的一个本质问题。学校德育在本质上不是工具论的范畴，而是本体论的范畴。在这样的范畴中，人们更多的是把"注意力集中到到底什么是最有价值之类的问题，而不是去关心教育最终的外在成果是什么"。①

道德教育需要发挥对现代性的一种精神指向作用，它在启迪人们去想象未来的时候，不要被技术现代性的外表乃至它的负累所迷惑，失去对美善世界的追求，失去对终极世界的探索能力。在某种意义上，卢梭对文明的预言（人类文明越发展，道德就越堕落）是先知式的，如果人类不能超越现代化给人带来的技术诱惑，卢梭的预言就会成为一种现实，道德便陷于堕落和退化之中，人类的未来将不是变得更美好，而是变得更迷茫。非常有意思的是，美国学者芬伯格在《可选择的现代性》一书中也讨论了技术对现代人道德与审美观无处不在的深刻影响。在他看来，人类文明进入技术现代性的误区之后，甚至改变了道德本身的尺度。他认为财富可以在现代人的生活之中成为判断道德的标准，即道德被彻底地物质化了，富裕决定道德的预言。这不仅把卢梭的文明悖论发挥到极致，而且也印证了马克思对资本主义文明的解剖结果。他说："今天，我们所认为的富裕与正在改变的标准和价值有关。这些标准和价值已经有助于超越时间而适应各种真正的限制。"②他用人的购车行为生动地比喻现代性道德的戏剧性。当油价升高时，人们发现了小车之美，而当油价回落时，人们又发现了大车之

---

① R. S. Peters, *Ethics and Education*, Fresman & Company, 1966:28.

② ［美］芬伯格：《可选择的现代性》，陆俊，等译，中国社会科学出版社，2003年，第5页。

美。人类正被这种由财富变化而产生的商业效应所支配,使道德陷于一种戏剧性的格局。芬伯格的话正给予了我们一个严重警示,即人们正在放弃人性的永恒性,正在抛弃几千年来的道德传统,特别是放弃精神的独立性,把自己的精神交给自己的肉体去统治,让技术现代性的生活节律去统治我们的精神。这是一种多么可怕的未来和结局!张志扬认为,现代性危机的一个根本方面就是道德的危机,现代性"改变了德性的古典内容,即降低德性的价值至善要求,抬高德性的功利技术取向"。① 技术理性失去价值理性的引领正是西方现代性病症的根源,如何疗治技术的现代性病症正是当代各种伦理论证与教化实践的主题。

二、跛足的现代性与不完全的教育

(一)中国现代性的技术主义迷误

中国社会的现代性一开始就采取了一种不同于西方社会的发展道路,西方现代性是在自身社会文化发展基础上的自然演进过程,而中国的社会现代性建构一开始就是人为理性设计式的,是从对西方的文化和制度的移植开始的,这种移植不可避免地使中国社会现代性的历程以对传统的激烈否定为代价,这样才能为新文化的生长留下足够的空间。同时,在追赶西方的急迫心态以及民族生存巨大的物质压力下,对西方理性化的移植变成了单纯技术移植。技术被认为是提高国家或民族竞争力的唯一手段。这从洋务思想家的"师夷长技以制夷","中学为体,西学为用"这一最初的现代性思路中就可以得到证明。洋务运动与戊戌变法的失败使"中学之体"日渐颓败,而"西学之用"却日渐兴盛,"科学的方法"、

---

① 张志扬:《一个偶在论者的觅踪——在绝对与虚无之间》,上海三联书店,2002年,第223页。

"科学的世界观"开始成为一种新的价值标准,技术主义、工具主义大行其道。这种技术主义的思路直接渗透到中国的现代性历程之中。正如李猛所指出的那样:文明的发展被化简为一种技术的发育,无论是国家的社会动员能力、军事力量还是经济实力,都完全从这种工具理性的角度来理解,甚至传统视为抽象价值领域的大学、科学研究甚至文化艺术,也往往被"工具化"为科技力量或"综合国力"的组成部分。社会的现代性表现出明显的单面化的特征,理性化过程中的伦理与文化因素被置于不被重视的境地。①这种单面化的后果就是使这些程序技术无限扩张,从而丧失了现代性合理化过程本有的多元化价值张力。缺乏来自抽象价值方面的多元化张力,使围绕政治、经济、法律方面的公共话语空间从未真正发育成熟,而且往往为"西化"与"原教旨主义"之间无益的两极化争辩所控制,更为关键的是,多元抽象价值的缺乏也使制约政治科层制与经济市场的极端发展与恶性结合的公民社会从未真正得以建立起来。同时,由于伦理实践方面的薄弱,在表面性的经济繁荣的背后,欠缺的是价值的支撑和制约,从而使这种社会成为一种空壳式的现代社会。这种"伦理实践的真空"直接导致了市场、国家、社会中各种程序技术难以真正按照程序来运作,各种结合传统做法的"变通"策略成为这些国家政治经济活动的基本特征。②这一切都是中国社会现代性问题产生的症结所在。以人文理性的发展来扭转这种单面化的技术理性的扩张,将经济的现代性奠基于人的现代性,是中国社会现代性走出困境的一个重要策略。用康德的话说,人只有通过教育才能成为人,那么,人的现代性也必须仰赖教育的现代性,教育的现代性也就自然成为社会现代性的一个内在课题。这也应当说是中国学校道德生活的现代性问题日益受到关注的内在原因。

---

① 李猛:《论抽象社会》,《社会学研究》,1999 年第 1 期。
② 同①。

（二）技术现代性的教育症候

中国教育的现代性是在具有强烈的国家功利主义价值和浓厚的技术主义和工具主义的背景中展开的。从救亡图存的实际功利出发，早期的教育现代性努力是从开办各种实科大学起步的，政府优先发展的是培养专才的高等教育而不是普及初等教育。五四新文化运动后，中国教育一度确立了学术自由、思想独立的西方教育文化基本价值，但随着南京政府的建立，自由主义的教育精神日渐为国家主义和权威主义所挤压，"党化教育"的实施使中国教育又回到了思想专制的老路上去，而抗战的生存压力使实用的专业人才培养再度受到重视。新中国建立后，制定了急迫的实现工业化、赶超发达国家的目标，奠定了以工程技术、专门教育为主的"重理轻文"的教育格局。这一格局在今天的发展主义和经济至上的市场改革中，还很难说有了根本的改观。正如杨东平所说的那样：如果不拘泥于学理和术语，从社会生活的现实来看，说当今中国占主导地位的意识形态和社会观念中，工具理性、技术理性已经占压倒性地位，大致是不错的。自 20 世纪 50 年代教育被纳入高度专门化、技术化的轨道，重理轻文、智育至上、能力主义等观念早已由学校渗入社会，成为一种相当普遍的价值观念。长期以来文理分科、缺乏人文内涵的科技教育，导致社会的价值感、道德感普遍降低，许多专业人员知识结构片面褊狭，对本专业以外的社会、伦理、环境生态、文化教育等问题缺乏应有的了解和重视，缺乏社会理想和人文关怀。我国在人口、资源、环境生态、教育、文物保护、道德风尚等方面暴露出的许多问题，很大程度上正是这种"只有技术，没有文化"的褊狭的教育所收获的冷酷回报。[1]

在这一技术主义的现代性思路之下，以人文陶冶为主要目的

---

[1]　杨东平：《人文价值的流失和重建》，《中国：21 世纪的生存空间》，西苑出版社，2001 年，第 177－182 页。

的道德教育几乎处于缺席状态。虽然,我们也一直强调德育,强调国民性的改造和民族素质的提高,但这一切都是以服务技术的提升与民族国家的发展为前提和依据的,德育只是一种驯服与激发变革力量的工具。德育关注的只是"民"而不是"人"①,如何让"民"更像"民"的资格,更具有"民"的能力,一直是德育努力的目标。从古代的臣民,到近代的国民,再到现代的人民莫不都是如此,德育承担的主要是造民的职责,个人的自由独立的话语始终没有成为学校道德生活的主流。这种德育更主要的是意识形态的灌输,而不是人文价值的陶冶。虽然在新中国的教育方针中一直强调德育为首,但对学校德育的工具主义设置,使其严重被国家垄断和统制,被赋予了极强的国家功利主义价值。世纪之交,伴随高新技术的发展、知识经济和全球化时代的到来,急切追赶、以在技术层面上与西方国家较量的历史情境再一次呈现,主流话语中弥漫着强烈的科学崇拜,将科学抬升到了至高无上的地位。"科教兴国"成为新的流行口号,无论中小学的创新教育,还是重点大学向世界一流水平的追赶,重心都在科技。教育从为政治服务转到为经济建设服务,这虽然是一种进步,但仍然不能改变教育从属的、依附的工具性地位,教育的主体性以及教育中人的主体性的建立仍然缺乏根基。

20世纪90年代实施市场经济以来,个体主体开始发育,但在一种短视的经济实用主义的影响下,这种个体主体严重地向物质主体偏斜。在这一时期,"其他都是空的,多挣几个钱要紧"是人们的口头禅,那些不能迅速兑换成钱的事物,如诗歌、爱情、哲学、良心、尊严感等,普遍遭人冷落,人心的天平向物质主义严重倾斜。道德被庸俗的物质主义所消解。虽然大一统意识形态文化的影响正在降低,但学校教育人文内涵流失、教化作用不断衰微的事实并

---

① 国内学者张宝明也在《自由神话的终结》(上海三联书店,2002年)一书中,对中国启蒙历程中"重民不重人"的现象进行了深入分析。

没有改变。在强调经济建设的时代,虽然教育高度政治化的面貌已大为改变,但在学校教育中以政治教育取代道德教育的做法并没有改变。近年来,教育内容虽由偏重政治理论转移到对人本身的关注,如增加了心理教育、健康教育等内容,但仍狭窄单薄,与以陶冶人格、开阔视野、传承文化等为宗旨的广博的人文教育精神相距甚远。20世纪80年代以来愈演愈烈的"应试教育",使以树人育人为旨的基础教育沦为机械的知识训练,学生沦为背书机器和考试机器,人的地位、价值、情感、尊严可怕地消失了,而这一切都是极端反现代的。

三、技术主义的突围与可能的救治

(一)技术现代性反思的道德辩证

当今中国学者对技术现代性的批判主要表现为对泛市场现象的批判,在这种批判中需要警惕批判的过度与立场错位。技术现代性有很多消极与片面之处,但它作为一种现代现象也并非完全没有文化的价值与道德的意义,这是我们在讨论了技术现代性的人文拯救之后需要进一步探讨的问题。在这里,主要从市场化对学校道德生活的影响来切入问题。

在关于中国德育当代转型的研究中,许多研究者在批评社会的泛市场化的倾向时,强调教育中理想的培养,尤其是道德理想的培养,认为当今的社会条件下应当和必须提倡"先天下之忧而忧,后天下之乐而乐"的精神。"道德更直接反映的是人们的精神需要和追求,而超越现实去追求一种至善的理想,这是人的一种本质属性。在由这种本质属性所规定的精神领域中,物欲不是启动人生活和道德的至上力量,而舍己为人、无私奉献等人精神至善的追求与满足,才是灵魂的最高享受、最美的家园。它策动着许多人去成就许多惊天动地的事业。"[1]"否定德育对道德理想的倡导与教育，只要求道德成为人人都可能实现的行为、思想准则，在今天，只要求道德教育贴近市场经济，把市场文化中那种等价交换，物质利益驱动等普遍存在的现实作为道德教育改革根本方向，这种观点与做法既违背了人类对至善的理想精神的追求，也违反了道德和历史发展自身的内在规律。"[2] 这种观点看到了庸俗的物质主义使人的道德败坏，但却忽视了道德理想的现实起点，也容易使道德理想沦为一种形式的口号。德国学者米歇尔·鲍曼通过自己的研究有力地证明了：市场社会构成了从经验出发树立一种兼顾社会全体成员利益的道德的不可缺少的前提，它们因而也构成了思想启蒙、政治自由和经济富裕在其中能够想象到的、一种社会秩序不可缺少的前提。[3] 在他看来，对个人利益的关注不仅不应当被视为恶的根源，而且应当是道德的根本出发点。因为一个不关注自己的人，也不可能真正关注他人。

有论者将市场文化视为一种消极的文化，将其理解为经济文化或是物质文化，我们认为这是不够全面的。市场文化更主要的是一种独立文化，即人与人之间开始在契约的基础上进行交易与往来，人开始由对群体的依附走向独立，而经济仅仅是市场文化的一个方面。对理想的追求与人的精神独立从某个意义来说是不冲突的，但若是将理想的追求仍视为某些精英们的专利，用他们的思考代替每一个人自己的思考，那么，这种理想的追求最后导致的仍是精神的奴役，而不是精神的解放。没有自我的独立思考，人永远不可能有精神的成熟，也不可能实现所谓的精神理想。市场文化的主要特点就是将思考的权利、选择的权利，由精英让渡予每一独

① 鲁洁：《德育社会学》，福建教育出版社，1998 年，第 58 页。

② 同①，第 60 页。

③ ［德］米歇尔·鲍曼：《道德的市场》，肖君，等译，中国社会科学出版社，2003年，第 39 页。

立的个体,让人自己决定自己的生活。在市场文化的基础上,个体的理性自觉应当成为道德教化的核心。这是中国学校道德生活走向现代的一个最基本的人思方式。米歇尔·鲍曼还指出:现代市场社会为培养一种普遍的道德提供了一种可能。"(它)所具有的大规模、流动性和匿名性是培养普遍道德必不可少的前提。如果个体之间固定的个人纽带不消失,人与人之间的关系不由务实性所决定,人不能流动也无法自行选择其居住地和生活方式,就不可能产生存在着对拥有道德认同的品德高尚之人的需求的道德市场。"①从某种意义上说,并不是市场社会带来了人的道德败坏,而是对人的道德有着更高的要求,尤其是对于人与人之间的互助与信任、人与人之间的合作等这些在封闭社会中靠自然的血缘关系维持的东西,现在需要提高到主动的道德高度来加以把握和确认。这也是在市场社会,学校道德教育面对更大困难挑战的一个重要原因:一方面社会对人的道德意识与水平提高了;另一方面,社会的种种诱惑又使人的道德实践面临更大的困难。

从某种意义上说,中国学校道德生活现代性的主要问题并不是功利主义的问题。对人的合理欲望的关注恰恰是现代性学校道德生活的一个重要内容,因为对欲望的满足正是市场经济发展的一个重要前提,对人的感性需要的关注是现代性学校道德生活的一个重要特征。中国学校道德生活现代性的关键问题是学校德育中的威权主义的问题,即认为道德的生活是由权威制定的道德规范所给定的,而权威是能知悉和把握道德真理的人,广泛的大众只是道德真理的服从者。在这种思维中,学生也只是被理解为道德上完全无知的人,对于教师的道德传授只能无条件地接受,被认为是还不具有理性能力的人。因而,理性的自由运用,既是不可能的,也被认为是危险的。这一点在学校很多规范的制定与执行中

---

① [德]米歇尔·鲍曼:《道德的市场》,肖君,等译,中国社会科学出版社,2003年,译者的话第6页。

都可以看出来。如随着社会文化的开放,追求个性的发型成为年轻人的时尚,校园开始出现各色各型的发型,有的学校为了规范校容校纪,强调学生着装与发型都要朴素,要求学生不染发、不烫发,且鬓发不过耳垂、刘海不过眉。这对追求新异与时尚的年轻人来说,是很难做到的,于是出现了许多老师与学校强行剪发的事件。

2008年10月,北京花园路职业高中的女生们遭遇了"留发不留校"的尴尬。学校规定,所有女生必须剪短发。学生及其家长对此不能理解,学校称,女生留短发是学校的统一规定,可体现良好校风,选择该校就表明认同这一规定。(《京华时报》,2008年10月12日)

2008年11月13日,乌鲁木齐市某重点中学初二学生陈明正在上历史课时,其班主任从教室后门进入,悄悄来到他的身边,拿着剪刀对着他长长的头发就剪了下去。陈明不情愿地躲闪,但被班主任按住头,因此头发被剪得坑坑洼洼。之后,班主任又拿着剪刀给其他9名发型不合格的同学"理了发"。据悉,该校共有包括几名女生在内的近20名学生被老师强行理发。(《都市消费晨报》,2008年11月17日)

这些事件登载后,引起了人们的热烈讨论。有论者认为:《中学生日常行为规范》规定,学生要穿戴整洁、朴素大方,不烫发,不染发,不化妆,不佩戴首饰,男生不留长发,女生不穿高跟鞋。其中并没有涉及"女生剪短发"的问题,如果学校一厢情愿地搞"剃头令",不知女生所处的地位和监狱的犯人有什么区别,这样做有侵害学生人身自由之嫌。事实上,比粗暴干涉人身自由更严重的是,这件事涉及学生的人权问题。因为"女生剪短发"必然导致头发的损伤,世界各国绝大多数国家都没有制定强制或变相强制公民剪头发的法律。"身体发肤,受之父母,不敢毁伤,孝至始也。"头发属于公民人身的组成部分,学校不能为了所谓的"良好的校园风貌"来迫使学生剪头发。国家没有这样的权力,学校更没有这个特权,如果强行为之,不仅违背道德公理,也是违法、犯法的。

也有论者认为:中学生虽然是受教育者,但也有自己的自由和隐私。学校推出"女生剪短发",不应采取强制手段影响学生受教育的权益。学校规定对不接受"剃头令"的学生拒绝提供教育,影响了学生接受教育的合法权益,这也是和《教育法》相违背的。此外,强制女生剪短发,极易使学生产生逆反心理,因而结果往往会和学校的初衷相违背。

"女生剪短发"事件再次为我们的教育体制敲响了警钟,也再次对我们改进现行的教育理念提出了挑战。今天,当是响应号召、顺应潮流"以人为本"之时,也是"贴近实际、贴近生活、贴近学生"之时,已不是固守以往"学校说了算"的霸王习气甚至逆流而动"拿学生做实验品"的时代了,那种"视学生为私产"的观念和做法早该抛弃了。

从以上事件的讨论中可以看出,在这样的教育思维中,学生道德理性的培养既没有根基也没有条件,人的现代性也只能是一句流于形式的教育口号。强制之所以是道德上一种不可饶恕的错,就是因为它剥夺了个体道德自我生长的机会,人的道德理性也因为失去了自由的训练机会而得不到恰当的培养,极权的可能就孕育在这种理性能力的欠缺之中。一个没有理性能力的人不可能去捍卫自己的权利,也不可能去承担自己的责任,被利用与无情也便都和这种人性的弱点联结在一起了。这也就是罗尔斯为何如此强调公民理性能力培养的原因了。

市场经济的意义正在于它对个人权利的解放、对个人独立意识的培养,它在为人的堕落提供更多可能的同时,也为人的成熟提供了更多的可能。在市场经济的基础上,学校道德生活的现代性有了可能,也有了更多的必要,没有道德调校的市场只能是人欲的战场。

（二）技术现代性的人文拯救

正如杨东平所说的那样，技术主义的直接后果就是人文价值的流失，它的文化显现就是社会道德水准的整体下降。在社会生活的几乎每一个角落，我们都可以看到这种短视的技术取向对人的生活的毁坏与精神的压制。工厂倒闭、失业人口增加、教育败坏、生态恶化、社会信用体系日趋瓦解……就是由它带来的现实图景。普遍的道德危机、精神危机与意义危机的突显，使我们不得不重新思考自己的现代性路径，如何治疗技术主义的后果成为迫切的任务。1994 年 2 月到 10 月，以《读书》杂志为阵地，国内的一批人文学者开展了一场人文精神大讨论①，对人文精神的流失现象进行了反省与批判。不管他们讨论的姿态与结论是否需要斟酌，但他们将人文拯救视为突围技术主义问题的出口的基本立场是值得肯定的。不管什么样的体制调校，人文关怀都是疗治现代性病症的必备药。因而，重建人文价值、进行人文创化，是走出技术主义陷阱的基本策略。

1. 价值根基的重建

在这一人文拯救中，首要的是重建价值的根基。中国现代化是后发外生型的、被迫的，一开始就带有追赶的心态，这一进程显得过于急躁。同时由于中国的价值系统与政治系统过于一体化，当政治系统发生震荡时，传统的伦理道德也发生了严重危机。儒家伦理由于其个别主义、实质化的性质，没有在现代转换出一个普遍化的、形式化的新的价值系统和社会规则。中国现代所建立的

---

① 1994 年 2 月至 10 月间，国内一些来自、文学、历史和哲学等人文学科的年轻学者以人文精神为题对市场化过程中的价值失落、人文科学的危机、人文知识分子的贬值等问题进行了讨论，他们针对的主要是市场化（参见《读书》1994 年，第 2－4 期）。我们认为，中国独特的市场化问题其实是中国技术主义现代性思路的自然后果，其根源还是在于技术现代性。

一整套法律的和社会的规范价值资源依然是外来的,在中国人的伦理价值中并没有获得合法的支援意识。正如有学者所指出的那样:一百年来中国现代性进程中真正的缺失就是价值共识的缺失,进入近代社会以来,中国传统的价值系统受到挑战,失去了原有的统摄作用,而适应现代化的新的价值理念却始终未能确立。换句话说,未能完成从传统向现代社会过渡所需要的价值置换。一百多年的空缺终于累积成今天横在我们面前的障碍。①20世纪90年代市场社会的个体主义取向使政党意识形态走向解体,使中国价值的伦理资源耗费殆尽,社会的价值危机进一步加强。曹锦清分析:在从前的社会,我们有三个根。一个根在家庭,另一个根在家族,还有一个根就是国家这个大的共同体。而这三个根在当代都趋于解体。传统的家庭建立在传宗接代的功能上,有较强的稳定性,而现代家庭建立在爱情的基础之上,感情的善变使家庭变得非常不稳固。家族也随着社会的分化而逐步分解为一个个小型的核心家庭,家族的教化功能也被解构了。近代以来,在救国救民的口号下,一代一代的知识分子凝聚了起来,但现代市场经济又把已经凝聚起来的那个共同体给肢解了。生活于现代社会中的个体要找到与共同体之间的精神联系纽带会面临相当多的困难,人已无可避免地孤独化、感官化,丧失了内在价值根基的个人,只能够凭竞争、财富、地位来自我证明。而这种以财富为中心的自我证明的最终结果就是享乐主义和感觉主义,人只能在不断的感官与消费刺激中才能感受到自己的存在,与之相应,人的道德也感觉化、相对化,似乎没有固定的、可以让我们持守的东西。② 这是当今中国社会出现道德混乱与道德危机的一个重要缘由。由此,重建价值

---

① 王鸥扬:《构建现代化的价值体系——对于价值多元化背景下的德育的思考》,http://202.121.96.10/authority/skb1/forsouls/kcsz/ddxz01.htm.

② 曹锦清:《怎样认识巨变中的中国》,http://www.wyzxwyzx.com/ShowArticle.asp. ArticleID=1350.

根基应当是学校道德生活的重要使命,也是突围技术主义带来的精神危机的一个重要方法。

也许我们确实需要重新确立现代的主流文化价值,但我们需要认真对待的是确立什么样的主流,如何来确立这种主流文化价值。中国的现代性在经历了如此多的挫折后,重新确立启蒙理想所奠立的基本价值如自由、平等、仁爱、正义等,尤其是人的基本人权与基本自由,是我们走出困境的根本选择。中国的现代性问题就是对个体主体性过分压抑而积累起来的后果。现代性的主流价值不再是由国家少数的社会精英可以单独决定的。在一个开放的社会,任何一种单独的完备性学说都无法理解整体本身,在这样的语境中,规定何者构成了共同善的定义就必须是非常有条件的,因为人们视为共同的东西常常与国族主义的整体定义过于紧密地联系在一起。所以,关于何者为善的看法可能会过早地封杀本应保持开放的选择域。我们应当在普遍正当性的基础上建立一种联邦式的协议①,这种协议是通过公民的共同讨论而产生的。

对于学校道德生活来说,终极(价值)关怀的缺失也给其造成了重重危机。“取法乎下”的学校道德生活内容,将学校道德生活规则、规范作为主体,说教式的学校德育方法将学生视为“泥塑”的对象,根本无法触及德育的内核。在道德教育中回避价值观的问题,是避重就轻、不切实际的。没有基本的价值,道德教育将是不可能的,问题是有什么样的价值与如何呈现价值。确立学校道德生活的价值内核是应对“价值多元化”与价值虚无的关键所在,这是品格教育在海内外重新兴起的重要理由。我国新课程改革中将思想品德课程修订为“品德与生活”、“品德与社会”,就是用一种新的课程模式重新强调品格教育的重要性。

---

① 包利民、M·斯戴克豪思:《现代性价值辩证论——规范伦理的形态学及其资源》,学林出版社,2000年,第316页。

2. 新的人文创化

技术主义的人文拯救不仅仅是价值根基的重建，还需要新的优异文化的创化。我们所说的人文拯救，就是通过重建人文学科和人文学者的尊严来重建被技术主义过程摧毁了的道德价值。而人文学科在我们这里是一个还需要去创建的东西。正如汪晖所说的那样："在相当长的时期里，中国不存在西方意义上的人文学科。中国的哲学、历史学和其他社会科学以马克思的生产方式概念为中心，建立了一个以经济基础、上层建筑及意识形态和阶级等为基本概念的知识体系。这个知识体系从不同的领域为国家意识形态提供支持。"①现有的知识体系不强调古代文化经典，也不是以人为中心的。这里就需要人文创化。

人文创化是创造一种新的现实性的品格②，是一种能为现代人提供精神滋养的人文教化。它不仅仅在于呈现美好的价值基础，还在于激发人们反思自己生活的想象与热望，教会人们理性的批判，唤起人们超越现实生活的可能，告诉人们生活永远有着另一种可能。它不仅要呈现高居"利益"之上的价值的魅力，还要表达对"利益"、"效率"和"力量"之类事物的迥异于时尚的理解，由此，才能真正打破"新意识形态"的市场崇拜观念。学校道德生活需要跳出"全球化"格局所限定的思想空间，以广阔的视野和充沛的想象力重新解读人类历史，特别是"全球化"形势下的中国的现代历史，从而帮助公众逐步获得对"人"的历史和现实丰富性的确信。它最主要的使命就是揭示当代生活中那些被压抑的可能性，激发人们对单调的生活前景的强烈不满，以此撼动日益流行的"技术现代性"的迷信，破除"意识形态"利用这一迷信制造的"共同致富"的幻觉。所以，能否从今日中国的文化生活中不断发现真正的

---

① 汪晖：《中国的人文话语》，《死火重温》，人民文学出版社，2000年，第373页。

② 吴炫：《人文教育：正视被遮蔽的中国式人文理念》，http://arts. tom. com/1008/2004/2/6 – 53861. html.

创造性、多样性、深度和美，能否深深地浸入它们，不断地滋养和充实自己，就成为文化能否完成自己的教化使命，能否远离那最终变质的历史寒臼的关键性前提。当然，这种"发现"也并非易事，它需要敏感的眼光、坚定的信念，还特别需要冷静和耐心，要能在生机与妄念相纠结、诗意与病态相缠绕的复杂情形下，细心地挑剔、剥离，将那被挟裹和湮埋的光芒释放出来。这种发现需要的是冷静的人文反思。如何唤醒受教育者的一颗敏感与智慧之心就显得尤其重要，同时这种发现本身也会成为一个有意义的教育过程。在这发现、剥离和释放的过程当中，被释放的光芒会反过来照亮那敏感与释放它的能力，对象也将与自己的创造者一同成形。岂止是那些被发现的东西才具有建设性？这发现和阐释的过程本身就是社会自我拯救、创造优异文化的一种方式，也是自我更新、培育精神底蕴的一种方式。

第三节　进步主义价值观的教育局限

一、现代性的进步观与道德权力

（一）进化的逻辑与世俗的权力

当道德被进化的哲学支配之后，人们就开始用一种新的哲学框架去套释道德演进的历史，世俗伦理的客观演化成为评价道德真理的尺度。如一些学者用知性道德去批评神性道德，或者反过来，认为后现代又是用信仰去超越知性。这样的历史世界观实际都反映了进步哲学的诠释逻辑，而真正的历史和人类道德的演化可能并没有这种按世俗生活逻辑演化的过程。即便这个过程可能存在,我们的生活也的确被这样一种逻辑所支配,但这也是真理显现的外在形式,而不是真理本身存在的方式。在进化的逻辑中,我们会把道德真理或人们的生活价值分成进步的和落后的,并认为已经过云的可能是落后的,因而应当放弃。尽管我们经常要求回到古典时代,但这种用历史变迁的客观过程作为评价伦理合法性标准的观念很可能导致对真理的误判。

进化的伦理态度以世俗化原则为基础,它要求人用适应的态度对待自己的道德生活。在进化论的原则之下,道德不受信仰支配,而是由世俗社会不断进化的规则所决定。进步的信仰要求道德不是创造,而是适应。即我们的德育理论变革的思考只是适应而不是创造,如从适应革命到适应市场,在市场的原则之下,自由的价值被视为最高的价值,在市场的原则之下,在生活实践中又看到诚信的价值。在许多伦理学者的思路中,经济学的概念应当直接运用于伦理学领域,这种引入不是用道德的哲学信仰去解释经济学的道德问题,而恰恰相反,是用经济学的概念来重新构造伦理学。比如,一些西方学者已经开始用"消费"这一概念直接定义伦理学的体系,甚至认为道德就是一种消费行为。这种把市场的伦理运用变成伦理诠释的本体论话语,正体现了现代性伦理的一种进化论倾向。市场被道德化并成为伦理学的中心概念,这对于伦理学来说,无异于一场现代性的灾难。在这种现代性的立场之下,伦理失云了自身的独立和自主。把伦理变成变化不定的霓虹灯,是这种现代性的道德哲学潜藏着的一种隐蔽价值。道德没有自身的内在价值,而只有时尚的追逐。美国学者麦金太尔正是在这种情况下,才从道德的哲学方法论视野重新思考人类道德的未来,正是因为人类被万花筒式的伦理现代性所迷惑,才会放弃伦理不变永恒的价值。人们常常不理解麦金太尔为什么在面对现代性的伦理多元论时,没有看到它表现出来的那种既丰富又多彩的景象,没有看到现代性,甚至预示着现代性未来的后现代性的自由主义梦想也没有打动麦金太尔,他一直强调要回到前现代的亚里士多德那里。但如果我们把前现代与现代以及后现代看做一个连续的谱系,就会发现亚里士多德目的论伦理的精髓是人的自然本性的自我实现。追求人的自我完善正是伦理的深刻目的所在。如果能认识到这一点,就可以理解麦金太尔对亚里士多德的向往是有着深刻的哲学原因的,因为对于他来说,一切的追求都在于寻找道德上的纯粹内在性。不论哪一种伦理的追求,都应当基于人类道德自我实现的原则,否则伦理就背离了自身的本性。

(二)现代性的进步观——道德的知识化诠释

现代性建立在进步的历史观与世界观基础之上,现代社会发展的一个基本信念就是相信随着时间之流,世界必定从低级向高级、由简单到复杂发展。与此相伴的是人类的知识、幸福、力量和德性也在不断增长,最终将进入一个高度完善的理想社会。可以说,对进步的信仰是现代化运动的观念前提,没有作为价值的"进步"观念,就无法理解所谓的现代性。因此,进步的信仰理所当然地主导了现代的精神与文化,自然也主导了20世纪的中国精神。对于进步的内涵,人们的描述并不一致,但总体来说,它总是意味着向前,意味着越来越好。高瑞泉在《中国现代精神传统》一书中分析了进步的几层含义,他指出,从人们对进步一词的使用来看,进步一词隐含了以下几层内涵:第一,进步的信仰表现为"社会向善论"的预设,相信人类社会将不断地改善。相信社会进步必然进入一个终极状态,如康有为的大同世界。同时还有一个终极状态,即使不能确证社会是否进入完美的道德境界,我们还是相信人类社会将不断发展和进步。第二,进步是一个道德性的理念,是指主体德性的提高和完善,所以进步必定又预设了人性将不断改善、趋向理想人格。第三,相信人的理性、认识能力、知识和科学技术将不断地增长。第四,即对力量的追求,相信人类能够不断扩大自身的权能以征服自然界,从而不断增进人类的幸福。① 这几个层次的进步意涵虽然指向了不同的领域,但都有一个共同的基础,那就是人性与人类有着不断完善与改造的可能性。由此,进步也成为现代性的重要的伦理基础。几乎所有现代性伦理的概念都可以在"进步"的前提下得到诠释和运用,"进步"往往被作为道德的合法性的一个重要解释依据。不过人们在将进步作为现代性伦理尺度的时候,常常忽视它的道德性本源,而更多地从历史观、权力观和知识观的角度来理解它,常常用总体的历史的进步否定个人的生命感受与道德完善。如一种道德哪怕在当时来看具有某种不人道或与人的天然的同情心相悖,只要在总体历史中具有积极的意义,那也将被视为一种积极的道德。尤其在历史变革时期,这种舍小我为大我的道德行为常常被作为典范而加以放大与提倡。在黑格尔和马克思的哲学中,多数人对少数人的压迫成为历史进步不可避免的代价,这并不有损于社会正义的概念,或者说,在基督教的哲学中,社会正义并不包括个人作为一种完整的存在,而要看在历史进步中的这种存在的客观价值。

进步的伦理学悦纳了现代性的功利主义信仰,英国古典主义伦理的功利色彩在进步主义哲学中以另一种方式表现出来,进步在历史的"时间意义"上实现着功利主义在"空间意义"上的实用观念,进步主义用时间概念回避了人类的永恒道德,而功利主义则以空间概念实现着同样的事实。边沁和密尔的"最大多数人"的道德尺度,埋葬了人性普遍的善的原则,道德不是以人性而是以功利作为评价尺度。

西方学者莫里斯·金斯伯说:"贯穿所有时代的进步理论的核心,是相信人类已经前进、正在前进,并且将继续前进,走向满足人类伦理需要的方向。"② 事实上,宗教的天堂和道德的至善,原本都不包含现代知识学的含义,因为它不包括积累和发展。在伦理学

---

① 高瑞泉:《中国现代精神传统》,东方出版中心,1994 年,第 63－65 页。
② 转引自高瑞泉:《中国现代精神传统》,东方出版中心,1994 年,第 49 页。

中，良知和生命被视为永恒的价值，而不是由进步才得到呈现的。一切道德的变化只不过是这种永恒世界的展现，而不是随社会进步可以得到的改善的结果。尤其是基督教，它相信世界总有一天会出现末日审判，一切罪人将得到再生和复活。在基督教的信仰中，世界永远是黑暗的，而不是逐渐会得到改善的过程。世界的光明是一种奇迹的出现，这一天终归会出现，但不依靠人自身的努力而不断得到改善。这与知识的进步是完全不同的，知识学的进步不仅从形式上是积累性的，而且其本质是依靠人自身的力量，进步的主体是人自身。而这对于宗教的基本观念来说，是完全对立的。信仰世界就是人把自己交给另一个真理的主体，人自己没有这种自我完善的能力，人永远在自我拯救的困惑中生存。在这一世界中，人生只是善与恶的永恒的战场。

（三）进步的价值观：一种人的主体力量

宗教是将人的主体交给信仰，而进步是以人为主体的自身力量，一个相信人自身的解放，一个相信上帝的解放，这两者是完全不同的。从某种意义上讲，进步的伦理学意义不是出自于原始的基督信仰，而是现代性的进步观念给予伦理学进步的解释。在这种进步的伦理学观念之下，人们开始用知识学的观念解释人的道德。正像金斯伯所言，不仅人类社会在科学文明上沿着不断进步的方向前进，而且人类的道德也沿着同样的方向前进。

事实上，这种信仰具有很大的盲目性，它没有看到人性的软弱与不足，过分相信人自身的理性能力。人的理性自大给这种盲目性加上了一层令人信服的外衣，使人不去怀疑人类在道德上是必然进步的思考。人类的知识进步，怎么可能不同时伴随道德的进化呢？似乎它们之间如果有冲突才会被看做一种不正常。马克思是这种现代性思维又一典型代表，物质世界对精神世界的作为是不可怀疑的，精神无论如何不可能逃避物质世界的控制，在马克思哲学看来，这种同步性正好与黑格尔的精神进步观相一致。虽然,他们在对精神世界和物质世界的关系上完全对立,但在道德的进步观上却惊人地相似。对于现代性而言,马克思与黑格尔是相同的,黑格尔伸张了理性自由的力量,而马克思伸张了文明进步的力量,无论他们之间有什么天壤之别,他们都毫无疑问地相信,历史将由人自身创造,人类将沿着一个不断向善的方向前进,黑格尔相信一个精神自由的明天,而马克思却相信一个充满道德幸福的人类生活。

事实上,对进步价值的怀疑也是现代理性反思的后果。在和汤因比就 21 世纪人类问题进行对话与交流谈到进步问题时,池田大作直接将进步分为物质的进步和精神的进步,并且承认两者有完全不同的含义。他说,物质领域的某种发现,绝不意味着在精神领域也同样具有进步的意义。在他看来,进步与人对幸福的体验和解释不是一回事,"给生活带来福利和幸福,或者相反带来悲惨和不幸的因素,实际上不是科学和技术进步,而是因果报应"。① 池田大作和汤因比两人都有乌托邦的理想,但绝不是基督式的信仰乌托邦,进步的信念与复活和再生的信念是完全不同的,他们把这个美好的世界寄托于历史能够一天一天地向这个方向不断发展,这和发展是必然的,而且将在现实生活中不断得到实现,一个一个阶段地实现。在信仰的哲学看来,真理不是按进步的哲学实现的,因为它不是等待发现的客观规律,会随着人类认识力的增长而不断积累。真理是一种忽然的敞亮,用帕斯卡尔的话说,就是奇迹的出现。帕斯卡尔写道:"真理才是奇迹的主要鹄的。"他用奇迹来解释人类认识真理的过程,在他看来,"奇迹就是超出人们所能运用于自然的力量的手段之外的一种作用"。② 除了站在信仰

---

① [英]汤因比、[日]池田大作:《展望二十一世纪——汤因比与池田大作对话录》,荀春生,等译,国际文化出版公司,1985 年,第 411 页。

② [法]帕斯卡尔:《思想录》,何兆武,译,http://www.hicourt.gov.cn/theory/hislaw_info.asp? id = 3308.

的立场对真理的态度之外,作为生命哲学的代表,狄尔泰虽然始终没有放弃用历史的概念阐释他的生命流动,但他从来没有把历史演绎成一种进步过程,即不是用历史来解释生命,而是用生命的流动性和不可规定性来解释历史。在这种解释中,历史也失去了科学视野之下的积累和进化的内涵。对于他们来说,相信人类幸福是按照科学的规范的方式不断积累是可笑的。美好一定会到来,但它不在人自身的理解力之中。无论是"地上的人",还是"灵魂中的人",他们都不能承担这个任务,因此,从根本上说,原本就没有这个存在于世俗之中的不断完善。

二、道德进步:一种乌托邦的想象

(一) 由进步观确立的道德本质

进步观念的一个重要来源是现代科学的进化意识,进化虽然比起进步更多地指向于生物世界,但它的内涵却几乎与进步没有什么区别。生物是进化的,人也是进化的,世界也是进化的,因此,道德也同样是进化的,世界就是一步一步地向前延伸。然而,作为达尔文进化论鼓吹者的赫胥黎在他的专著《进化论与伦理学》中,特别强调了人的进化与生物的进化完全不同,人由于自身的道德而使其进化离开了自然进化的规律。他写道:"社会的文明越幼稚,宇宙过程对社会进化的影响就越大。社会进步意味着对宇宙过程每一步的抑制,并代之以另一种可以称为伦理的过程;这个过程的结局,并不是那些碰巧最适应于已有的全部环境的人得以生存,而是那些伦理上最优秀的人得以继续生存。"①

---

① [英]赫胥黎:《进化论与伦理学》,本书翻译组,译,科学出版社,1971年,第57页。

进步是现代性的信仰，也是现代性的危机。黑格尔把整个人类历史和人类精神都视为一种按进步规律的运动，进步几乎成了黑格尔解释世界和人类社会的一种模式。他的三段论模式，已经成为他表达一切历史进步和哲学演绎的模式。尽管他的论述非常精彩，但在人类精神、艺术发展、世界历史、人性完善等方面都以三段论式的进步观作为诠释的方法，进步成了其哲学本质。因此，尽管黑格尔的哲学博大而精深，但对于现代哲学的生命价值和道德意义来说，其哲学的积极意义就有限得多。因为他实际只提供了一个由理性支配的世界图谱，虽然他对人类的普遍精神做了非常深入的分析，但对个体生命的丰富性却没有给予适当的关注。

　　进步已经被现代理性哲学统治，成为一种科学世界观和方法论，但进步在其根本上是一种信仰。无论是对天国的信仰，或是对复活的想象，还是中国孔子的大同、康有为的太平，实际都表现了对进步的追求。在犹太教的传统中，进步是指向乌托邦的终点，是对天国的向往，但进步的这种观念后来被世俗化了。进步，意味着整个历史有一个起点，也有一个终点，同样，人性也有一个终点，人性的美好是可能的，也是必然的。因此，进步的观念对于道德哲学来说，最根本的在于创立了一个伦理的必然路径。如果从这个角度去理解进步或进化，它们也有积极的意义。这是因为，进步作为一种追求美好的想象，是普遍共同的价值。这种乌托邦理想正是人类生活不可缺少的，只要进化不以客观必然的姿态、不用那种可能试图通过历史自我达成，并用客观进步的价值观去统治人类的道德想象，进步就可能是有意义的，就不会阻止人类美好生活的丰富性以及未来发展的无限可能性。此时，进步只是人类不断超越自我的一种信念。

　　对进化的不同解释是把握进步是否可以被用来解释现代性的重要界限。赫胥黎的精神进化与斯宾塞的科学进化可以导致完全不同的伦理结局。在前者看来，人类的进化因为有道德的参与而表现出不同于动物世界的景观,这种不同在本质上取决于人类的道德。正是道德这两个字,使进化这一概念不适用于人类历史,如果实在要用,也只能用进步来勉强替换。进步本身意味着历史总是要被分割成传统与现代,而把前者看成是可以否定的。

(二)作为一种成功的哲学:进步的力量意识对人的统治

进步的信仰一旦确立,就发生了极其深刻的历史作用。正如希尔斯所说的那样:进步思想既是描述性的,又是规范性的……这种思想断定,进步已经发生;它也断定,进步应该发生,而且一旦阻碍进步的障碍被排除以后,它就会出现。进步的概念通过对经验的描述过渡为对未来的预测,结果就转变为规范性的概念。①

对原先被当做非道德性而被迫接受的"竞争",严复曾巧妙地表达了斯宾塞式的信念。如果生活是一场适者生存的斗争,那么力量就是最终的美德,取得胜利就是善,屈服和失败就是恶。力量竞争不再是消极的负面的东西,而是推动社会进步的动力。道德就是进步,进步就是成功的观点刚好结合在一起。技术背景下,是不是学校道德生活的现代性就不可以选择了,因为技术是普遍化的。如果说可以选择,将如何选择? 鲍曼在论述道德进步时认为,进步是一种胜利,是成功者的标签。也就是说,在道德上没有价值本身的尺度,而只有"谁"之尺度,只有成功者才能成为道德进步的标准。他写道:"进步的故事是被胜利者们用来传述的。"②因而即使是罪恶,也可以通过胜利而得以在教科书中流传。"但自从除了今天的胜利者外,谁也无法讲述正义的故事,胜利者每次都将其讲述为这样一个世界,在这个世界中,不道德和惩罚性是同义词。"因而"失败者汲取和记忆的教训是对更多力量和更有效力量的需

---

① [美]E·希尔斯:《论传统》,傅铿、吕乐,译,上海人民出版社,1991年,第318页。
② [英]鲍曼:《后现代伦理学》,张成岗,译,江苏人民出版社,2002年,第265页。

要,而非对更多道德良心的需求"。① 鲍曼的思想预示着一个道理:进步并不意味着道德的提升,相反,还可能意味着道德的降格。因为进步与道德的价值无关,而只与道德的成功有关。什么道德能够取得实际的成功,即道德的有效性,那什么道德就将成为正义和真理的象征。

在舍勒看来,道德不是进步,而是一种精神的位格,人不是通过不断的道德努力而获得拯救,而是天生就是一个寻求拯救的存在。舍勒在《人在宇宙中的位置》一书中指出,人是在向命运祈祷,而不是在创造命运。进步正在改变着人在宇宙中的位置,使人承担起他所不能承担的重负。进步一方面把人放置于主体的位置,相信人自身的解放力量,而另一方面又把人放置于被改造的位置,因为进步是可能的,在人的前方有一个终点。因此,教化的哲学就有其内在的历史合理性,教化的进步观成为实践化的依据。斯宾诺莎说,"勿抗恶",因为恶是人自身的存在方式。意思是,恶对于历史进步来说,可能是善的也可能成为善的源泉。尼采以放弃恶的方式去追求善②,从而得出超人道德的原则。虽然他们在论述恶的理由时可能出自于不同的原因,但这些都以进步的名义为将人类的内在善弃之不顾寻找到理由。

三、适应主义的教化观

(一)现代性导致的道德适应观

有两种进步观,一种认为人是进步的主体,另一种认为历史是进步的主体。这两种进步观虽然在谁是主体的问题上看法不一,但对历史进步的必然性却都是认同的。无论哪种进步观,实际都

---

① ［英］鲍曼:《后现代伦理学》,张成岗,译,江苏人民出版社,2002 年,第 266 页。
② 薛晓阳:《希望德育论》,人民教育出版社,2003 年,第 151－152 页。

潜藏着一种信仰,即相信道德自身有进化的历史和方向。虽然,在这一进步中,人的现代性可能是"自我实现"式的,也可能是被历史拉动的。马克思相信人作为自觉主体创造历史进步的可能,而黑格尔则相信历史自身的解放能力,而不是行动着的人对历史的推动。人,特别是普通人的历史创造能力,在黑格尔看来,历史是一部巨大的车轮,而人只不过是这个前进着的车轮旁的一颗沙粒,历史是由精神自身运动的必然结果。然而,不管他们对人与历史的关系有什么不同的见解,他们对进步的信仰却没有半点矛盾,从低级到高级,从简单到复杂,这不仅是精神或历史的前进方式,而且是道德运动的方式。在这样一种不可阻挡、不可避免的过程中,人的选择就显得毫无意义,不管你如何选择,选择什么,似乎都与道德本身的前进没有太大的关系。对于历史的选择来说,至多只能或多或少地影响这个过程,使它"延缓"或"加快",而不能从根本上改变它,这就是进步的历史逻辑和道德规则。那么,对于一个不可改变的事实,人能够做的事情是什么呢? 人,在道德这个需要我们做出巨大努力和独立思考的价值面前,应当做什么呢? 又能够做什么呢? 人唯一能够做的事情,就是适应这个过程,使自己掌握这个过程运转的规律,任何其他的举动都是没有意义的,甚至可能是错误的。

进步使人类失去道德的批判力和精神的独立性,使道德成为一种意识形态和道德物质化的过程,使道德成为一种力量,这种力量根本不是指康德所描绘的绝对意识,而是统治人去追求真理的愿望。现代性的批判在某种意义上是对进步的批判。

进步的逻辑只能导致适应的观念,它与真理的显现方式无关。进步的哲学把真理看成一种必然性的过程。至于道德真理如何显现,是否可能显现,进步主义的道德观念不去思考这个问题,因为任何现代性的目标对进步主义来说,都是无可怀疑的。真理不存在能不能显现的问题,真理随着进化一同出现,而且这种出现是必然的。在这个必然性面前，人唯一可做的事情就是追求存在于不断进化过程中的人类价值，对人们来说，道德真理就存在于进步影像之后。

在这个问题上，分析斯宾塞的教育哲学是非常有意义的。在许多人看来，斯宾塞的教育论包含着一些可能是矛盾的东西，他一方面强调科学实用的教育价值，但另一方面又强调未来幸福在教育中应当成为不可替代的价值。有人认为，斯宾塞放弃了幸福，是一个实用主义者或科学主义者，但事实上，斯宾塞根本没有放弃幸福，幸福和完满生活恰恰是他教育思想的灵魂。

斯宾塞不仅是一位具有时代性的教育家，更是一位具有里程碑性的进化论的宣传者和思想家，因为在他的哲学信仰中，进步处于绝对优先的位置，没有任何东西可以代替历史进步的信念。这是他那个时代支配一切哲学的基本信仰，他本人则是创造这种历史神话的奠基者之一。因此，在进步的前提下，斯宾塞不可能有另一种对教育的思考方式，他要追求人的幸福，但这种幸福不可能来自于任何其他地方，而只是来自于对进步世界的适应。对于斯宾塞来说，进步已经限定了他对幸福的思考，一个不能适应现实生活的人是不可能从他的信仰中得到幸福的。因而，斯宾塞的未来与幸福永远只能限定在世俗之中，所谓未来只能是一个人在现实生活中从一个阶段到另一个阶段的幸福，为了成年的幸福，必须放弃幼年的幸福，为了成年的幸福，向知识靠近吧！这就是斯宾塞的教育逻辑。他没有放弃幸福，但所追求的幸福却与后来的精神哲学完全不同，因为精神哲学没有进步的现实作为思考幸福的前提，幸福可以是完全内在的，也可以是在灵魂中的漫游。在斯宾塞的思想中，人类只能在适应中寻找自己的"完满生活"，而不能像他的同时代人夸美纽斯那样，在未来去寻找"永恒生活"。进步作为一种科学的概念，突出了人的现实性与超越性相分离的性质，这在斯宾塞的教育哲学中得到了最为清晰的体现。

从这个意义看,在我们今天的背景下,如果说斯宾塞的思想有问题,那问题绝不是出在他的实用,尽管他一再表明最重要的知识在于那些具有实用意义的科学知识。事实上,如果站在一个哲学的立场或道德的立场上看,他的问题在于用一个完全的适应主义的态度去思考教育问题。因为,斯宾塞在著作中不断地、明确地表明,教育在于人的完满生活,这是教育的最高目的。他从来没有直接说过,教育的理想就是可以直接运用的实用知识,在他那里,这些知识并不是目的,而是生活幸福的手段,他在书上反复解释他的完满生活:"怎样生活? 这是我们的主要问题。不只是单纯从物质意义上,而是从最广泛的意义上来看怎样生活。"①他的生活概念同样也是丰富的,具有很多精神的内涵。但问题的关键在于,他对幸福生活的理解是世俗的,这正是进步理性的关键,进步的观念把道德的提升看做在世俗内部完成的过程。

(二) 教化 —— 作为进步的一种手段和方式

进步的道德观在两个方面出现问题:一是相信进步作为一种道德力量对人的干预能力,二是相信这种干预是正当的。从前者看,正是这种必然性使教化哲学形成一种必然性的信仰,相信道德教化应当承担改造人的义务,且这种义务是必然能够完成的,相信道德教化有或应当有某种对个体的干预能力。从后者看,因为道德总是沿着不断进步的方向,而且追寻一种美好的结果,因此,无论教化如何进步,在总体的目标上它是善的,因而也无疑是正当的。正是这种观念赋予教化哲学绝对的权威和光荣的职责,它必须承担改造的任务,面对这种教化的力量,个体应当处于接受的地位。

进步论的最重要的观点认为,人类的道德进步是必然性的过

①　[英]斯宾塞:《斯宾塞教育论选》,胡毅,等译,人民教育出版社,1997年,第58页。

程。高瑞泉写道:"自由主义者几乎无例外地都是进化论者,他们崇拜理性、崇拜一种有秩序的逐渐累积的进步。"①然而,这种观点忘记了一个重要事实,即进步是现代性的东西,但进步的东西不等于道德的东西。作为现代性的典型代表,黑格尔把理性的力量张扬到无以复加的地步。他把整个历史过程都看做理性进步的过程,是积累性的发展,不断向着一个终点靠近,这与宗教的复活是完全不同的。虽然在黑格尔的历史哲学中并没有人的主体,而是历史自身的主体,但他认为历史进化过程就是人的精神自我解放的过程,是精神自身的显现过程,这无疑使人成为历史解放的主体,尽管这个人是一种作为理性的精神存在。这一哲学思想被他鲜活地运用于教育哲学之中,成为他对教育本质的一个最为经典的解释。在他看来,教化的本质无外乎是使人通向历史的终点,与最高的善融为一体。他说,教化的最高目的就是将个体性引向普遍性,而这个普遍性,从伦理学的意义理解,就是那个至高无上的历史目的,最高的善——绝对理性。黑格尔曾经说过,沉思是最好的学习,要想学习道德,应当学会沉默。无疑,这句话可以作为这一观点的最好注释。

---

① 高瑞泉:《中国现代精神传统》,东方出版中心,1994年,第56页。

第三章

学校道德生活内容
建构的现代性旅程

现代性的本质特征在于从借助认识达到存在的同一和占有,转向了存在和认识的同一。这个从思(cogito)到在(sum)的历程达到了这种程度,即认识的自由活动,以及脱离任何外在目的的活动,将在所认识之物中来发现自身。这种认识的自由活动也将逐渐构成作为存在的存在之奥秘,无论通过认识所把握的是什么。①

——曼努尔·列维纳斯

学校道德生活内容的建构是以德育知识的生产为核心内容的,而德育知识的生产及其现代性建构是德育现代性的一个重要知识学问题。

伴随着现代性的历程,在德育从前现代向现代的过渡过程中,德育知识生产的主体、方式以及内容都经历了一种什么样的变化,有着一个什么样的知识谱系? 教化知识的现代性结构是怎么样的? 在现代性的知识运动中,中国德育的知识生产方式有着什么样的特色,存在着什么样的问题? 我们如何来进行现代性的德育知识建构? 这些都是学校道德生活现代性建构中正在经历也需要面对的问题。

---

① Sean Hand, *The Levinas Reader*, Blackwell, 1989:77-78.

第一节 从想象到祈祷：
德育知识的历史积淀

关于德育的研究,随着哲学与科学研究的变化,其研究的方法与理论基础处于不断的深入变化之中。在古代主要是以表象再现形式积累教育活动的经验,到 17、18 世纪主要是哲学理论的演绎,按社会科学的法则进行人文综合的整理分类、概括,到 19 世纪和 20 世纪初,则主要是借鉴自然科学的方法进行实证研究,引进实验数理科学,试图规范化地进行数量描述。

一、前现代的道德想象

自从有了人类的群居生活,有了共同协作的需要,就开始了人类素朴的德育活动,也就开始了素朴的德育知识生产与积累。在原始时期,人类德育知识生产的主体往往是有神秘力量的巫师,而知识生产的方式是神话想象的方式。

人类最早的道德观念与思想渊源于社会生活,人是社会动物且具有思考力,因此在与大自然互动的过程中将他们的生产与生活经验累积起来,记录下有利于他们生存的活动与过程,并在生活中逐步领悟到要能很好地生存必须要群策群力、互助合作。在族群中,具领导能力的智者将族群共同生活所累积的经验加以整理和选择,去除不利于族群发展的部分,总结出一些共同的有用、有意义的规则以作为生活的规范,规范行之久远即成习俗。同时,这些规则与习俗被赋予灵性或宗教上的意义,由此,逐渐内化于人的日常生活之中,日久就成为支配个人行为、控制人群互动和维系群居情感的标准。加上长久的历史传承,就变成了一种稳定的道德思想和观念,渐渐形成各种社会的道德体系与文化。

在早期原始社会,德育知识的生产与控制权往往存在于族群文化的集大成者——祭司与巫师手中。祭司和巫师作为各民族传统文化的代表人物,在仪式上施行着风俗、道德、宗教等方面的文化控制。历史上,他们不仅主持本土宗教活动,如祀天地、祈农事、祭祖妣等仪式,也主持着狩猎、征伐、出行、建房、农耕、婚丧、节庆等民间生活仪礼,这些都成为各族社会约定俗成的文化风俗传统。与这些仪式活动相应的知识传播活动,也随之成为一种既定的社会规范和现实的生活习俗。族群的日常生活,也都由巫祭阶层所制定的各项道德准则所规范。

这里所指的人类社会早期,主要是指原始社会时期。我们常常习惯于将前文明时期的原始人称为野蛮人,认为他们是没有多少伦理道德观念的野蛮之人。有人认为,原始社会没有专门的德育,又何谈德育知识的积累研究。其实这是现代人对原始人类的一种偏见,用现在的眼光来打量他们,在生活基础上,他们对生活与教育的直觉并不见得比现代人差。正如著名人类学家马林诺夫斯基在对美拉尼西亚的土著人的文化进行深入研究以后指出的:"如果用美学、道德及社会行为的标准来衡量的话,土著人所表露的人类缺陷与追求同任何一个文明社会成员是一样的,他们并不像我们所想象的那样可以轻易地被当做惊险小说的描写对象,或者被用来作为描写性生活混乱的猿人小说的素材来源。""他们的生活在各个方面都受到社会的约束,他们的道德观念在某种程度上与一般欧洲人的道德观念是一样的。"①可见,原始人的道德生

---

① 马林诺夫斯基:《神圣的性生活》,何勇,译,知识出版社,1998 年,第 370 – 371 页。

活并不像我们想象的那样简单,同样,他们的道德教育也并不如历史书上所说的那样粗浅与贫乏。关于道德教育,他们可能没有像我们今天一样进行研究,但他们也许有自己独特的研究方式,这就是他们关于道德生活的神话想象。

在原始社会,虽然没有专门的道德教育,但通过实际生活与种种宗教仪式进行的道德教育,也使人类社会初期积累了大量的道德教育实践经验。对这些经验,人们并没有专门的研究,也没有有意识的记载,但这不等于他们没有关于教育的思考与想象。原始人关于道德教育的思考和想象表现于他们关于生活的各种神话想象中。原始人不能科学地解释世界和人类的起源以及自然现象和社会生活中的变化,但他们又充满强烈的好奇心,于是只好借助神的形象把自然力形象化、人格化,由此产生的种种神奇的解释便是神话。如解释天地形成和万物及人类起源的开辟神话;介绍诸神产生、家族宗谱、职责及彼此关系的神祇神话;描述日月星辰、风雨雷电以至山川河谷等自然界和自然现象的自然神话;探索死亡、死后灵魂归宿和地府情况的冥世神话;说明草木鸟兽来源的动植物神话;关于社会习俗、婚姻、法典、宗教仪式等方面的风俗神话。种种神话表达了原始人素朴的世界观、价值观与道德观,也传达了某种道德期待。在原始社会,一切宗教仪式几乎都有相应的神话故事。虽然他们的神话故事并不都与道德教育有关,但他们关于道德教育的思考,在那无书写的时代只能通过神话表征出来,如我国古代的女娲补天、精卫填海的故事,既是神话,同时又是道德寓言。

神话是一些故事传说,用以说明部落在世界上的特殊地位,而这种说明中所用的词语与听者对于物质世界的理解是合拍的。神话的讲述建立在原始想象性思维的基础之上,正如马林诺夫斯基所指出的那样,神话是不用逻辑学或实验主义的因果关系去解释事物的,它只依赖于一种想象性的事实罗列。这种事实是宗教信条所特有的,并且这样得出的解释只包含对巫术效力的笃信及其带有神秘与传统色彩的戒条,而没有合乎逻辑的答案回答从科学角度所提出的为什么。他在研究美拉尼西亚人关于乱伦的原始神话传说时,发现事实上大部分巫术都是人们想象出来的。① 但这些有文字记载以前的狩猎—采集者的神话,讲述着令人难以置信的创世故事,人类和那些与部落有特殊关系并具有超自然力量的动物在一起战斗、生存和繁衍,他们的所作所为或多或少说明了大自然是怎样运行的,也说明了为什么该部落在地球上处于一种特别的地位。这些神话中隐含的思想宗旨对原始人的信仰及行为有着极其深刻的影响,他们确信只有服从某些禁忌才能获得某种神秘的力量。神话的复杂性和社会的复杂性一同增长,神话便以一种奇异的方式复制了社会的基本结构。原始社会德育知识的生产也就在这不断的复制中积累着,道德教育也就在对各种各样的仪式与禁忌的遵从中进行着,原始的德育知识也在这种想象性的言说中通过某种神秘的宗教仪式呈现出来。

巫祭的神秘力量与神话的想象性言说,使原始社会的德育知识充满了一种隐喻性的敬畏,它虽然模糊,但却是诗意的。虽然在今天,人们往往将神话视为一种文学表现手段,而不是一种理论表述的形式。神话是一种特殊的想象性理论,它所展现的思维是一种原始素朴的有机思维,在这种思维中,万物皆有灵,且万物都是互相渗透的,它需要在看来无关的事物中想象性地发现它们的联系,使世界成为一个有机的整体。在这种思维的关照下,世界万物的存在都是一种灵性存在,人与人、人与物的关系是一种融通性存在。在这一基础上,人类用一种原始朴素的方式维持着宇宙的和谐。神话用叙事性的、隐喻性的方式表达了一种对世界的理解与认识,这是一种需要想象力的知识表达方式。也许将对道德及道

---

① 马林诺夫斯基:《神圣的性生活》,何勇,译,知识出版社,1998 年,第 377 页。

德教育的理解建立在想象的基础上,有无限夸大人的主观能动性之嫌,如"文革"中对道德的想象性建构就是明显的一例。但原始人的想象是充满敬畏的想象,敬畏是想象的界限,这对于道德及德育知识的建构是极其重要的一个原则。敬畏的想象能够更好地增进人对自我可能性与有限性的洞见,在这一基础上建构出的德育知识比起遵循机械的逻辑思维建构起来的德育知识更能给人以无穷的启示,让阅读者有更多的想象空间。这是今天德育知识的逻辑言说所难以达到的效果。

尤其它对世界的有机性理解,对于医治现代社会的道德分裂与德育知识的碎片化呈现都是有帮助的。在有机思维中,事物的关系是渗透性的、柔软的、有着更多细微关联的,独断论作为一种割裂性思维在这里是没有市场的。当然,肯定原始神话思维的积极意义,并不等于无批判地接受它,我们需要在一种辩证否定的基础上来理解与学习原始的神话思维。

姜奇平指出,后现代的信息思维就是对原始神话思维的一种辩证否定,是对原始有机思维的超越性回归,是一种有机地辩证思维,既肯定逻辑,也肯定有机,而逻辑思维在原始时代是没有的。在这种思维中,前现代、现代及后现代思维都有机地统一在一起了。① 德育知识的现代性言说与生产需要建立在这种有机的辩证思维的基础之上,既有对于道德与知识的想象和洞见,又有基于事实的雄辩论证。它喻示的不仅仅是一种新的知识叙事,还是一种理解与构建德育知识的一种方式,既有经验的实践与验证,也有诗意的想象与超越。德育知识的生产不再只是少数人的天才想象,也不只是平庸生活的经验堆集。

---

① 姜奇平:《原始思维与网络思维》,http://www.people.com.cn/GB/14677/22114/26533/26534/1752377.html.

二、道德的智性沉思

（一）从诗性到理性

希腊人一直生活在荷马的诗性冲动中，享受着英雄主义的勇气和浪漫。然而，这种诗性的冲动与城邦的秩序水火不容，当希腊人建立起自己的城邦秩序之后，一种新的伦理冲动出现了，他们开始从荷马的诗性和冒险中冷静下来。伟大的思想家们开始以理性的立场考察英雄的美德，把那种没有道德禁忌的诗性抛在了一边，西方真正进入一个道德的时代。柏拉图等古典哲学家们对荷马史诗的批评和责难，使人不难想象他们对英雄主义价值的贬低。尽管在雅典时代的希腊，勇敢仍然是最为高尚的美德之一，但在柏拉图那里，它已经被标着理性的智慧所取代，不得不屈居次要的伦理位置。英雄主义的退却造就了一个新的时代，道德作为一种用理性态度面对世界的价值，开始真正成为人类精神的一个永恒的主题。

人类对道德教育问题的哲学反思与理论思辨是从古希腊开始的。古希腊伟大学者德谟克利特就曾对道德问题进行了专门的思考和论述，并著有《道德思想》一书，不过他在书中谈论的大多是自己的道德修身感悟，而不是专门的道德教育问题。[①] 如很多博学的人并不聪明；老是犹豫不决，就永远达不到目的；思想感情的一致产生友谊；等等。书是以箴言的形式写的，带有劝说的意味，似乎是为自我修养准备的，但这毕竟开始了对道德及其教育的经验总结与反思，开始了对道德知识的有意识的思维。

而古希腊哲学家苏格拉底则直接开始了对道德教育问题的哲

① 北京大学哲学系编译：《古希腊罗马哲学》，生活·读书·新知三联书店，1957年，第 107 – 123 页。

学反思。他是专门关注道德教育问题的第一人,他对美德是什么、美德是否可教等问题的追问,成为引发道德哲学及道德教育哲学探究的开端。虽然他并未对这些问题进行深入有力的论述,但他确立了一个基本的问题域,奠定了道德教育的前提。苏格拉底进一步提出了知识即美德的命题,他认为实现这种美德主要靠在一般定义、概念的基础上进行推导,以达到对善德的理性认识,从而获得善德。柏拉图和苏格拉底一样,都探讨什么是善以及如何达到善德这个问题。所不同的是柏拉图提出了和谐即美德的理念,他的和谐思想的基本内涵是各安其位、各尽其职,在他看来美德是有层次的,不同层次的美德需要不同的教育,如节制是手工业者的美德,勇敢是军人的美德,它们需要的是不同的训练。从而,有了道德教育的结构化与系统化设想。① 这是对德育的理论知识与实践知识的初步结构化探究。

亚里士多德则拓宽了德育的研究领域,将德育纳入实用学科的范畴,从哲学、政治学、经济学、法学、伦理学、心理学、生物学、物理学等多种不同学科的不同角度,对德育的性质、德育过程的实质、德性与善恶的标准、道德品质的形成、德育与政治和经济的关系等进行了广泛讨论。亚里士多德认为,德育不仅仅培养善人,还培养好公民。因而,他强调德育研究应不仅仅是纯理论的前提性问题研究,还要重视对德育问题的应用研究。他说:"我们现在的研究,不像其他仅以理论知识为目的的研究,我们的研究不仅仅要知道什么是道德,而是要成为善人,否则它对我们毫无用处。"②他认为德育研究实质是一种应用研究,强调德育研究的实践影响性,即对人的现实人生、幸福的关注。从这一角度看,亚里士多德开始关注德育知识的实践性,将德育知识的前提性设问探究与实践性

---

① 柏拉图:《理想国》,Ⅲ,413A – 417B,郭斌和、张竹明,译,商务印书馆,1986年,第125 –131 页。

② 亚里士多德:《政治学》,商务印书馆,1965 年,第148 页。

经验探究结合起来,即不仅思考美德是否可教,还研究美德如何教的问题。在他这里,德育的实践开始进入了知识学的论域。如他对美德的学与教都做了独到的研究,他说:美德的学习不同于知识的学习,它只能通过榜样的示范,在练习的基础上学习,由此,美德的教也是训练式的教,而不是口授式的教。[①] 这可以说是对德育教学原理的第一次知识学的探究。亚里士多德的另一重要贡献是:总结概括当时各方面的研究成果,吸收前人的方法论思想,确立了逻辑思维的基本规律,建立了比较完整的古典逻辑体系,提出了系统的推理——逻辑法。他认为科学研究是在观察事实上运用归纳上升到一般原理,再从一般原理通过演绎导出个别结论,最后与观察结论相比较而接受经验的检验。他的这一逻辑推理体系的建立,标志着逻辑方法的产生,奠立了西方思维形式的基本规则,也奠立了西方德育知识言说的基础,即从范畴出发的言说。西方德育研究重视理论的逻辑演绎是与亚里士多德所创立的思维规则直接相关的。

(二)礼的沉思:儒家的理性静观

在中国,同样可以看到荷马史诗中的英雄主义伦理观,那种拒绝一切人类秩序的冲动和勇气。夏人"以射造士"、殷人"以乐造士"都体现了华夏伦理传统,且同样具有英雄主义的精神气概和勇敢、自信、尚武的道德传统。然而,这种英雄主义从周代开始衰微。周人强调"诗书礼乐以造士",倡扬"天佑下民,唯德是辅"的信仰,这些主张尽管使中国的道德文明有了更多理性的意味,但也导致了道德勇气的弱化。周人的信仰改变了中华传统的内在性格,或者反过来说,在周人的道德信仰之下,中国人选择了一个与西方文明完全不同的方向,在原本具有相同渊源的

---

① 黄向阳:《德育原理》,华东师范大学出版社,2000 年,第 73 页。

文化起点上分道扬镳。

加达默尔对西方教化传统做过非常精辟的论述,在他看来,教化不是知识性的对话,而是精神的感应,一种真正的灵魂陶冶。"教化在这里不再指修养,即能力或天赋的培养。从这一角度提升教化的意义内涵,实际上唤醒了古老的神秘主义传统,按照这种传统,人是按照上帝的形象创造的,人在自己的灵魂里就带有上帝的形象,并且必须在自身中去造就这种形象。"① 在他看来,西方的教化传统奠基于艺术和审美的基础之上,因此,必须追溯伟大的古典主义的人文传统,这是古希腊雅典热爱艺术的文化根源的显现。因此,加达默尔把教化作为四个最重要的人文主义的主导概念(教化、共通感、判断力、趣味)之一。加氏在论教化时,把它完全放在审美和艺术的概念之中,甚至直接用"审美教化"这一概念来表达教化的内在本质。教化正是通过体验和审美建立与个人的关联,并通过体验与审美实现伦理目的。

如果仅仅从这个意义上看,中国的道德教化同样具有类似的价值,但是,在中国传统中,所有的审美意义乃是以道德为中心的。孔子视"乐"为最高的教化境界,但这种乐,对他来说仅仅是为了帮助君王修善自己的智慧和德性,而不是个人心灵的一种体验和欣赏。在这一意义上,中国的教化指向世俗伦理,在中国的教化传统中,教化有政治统治的价值,而不是纯粹知识的教养,尤其在秦人眼中,教化已经完全摆脱了儒家博大的德性情怀。然而,无论教化在中国传统中有多么重要的政治功能,它都是依赖陶冶个人道德修养来实现它的其他目的的,这种世俗化的道德性与内在性是无法找到其他理由解释的。有着悠久文明与人伦教化传统的中国,对德育的知识学探究也始于古典文明时期。据研究,周公在《周礼》与《仪礼》中就开始了对德育知识有哲理、有特色的探讨。

---

① [德]加达默尔:《真理与方法》,洪汉鼎,译,上海译文出版社,1999 年,第 12 页。

正如吴国桢所指出的那样:《仪礼》并不是像近代的礼节书一样只是讨论个人在某种情况下如何行为,它的讨论主要集中在个人与个人的关系以及这种关系在上述的情况下应该如何影响他们的行为上。同时,它通篇还写着一种明白的、首尾一贯的哲理,使得所有的礼仪互相补充。① 对于每个准则及教化之意义功能的探讨,《仪礼》中写道:"以五礼防万民之伪而教之中,以六乐防万民之情而教之和。"② 强调用礼乐教化万民,以让他们养成礼节的行动。

总而言之,中国古典智慧的确具有鲜明的诗性特征,但并不像许多人所说的那样,没有理性。西方智慧在进入哲学鼎盛时期后,摆脱了荷马的诗性智慧,英雄的冲动被理智冷却下来。在中国,这种古典的诗性可能没有得到如西方理性的抑制,所以一直在中国人的文化根基中持续着。尽管如此,中国古典哲学,尤其是儒家哲学,实际仍保留着相当的理性智慧,孔子所做的一切都可以说是试图用他的仁爱哲学规劝君王推行他的理性化的政治秩序,只不过中国人的这种理性过于世俗并不断被政治化而已。

三、德行的神性祈祷

宗教对人的品德与精神世界的关注,使中世纪思想家对宗教问题的许多探讨与道德教育有一种内在的相通性。只是他们不是以哲学而是以神学作为论证道德教育的起点,在论证的过程中也主要引用圣经的话作为理论依据,或是以上帝的名义来证明结论的正确性。其论证的方式有些教条化,研究的问题也与古希腊学者有很大的不同。古希腊学者重视人的智性与理

----

① 吴国桢:《中国的传统》,陈博,译,东方出版社,2000 年,第 470 页。
② 《周礼·地官》。

性,重视城邦与社会对道德教育的影响,而他们却关注人的信仰,关注人的内心世界与精神领域的变化,关注教育的人性基础。如托马斯·阿奎那将其德育思想建立在对人性的新的理解之上。他认为人是有生命的存在物,人有自然存在物和生命存在物的共同属性;人又是属于生命存在物中动物的一类,具有动物的功能。但人又不同于一般的动物,人是社会性的理性的动物,他凭借理性趋善避恶。这一研究基础的转变对道德教育研究具有重要意义,因为道德的问题并不仅仅只是理性的问题,还有体验与情感的问题,它是一个综合的人性问题,将人性而不仅仅是城邦与社会作为道德教育思考的起点,这开启了道德教育研究又一个根本的原点:人的内在神性。

更有价值的是,他们发展了一种研究德育问题的新方法,这就是内省描述的方法,即把自己的经历和感受作为范例,通过剖析自身内心世界与精神领域的变化,来描述人性成长的艰难历程。如奥古斯丁在《忏悔录》中对自己的心路历程进行了深刻的剖析,展示了自己在上帝的指引下如何一步步走向善的过程,揭示了一种人性修养的方法。这种内省研究法仍是今天德育研究中的一种重要传统,只是它演变成了所谓的叙事研究。它和古希腊学者的逻辑研究传统一并构成了教育研究的两种方法论基础,这也是今天情感德育模式研究的古老渊源。

从文艺复兴时期到宗教改革时期,不少思想家还提出了一些新的德育思想,如马基雅维利的道德行动基于利益的现实主义德育思想;蒙田的回归人自身、在实践中受教的思想;莫尔的空想社会主义德育思想;马丁·路德的新宗教德育思想;培根的科学是致善之道的教育主张;夸美纽斯从自然出发、从人出发的唯实论德育思想。但他们在研究与论证德育问题的方法上并没有太大的突破,他们的论证方法与研究方法都以思辩论证为主,还属于哲学演绎的范畴。不过培根关于恶德与善德的划分以及建立道德标准的

建构的现代性旅程

133

基本结构和层次的思想,孕含了建立道德教育科学理论体系的企图,同时他对科学知识对于道德培养的重要性的强调也使新的着重于人的生存和生活的道德教育思想开始成为思考与研究道德教育的新方向。比如后来的夸美纽斯虽然强调对上帝虔敬,但并不像中世纪的神学家那样强调人要无条件地服从上帝,而是认为对上帝的虔敬有助于人现实的真实幸福。这使人们对道德教育的研究更多地着重于从人的现实自然与社会出发,开启了道德教育研究的科学化方向。

第二节　从科学到行动：
德育知识生产的现代逻辑

一、道德的知性证明

17至19世纪的西方资本主义社会相继发生了第一次与第二次技术革命,随着科学技术的迅猛发展,特别是一大批科学家的科学发现和发明及他们建立的科学概念和思想方法,不仅动摇了人们对神圣权威的迷信,而且对近代资产阶级哲学和思想道德发展产生了深远影响。道德教育研究也开始进入一个新阶段,即开始将道德教育研究建立在各种新的社会科学或自然科学的理论基础之上,并且试图对其进行严密的理论论证。

这一时期出现了一大批潜心研究道德教育的思想家,主要代表有洛克、卢梭、康德、裴斯泰洛齐、边沁、赫尔巴特、斯宾塞等。他们分别提出了各具特色的道德教育思想,但在方法论上真正有所创新的是洛克、康德和赫尔巴特。

在道德的研究上,洛克提出了道德学可以解证的观点,认为道德知识可以像数学知识一样解证。他认为道德问题只要观念确立了,而且各有了各的名称,并采用适当的方法,是完全可以解证的。他说:"道德推论中的真理和确实性,是可以脱离人生和我们所讨论的那些德性的实在存在的。""人们在追求道德真理时,如果也同追求数学真理时一样,用着同一的方法,同一的客观态度,则他们将会看到那些真理比平常人所想象的有较强的联系,较近于完全的理解,而且它们会根据明白而清晰的观念得出更必然的结果。因而,人们可以把各种道德观念加以精确的定义,并用数学的方法来追求道德真理。"① 这一观点喻示他企图将道德学建设成像自然科学那样的验证性的科学,也喻示着现代性的实证性知识向价值领域与德育领域的进军,洛克思想的广泛影响也使这种理念直接成为行为主义的思想渊源。

而康德则用逻辑推论的方式建立了一个完整的思辨道德学说体系。他从道义论的观点出发,以逻辑推论的思维方式来建立他的道德原则。在他的道义论中,至善的获得依赖于人的德行。按常识的思维,有德行的人应该获得幸福,然而,在现实生活中这三者并不是完全一致的,有德行的人往往得不到幸福,相反,缺德者常常享受高官厚禄。在尘世达不到德行与幸福的统一,那就有赖于来世和彼岸了。由此,他提出了三个著名公设,那就是灵魂不朽、上帝存在、意志自由。在这里,暂且不讨论他的这三大假设是否正确,而只是讨论他的论证方式,即用逻辑推论的方式来说明和建立自己的思想体系。以前的思想家也是用思辨的方式来进行道德教育研究的,但将逻辑方法用到如此完善地步的,康德是第一人,这从理论的角度增强了道德教育研究的科学性。

赫尔巴特则在德育理论的系统化上作出了独特贡献。以前的

---

① 于歆波、刘民:《外国德育思想史》,四川教育出版社,1999 年,第 349 页。

思想家总是将道德哲学和伦理学思想结合在一起,而赫尔巴特则开始专门而又系统地论述道德教育问题,虽然在他这里道德教育仍更多得以教育之名出现。他对德育目的、内容、过程、方法和途径等都作了比较系统的论述,特别是他关于一个完善的人必须具有的 5 种道德观念以及道德教育阶段论的思想,为德育学的学科建设打下了基础,并对其他思想家思考与研究德育理论产生了广泛影响。更为重要的是,他将德育理论的研究建立于心理学和伦理学的基础之上,用力学与数学模型来考察儿童的心理活动,认为通过感觉和知觉产生观念,而各种观念的、数学的、力学的相互作用便构成人的意识。他在观念心理学的基础上探讨了教学的几个基本阶段(即明了、联想、系统、方法),为教学的模式化打下了初步的基础。同时,他将德育活动纳入教学活动之中,通过教学来实施德育,将德育与智育很好地结合起来,并将教育的最高目的和最终目的确立为道德,这为他的德育理论找到了现实的实践基础。他也是根据德育理论来设计他的教育课程的,从这一角度看,他是第一个将系统的道德教育理论与具体的道德实践设计结合起来的研究者,从而形成了一个有理论又有实践的德育模式。他的理论既具有较为系统科学的理论基础,又有具体可行的操作方法,为理论的广泛推广打下了很好的基础。这可以说也是 19 世纪赫尔巴特的教育模式风行世界的一个理论原因。

这一阶段的德育知识的生产主要是一种个体的认识过程。知识被看成独立于社会的个体精神活动的产品,是个人的、智慧、责任以及辛勤劳动的结晶,并且新知识的增长总是与一个伟大的名字分不开。①

---

① 石中英:《知识转型与教育改革》,教育科学出版社,2001 年,第 188 页。

二、科学研究方法的运用

现代性意味着一种认识世界的新方式,当上帝不再是一种无所不在、无所不管的超越存在时,人成为真正的主体,世界成为人认识和统治的对象。在这种情况下,作为体现人类统治力量的科学以及由此产生的科学世界观,也开始反过来统治人类自身的思考方式。在西方,模式研究在道德教育领域的兴起,是伴随着科学对教育的统治以及由此引起的实证方法论的推行而出现的。因此,学校德育的模式化本身就是一种现代性的重要成果或产物。

科学是理性智慧的产物,古希腊的哲学智慧用理性的敏锐提醒了人类科学意识的出现,但是,理性在自我解放之后,把启蒙的任务向前大大推进了,却把信仰赶到边缘。然而,启蒙的解放还没有到此为止,它并未满足于自己的成果。理性不但帮助人实现人的回归,回到人对自我的信任之中,而且用科学代替了人类灵魂,成为新的统治人类的主人。人类在伟大的科学力量之下,甚至不得不放弃自己创造科学的智慧,甘愿沦为科学的奴隶。用实证的方法进行自我改造,用科学的方法思考道德问题,这就是现代性的伦理本质和一切道德思维的理由。

19世纪末期以前,西方对道德教育的研究主要是一种经验思辨与理论论证,人们对道德教育问题的探讨主要是经验研究与价值研究,对德育的实事研究还相当不足。到19世纪末20世纪初,随着相关社会科学与自然科学的发展,传统哲学认识论因为不能更好地解释教育现象、更有效地解决各种教育问题而开始受到冷落,各种探究客观事实的学科受到重视,人们开始关注道德教育的事实研究。实证主义开始进入教育研究领域,道德教育研究开始出现科学化的取向,道德教育开始由哲学型向科学型①过渡。在道德教育的科学化取向中,迪尔凯姆和杜威的研究对这一倾向的发展起着十分重要的作用。

迪尔凯姆在《道德教育论》一书中,运用他的社会学研究方法考察德育问题,企图建立科学的德育理论的意向。迪尔凯姆既是法国17世纪笛卡儿以来的理性主义传统的赓续者,又承继了19世纪初孔德的实证主义衣钵。他不仅以道德教育理性化为取向,而且试图把道德教育奠定在实证科学的伦理学基础上,运用实证科学的方法寻求从古到今共同的道德要素。前辈伦理学家(如康德、边沁等)的理论,大都出于一种假设:每人心中都蕴含一些最基本的德性,只需经过内省,即可发现这些德性。于是,他们常在意识中捕捉一些观念作为道德的基础。这些观念,或者是"功利"(边沁),或者是"至善"(康德),或者是"人的尊严",等等。结论虽然不同,但他们共同的前提与研究方法都是不经过观察、不以历史与现存的事实为出发点,只把笼统的道德作为思辨的对象。所以,他们的研究方法是主观主义的方法,他们的结论常不免失之武断。迪尔凯姆不赞成这种先验的方法,主张运用观察法,从历史与现存的事实中找寻德性要素。他的探究不一定做到了彻底的科学化。如他在回答"德性是什么"、"德育是什么"问题时,只引某些例证,缺乏足够的证据,即缺乏统计依据,这就可能把他认为"应有"的"事实"看成事实,即按照他本人的价值取向剪裁事实,至于"怎样进行道德教育",他的回答实际上是所谓"德性的元素"的演绎。所以,他的德育理论并未形式化,未形成德育思路。② 但他试

---

① 国内学者朱小蔓从方法论角度将德育理论研究的类型分为哲学型、科学型、工程学型,认为这是三种不同的研究纲领与研究范式。应当说从德育研究的发展历史来看,也存在着这样的区分。

② 陈桂生:《略论迪尔凯姆关于"理性化"的道德教育的见解》,《杭州师范学院学报(社会科学版)》,2002年第4期。

图以实证科学为范例来分析道德教育的事实问题,这相对于传统研究只重视价值的研究来说,是一个很大的进步,对道德教育研究的科学化起着很大的推进作用。

而杜威则用教育试验的方法试图将教育的理论与实践联系起来,进行实践改革式的研究。他于1895年根据自己的教育思想拟定了一个《组织计划》,规定要根据试验要求编写一整套课程教材,设计相应的教学方法,准备创办实验学校,以检验自己关于教育的种种理论。1896年实验学校正式成立,共进行了为期8年的教育实验,可以说是综合、整体、有假设和理论依据的教育改革实验。虽然最后的实验结果并没有真正实现杜威的教育思想,但这种研究方式却对教育研究产生了深远影响。今天的各项教育改革实验研究,基本是按照杜威的模式进行的。虽然裴斯泰洛齐曾经用实验的方法来验证自己的教育思想,但他并没有像杜威这样有严密的组织与计划,他的研究还称不上真正意义的教育实验。杜威的实验研究方法对我国20世纪30年代的教育实验运动产生了深远影响。

另外,在这一时期,由于自然科学研究方法对教育研究的影响,各种实证性研究方法也被纷纷引入道德教育研究之中,人们开始用实验、调查、问卷等客观方法来研究儿童的品德发展,同时在研究中注意运动数量关系,从量化方面深入研究品德发展的特点,注重寻找儿童品德发展的主客观作用动因,寻找儿童品德发展规律。其中影响较大的研究有:英国的麦考莱和瓦金斯用测量、访谈、调查、观察等方法对儿童道德价值发展的研究;美国耶鲁大学哈茨霍恩等人用实验调查法进行的性格教育研究;瑞士心理学家皮亚杰对儿童道德判断发展阶段的临床实验研究。这些研究虽然还没有"提供令人满意的实验事例"[1],但已大大推进了道德教育

---

① [澳]W·F·康内尔:《20世纪世界教育史》,陈法琨,等译,人民教育出版社,1990年,第213-215页。

研究的科学水平,为西方道德教育研究的科学化打下了基础,并为模式方法在道德教育研究领域的运用创造了条件。

三、行动的理论与规则

在现代性的科学魔力之下,人类开始以效率的眼光看待道德的教化过程。这一立场认为,既然科学能使世界发生如此巨大的变化,也一定能够使人类的精神世界同样置于科学的统治之下。正是这种迷信式的异想天开,使道德教育成为一种科学研究的对象,这是现代性对人类精神世界的巨大颠覆。人类对道德的看法和做法发生了改变,学校再也不是靠陶冶和感化影响人的灵魂,上帝的信仰力量已经没有一席之地,人文的教化传统也受到歧视,唯有用科学的手段创造一种能够行动的模式,才成为人们追求的目标。

在这种情况下,人类的大学发挥了不可估量的作用,人文学者也拿起了科学的武器,这是现代性的一个令人惊叹不已的事情。一些著名大学,如美国的哈佛大学、斯坦福大学,加拿大的多伦多大学,英国的牛津大学等,先后成立了专门的道德教育研究机构或组织,许多道德教育研究陆续展开,形形色色的道德教育理论学说①纷纷问世。这些道德教育理论学说与传统研究不同的是,它们不仅重视理论研究,还重视微观与实践操作研究。学校道德教育实践从来没有像这一时期那样,对理论有强烈渴求。在相对稳定与封闭的社会之中,道德价值是一元的,道德教育也往往是一元的,人们只需按照某种主流要求进行教育实践就可以了。而在一

---

① 主要有道德认知发展理论、社会学习理论、人本主义教育理论、价值澄清模式、关心体谅模式、理由建构模式、价值分析模式、社会行动模式、新精神分析理论、品格教育理论。

个价值多元的开放社会之中,传递谁的价值,如何传递价值都是需要讨论与协商的,理论需要多元,同时实践操作也要多元。理论不再只是对主流思想的解释,它需要创造自己的实践空间,因而,它必须思考如何走向实践。同时,在系统科学注重结构、功能、系统以及更为可见性的操作、行动和效果的研究方式的影响下,模式研究开始在道德教育领域中得到运用。同时,西方的德育理论找到了一种新的理论表达方式,即教育价值与价值结构和行动方案相结合的表达形式,也就是所谓德育模式的表达方式。作为一种新的理论形态,这一表达方式与 20 世纪 60 年代以前道德教育理论采用纯粹的哲学表达形成了鲜明对比,道德教育不再仅仅停留于哲学思辨的水平上,而开始具有行动理论的气质。道德知识的价值更多地与具体的实践以及培育有德性的人联系在一起,模式的建构就是对行动规则的寻求。

(一)行动需要规则吗?

模式作为一个事实存在是无需质疑的,但对于它是否能够像自然科学一样可以进行理性的设计与验证,人们却存有诸多疑虑。随着德育模式研究的兴起和发展,越来越多的学者开始关注德育模式研究领域,并参与到模式研究的队伍之中。同时,关于道德教育模式的争论也越来越多,甚至非常尖锐激烈。许多人反对道德教育的模式化倾向,认为模式化就是追求普遍主义,将构建出束缚和压迫道德个性的霸权主义,使道德教育重新回到权威主义的传统中去。他们担心,模式化的教育方案可能抹煞学生的差异性,并伤害学生的道德自由和个人尊严。有些学者甚至把道德模式等同于道德规则对人的制约作用。这一主张主要来自对维特根斯坦规则理念的继承,维特根斯坦认为规则根本不能为行动提供客观标准,它只是一种盲目的教条,是对人的外在的机械性的压迫,遵守规则就是为规则所奴役。在这种思想影响之下,道德教育的模式也被视为一种道德规则,会对学生产生同样的消极影响。然而,也有许多学者反对这种立场。英国女哲学家奥罗拉·奥尼尔认为人们对规则的批判是一种误解,认为规则的同一性是一种形式上的同一,而不是内容上的同一。规则的抽象性决定了它并不直接决定行动,在具体实施时,可以根据不同的情境采取多种多样的行动,它不会抹煞文化传统及个人的多样性。康德在更早的时候实际已经论述到这个问题,在他看来,规则的后果如何,完全取决于主体如何运用规则,遵循规则就是使用它们,而不是为规则所征服。这些讨论涉及德育模式存在的合法性的讨论。

尽管人们对德育模式存在的合法性有争论,但将模式作为一种解释框架与研究方法,已成为西方道德教育不可逆转的潮流,这是反抗道德教育的权威主义与拒绝道德教育相对主义的必然结果。正如袁桂林认为的那样,超脱具体道德内容对德育形式和策略问题进行研究,是西方道德教育研究者摆脱权威主义与相对主义两难困境的一种出路。与此同时,学校道德教育的发展也需要道德教育理论提供可操作的理论指导,由此,重视理论的操作模式的建构也是重视教育形式研究的必然结果。在这一背景下,大多数的理论派别都构建了相应的教育形式与理论操作模式。从那时起,德育模式存在的合法性不再是人们讨论的中心,德育模式的教育价值合法性问题则成为人们关注的焦点。如柯尔伯格在对传统"美德袋"德育模式的批评中,确立了道德认知发展模式的合法性,并因此成为主导西方的德育模式。而后,柯尔伯格学派则对柯尔伯格追求普遍道德心理范式取向提出了批评。迪勒、吉利根等人首先指出柯尔伯格的错误,认为柯尔伯格的认知模式偏向男性的道德选择,不适用于女性的道德选择。拉普斯里、鲍尔则反对柯尔伯格只关心道德能力发展、忽视具体道德内容的形式化做法,提出注重美德培养的品格教育理论。另一些学者则从文化差异的角度质疑,认为这一认知模式是否适用于其他文化语境,仍是一个有待证明的问题。从而,将道德教育研究推向后柯尔伯格时代。他们的这些争论主要是对具体德育模式教育价值取向的反思,对德育模式本身进行系统理论反思研究的并不多。

(二) 规则的局限

当模式成为道德思维的方式之后,本来开放的伦理思维开始变得封闭而狭隘,只有当它成为一种实用的教育手段时,才可能成为令人信服的理论。现代性的科学思维使德育理论转变成为寻找教化模式的过程。在现代性的实证价值面前,思想的位置开始退居到后台,手段的价值高于一切。教化哲学所发生的这种变化,在西方的现代德育理论中成为一种特别明显的趋势。在德育理论的变迁中,德育模式成为一个独立的理论对象,这对于德育理论研究来说,是一件非常重要的事情。

在德育研究中,人们要么用模式思维的方法去分析德育现象,要么将模式作为一种理论分析框架,而没有将德育模式自身作为一种价值对象思考,人们把关注的重心指向如何选择和使用德育模式,而不是如何体现一种德育模式的道德价值。在这样的背景下,人们开始关注德育模式的总结评价、分析和比较,作为一种理论资源,德育模式不再仅仅是一种建构理论的工具,同时也成为一个理论研究的独立对象。在西方,德育模式问题逐渐成为学者们关注的一个独立领域,许多学者开始对德育模式进行系统的研究、总结与评价。美国学者哈什(Hersh)和米勒(Miller)等人是最早的研究者之一,他们在《德育模式》一书中对 20 世纪 60 年代以来流行于美国的最具有理论代表性并在学校中被广泛使用的德育模式进行了分类评述,对每一种德育模式理论与实践的长处和不足进行了较为客观的评价。在他们那里,模式不仅仅是研究的工具,同时也是研究的对象。他们的贡献在于提供了反思德育模式研究的一种范式,并确立了德育模式结构形式的基本框架。

然而,这种研究虽然给德育理论的发展提供了新的领域和资源,但德育模式本身科学化的思考方式无疑也限制了人们对道德问题的自由思考,从某种意义上把人们关注的重心从道德的价值层面引向形式层面,在无形中促使了道德理性的退化。当然,不能说模式研究在理论上就是完全消极的,也不能说它完全葬送了人的道德理性和自由精神,而是它可能转变了人们关注道德问题的视野。比如,哈什等人的研究思路原本直接来源于美国哥伦比亚大学的乔伊斯(Bruce Joyce)和韦尔(Marsha Weil)等人对教学模式系统研究中的科学思维方式,但他们对道德问题的看法却超越了教学模式的规范和格式,将道德的价值性充分地体现在模式的概念之中。乔伊斯等人归纳总结出 23 种教学模式,从情景、理论、结构、原则、条件、效果、应用 7 个部分分类加以介绍和评析。但他们的研究主要是对各种具体的教育模式进行分析阐释,对教育模式研究本身的各种理论问题并没有加以讨论。模式在他们的研究观念中,更多的是一种观念分析的框架,而不是一种独立的理论对象。他们只是在《教学模式》一书第六次修订版中,才开始涉及平等、文化、人性、学习者的差异等问题,首次将模式作为一个理论对象,而不仅仅是一个理论分析框架。但哈什等人对道德模式的研究却充分地体现了道德问题的伦理性和价值性,把道德的模式与道德的价值紧密结合在一起。从某种意义上说,他们已经试图避免道德问题的模式化所带来的危机和局限。然而,不管怎么说,模式这一概念本身,无论如何都难以彻底摆脱它自身所带有的局限性,它的出现使人们对道德问题的伦理思考开始受到某种限制。

(三)规则寻求的方法努力

西方的德育理论作为一种教化哲学,本来是思想家的自由思考,而不是一种学科的理论和书本的创造。在现代性的科学压力之下,道德也开始成为科学的对象,远离思想家的想象和冲动,原本充满热情的信仰和思想,变成建构学科的知识体系。伦理学开始与物理学一样,成为一种体系和学科。思想家们开始从学科的角度来思考教化的理论,虽然这些思想大师们仍继续着心灵的创造,但教育则离开了这个想象的时代,从诗性的激情中走出来,用学科的态度去建构道德教育的结构与模式。他们创造出许多令人信服的体系,但这些体系对于盼望思想的道德哲学来说,是远远不够的。德育的模式化实际并不是现代性科学思维的唯一产物,人类知识的学科化就是理性思维科学化在人类精神活动上的表现,学科成为人类自由思考以及精神活动的游戏形式。这种思考方式推动了人类精神活动的精细化和对象化,但同时也使人类精神活动的自由性和浪漫性失去许多光彩。

在西方的学术传统与思维方式的影响下,西方的德育模式研究形成了一些为各理论学派所重视的共同特点。

1. 模式建构的多学科理论基础

这一时期的德育模式研究注重从各种学科理论中吸收思想资源。如柯尔伯格的理论综合吸收了苏格拉底、柏拉图、康德、杜威、黑尔、弗兰克纳、罗尔斯、哈贝马斯的哲学与伦理学思想;麦独孤、皮亚杰的心理学思想是在涂尔干社会学思想的基础上提出的,而社会学习理论是在吸收行为主义与认知发展论的基础上提出的。这一时期流行的各种德育模式理论都是在广泛吸收各种思想资源与理论资源的基础上建立起来的。

2. 理论性建构思路

在建构思路上,这一时期的德育模式研究主要采用理论性建构思路,强调模式建构的理论基础,并注重理论基础的多样化。如威尔逊的德育思想,是以崇尚理性的哲学思维方式、分析哲学的方法论和黑尔"普遍规定主义"的伦理学为基础的,涂尔干的学说观点则始于社会学,而柯尔伯格的德育理论来自于儿童发展的实验研究,价值澄清学派的理论则是在社会批判的过程中得到阐释。几乎每一种德育模式都是一种独特的道德教育理论。

3. 注重长期的实证研究

在西方,无论是道德认知发展模式还是价值澄清模式,都以科学的调查研究和系列性的实验为依据,通过大量、长期的实证研究、实验、分析后得出,如道德认知发展模式理论就是在柯尔伯格持续了20多年研究的基础上提出的。这种建立在科学基础上的德育模式,往往具有更为充分的理论说服力与实践改造力。这种实证性研究不同于杜威的教育改革实验研究,是针对具体的道德教育问题进行的研究,而杜威的教育研究中并没有将道德教育作为一个明确的研究对象。这里的实证带有科学验证的意味。

4. 重视微观操作和道德教育形式研究

这一时期的模式研究普遍重视微观操作和道德教育形式的研究,注重理论的形式化和具体的德育思路的建构。对道德教育的研究并不仅仅是理论上的抽象、概括,还有从理论回到实践的策略,具有很强的操作性。这一时期的德育模式往往都提供操作程序的指导或详尽的应用说明,例如向教师提供完整的理论说明、具体的教学安排、教学建议和实施方法,以及处理各种可能出现问题的策略和手段。这不仅便于教育工作者掌握新的德育理论,而且进一步增强了模式研究的实践影响力。

第三节　从西方到东方:
德育知识的理论旅行

我国虽然有悠久的道德教育实践历史,也有关于道德教育的丰富经验与思想,但却只有短暂的道德教育理论历史。特殊的政治文化背景,使我国的道德教育研究并没有像西方那样经历一个由哲学思辨到实证分析,再到理论与实践一体化的模式研究阶段。我国的道德教育研究在经历了古代的"独居深思"、"述而不作",到近代的"沿袭陈法"、"仪型他国"的"盲从"研究,再到 20 世纪20 年代的"实验"研究后,20 世纪 40 年代又从实验主义的科学方法演进到辩证唯物主义的方法。① 在这一历程中,除了 20 世纪 20年代到 40 年代这一短暂的历史时期,我们企图对道德教育进行一种科学性的实验研究,而这种科学的努力随着教条化的马列主义的推崇也开始衰微,在其余的历史时期,我国的道德教育研究都是以经验和理论思辨为主,因而,我国的道德教育研究缺乏科学的方法论传统。

20 世纪 50 年代到 70 年代末,我国的道德教育被连续不断的政治运动所左右,道德教育具有严重的政治化倾向,真正意义上的道德教育研究处于停滞状态。80 年代,我国的道德教育理论与实践研究在经历了"文革"十年的颠覆性解构之后,开始了艰难的重建,这种重建是在深刻反省传统与学习西方的历程中开始的。引进西方的教育研究理论是教育重建的一个重要策略,在理论十分贫困的道德教育研究领域更是如此。在这样的背景下,介绍西方的道德教育理论也成为我国道德教育重建的一个重要内容。这一引进过程体现了中国德育知识创构的艰难的现代性过程。

一、理论的进口:翻译、研究与对比

理论进口最方便的方法莫过于直接翻译。1981 年李伯黍就

---

① 这是国内学者李庚靖对我国 20 世纪上半期教育研究方法演进历程的概括,我们认为它同样适用于对我国道德教育研究方法演变的总结。见李庚靖:《20 世纪上半期中国教育研究方法之演进》,《广西师范大学学报(哲学社会科学版)》,2001 年第 4 期。

对在当时西方影响最大的柯尔伯格的道德教育观点进行了初步的介绍与评述(《教育研究》,1981 年第 4 期),1984 年傅统先、陆有铨翻译出版了皮亚杰的《儿童的道德判断》一书。这些成果主要是基于心理学视角的介绍,它开启了我国道德教育研究对心理学的关注,注意到道德教育的心理学基础,同时也开启了我国新的德育研究方法,即用实证的方法研究道德教育为我国道德教育研究学术水平的提升提供了理论准备与方法论启示。在此之前,我国理论界对德育工作的理解主要局限于非学术化的、非理论性的层面,用常识性的甚至是政治意识形态的观点解释学校的德育工作,这种翻译性的研究对于改变常识化的、政治化的德育观念起到了很大的促进作用。

1989 年傅维利等翻译出版了由美国学者哈什等编著的《道德教育模式》一书,该书的出版使国人对当时流行于美国学校的德育理论与模式有了一个较为全面的了解,同时也使德育模式或道德教育模式一词在我国的德育理论中开始流行,是德育模式作为一种理论术语进入我国德育理论研究领域的开端。

20 世纪 90 年代后,随着与西方德育理论界文化交流的日益广泛与深入,更多的理论流派的专著或相关研究被翻译出版。如魏贤超主译出版了 20 世纪国际德育理论名著文库①;刘冰等人翻译出版了美国品格教育学派主要代表人物托马斯·里克纳撰著的《美式家庭——品质教育家长对策》与《美式课堂——品质教育学校方略》(海南出版社,2001 年);南京师范大学的杨韶刚和郭本禹

---

① 文章包括:《道德发展与道德教育》([英]彼得斯)、《道德教育的哲学》([美]柯尔伯格)、《道德教育原理》([美]杜威)、《道德教育新论》([英]约翰·威尔逊)、《道德教育的理论与实践》([美]霍尔,戴维斯)、《价值与教学》([美]路易斯·拉思斯),浙江教育出版社,2003 年。

教授主编出版了道德教育心理学译丛。① 这些译著的出版使我们在一个更宽阔的视野中,对西方德育理论研究中的最新成果有了更为全面与深入的了解,为我国德育理论与实践研究构筑了丰富的理论平台,大大缩短了我们自身的理论探索历程。

翻译性引进工作的理论意义是巨大而深刻的,它不仅改变了传统的对德育的片面理解,丰富了学校德育的价值内涵,其最大的特点是打开了一个新的理论视野,为我们从新的意义上重新理解德育提供了一个很好的基础。但中国自上而下的现代性实践使德育理论的话语空间非常有限,因而对西方德育理论的翻译引进也是非常有限的,并且对翻译的文献往往做的是方法论的解读,而不是价值论的深思。如对柯尔伯格的思想,人们关注的是他的道德认知发展阶段理论和两难道德教学法,而对他的公正团体、理性教育思想未予以足够的重视,这种理论的选择折射了中国人追求功利与实用的现代性态度。从前面的文献例举可以看出,中国对西方德育理论的大量翻译是到世纪之交才真正开始的,这也与中国社会的现代性变化是相关的。市场改革对传统意识形态价值基础的挑战使中国社会面临越来越重的道德危机,寻求走出危机的方法与策略是中国社会再度兴起德育理论引进的社会背景。在新一轮引进中,人们关注更多的是与社会道德问题有关的价值问题,而不是方法问题,如柯尔伯格的公正与理性思想开始更广泛地为人们所重视。不同价值立场的理论开始在中国的理论话语空间中发出自己的声音。

随着对西方德育理论的全方位了解,20 世纪 90 年代德育理论界开始了对西方德育理论的系统研究,对西方德育模式的研究

---

① 该丛书包括:《追随科尔伯格——自由和民主团体的实践》([美]唐纳德·里德,姚莉等译)、《道德发展的理论》([美]约翰·马丁·里奇,姜飞月译)、《移情与道德发展——关爱和公正的内涵》([美]马丁·霍夫曼,杨绍刚等译)、《道德领域中的教育》([美]拉瑞·P·纳希,刘春琼等译)。

由纯粹翻译性引进转向研究性引进,我国对西方德育模式的研究工作进入了一个新阶段。这一阶段的研究之所以不同于前一时期,主要由于其表现不是单纯地介绍,而是把西方的德育理论作为一个研究对象去看待,不只是无批判地介绍。同时,各个研究者也开始从自己的学术立场独立地去审视西方的德育理论,从而使德育研究形成了多样化的研究场景。在这一阶段,中国学者初步建立起批判和吸收西方学术资源的理论基础,作为研究者的中国学人,已经从过去那种孤立而贫乏的理论状况中摆脱出来,对西方学术有了相对全面的了解,并在此基础上培育起了自己的学术立场。因此,这一时期对西方德育理论的思考已经不是停留在依附和模仿的水平上,已经能够真正用研究和探索的态度面对西方学术资源。

这一阶段的研究成果非常丰富。有的学者对当代西方学校道德教育的理论与实践情况进行了综合梳理与全面概括(冯增俊,1993 年);也有学者从反观传统的基础上,对西方德育理论与模式进行批判性借鉴(魏贤超,1993 年);还有学者从世纪文化变迁的角度对基于不同学科基础的 20 世纪西方德育理论与模式进行比较性的研究(戚万学,1995 年);或从道德教育理论的历史渊源出发,对西方当代影响较大的德育理论及其微观操作模式进行全面翔实的研究(袁桂林,1995 年)。这些成果①从不同的侧度对西方德育理论与模式进行了研究,从不同的角度丰富了我们对西方德育理论与模式的认识,但它们主要是对西方德育模式的一种概观性的综合介绍,其着力点是对西方理论与模式的一种总体性阐释

---

① 这些成果主要有:冯增俊的《当代西方学校道德教育》(广东教育出版社,1993年)、《亚洲四小龙学校德育研究》(福建教育出版社,1998 年)、魏贤超的《现代德育原理》(浙江大学出版社,1993 年)、戚万学的《冲击与整合——20 世纪西方道德教育理论》(山东教育出版社,1995 年)、袁桂林的《当代西方道德教育理论》(福建教育出版社,1995 年)。

和评价,而对于这些理论与模式的纵向演进及其形成的文化背景和运思过程却没有深入的研究。这使人们对西方德育理论与模式的建构和形成还很难形成一种方法论的把握。

1999年郭本禹的《道德认知与道德发展教育——科尔伯格的理论与实践》可以说是这种研究的一种尝试,在该书中,作者从德育心理学的角度对科尔伯格的道德教育理论与实践模式的形成和发展进行了一种历史性的清理与评价,使我们从理论根基与文化前提的角度明白这种理论和模式是如何成为一种有影响的理论,它自身又是如何不断修正的。这种研究是一种纵向的深度研究,有助于研究者更好地把握德育理论与模式建构的方法论原则,进一步了解德育理论建构的具体运思以及德育理论和模式建构与相关的社会科学的牵连和关涉,从而把握西方德育理论与模式建构的方法论,为建构自己本土的理论与模式寻找到方法论基础,以避免对西方理论作不加分析的内容移植。这种研究视角是对概观性研究的一种有益补充。

这种类型的研究与翻译性研究的不同,不仅仅表现在不只是介绍西方,而且开始在反思与评价的基础上来研究西方的德育理论与模式上,还表现在这些研究在不同程度上涉及对中国自身道德教育问题的关注上,虽然这种关注还主要是一种比附性的关注①,但这种研究视角与翻译性引进有了很大不同,即我们是在关注自身教育问题的前提下来研究西方德育理论与模式的。它表达了一种批判性的、反思性的研究思路,这意味着道德教育研究自我意识的形成。

当这些学者把西方的理论成果带给中国的学术界时,无疑送来了一个具有震撼性的思想冲击。由此可见,对西方德育知识的介绍性研究,为中国德育理论的研究开拓了一个新的理论空间。

---

① 即仍是以西方德育理论与模式为主,只是不深入地涉及对中国道德教育理论与实践改革的启示。

但面对西方的德育理论，中国学者还基本处于西方中心的学术立场之上，即使有所谓批判吸收的方法论意识，但在实质上仍没有批判吸收的能力，所谓批判吸收，只是作为一种传统口号来使用而已，因为他们还没有确立起完全独立的理论态度，也缺少理论独立的思想资源和学术资本。

二、理论的本土构造：以模式研究为例

福柯在论述西方启蒙价值时认为："一个启蒙了的精神气质并不产生于对启蒙时代教条的盲信，而产生于对时代进行永恒批判的渴望。这是一种瞄向当前的哲学反思态度，一种关于当下的开放的可能性，而不是关于人道主义的价值判断和教条。在这个意义上讲，过去的启蒙不是新启蒙的源头，而是新启蒙的对象。对非西方的人类来讲，新启蒙的首要之义乃是哲学的权利。"[①]中国德育理论的研究虽然走了许多弯路，甚至在某种程度上许多学者的研究带有西方中心的心理态度，但经过近十多年的研究和思考，中国学术的思想独立性已逐渐建立起来，在对待德育理论的态度上已经能够清楚表现出中国学者独立的思想气质。他们在介绍西方与研究西方的同时，力求在学习西方的基础上立足于中国德育现实，积极地进行本土性的建构与探索。

我国德育模式研究的本土性探索，是在借鉴模式方法对我国的德育实践进行模式分析与阐释的基础上开始的。在这一阶段，中国学者对德育模式的研究已经具有相当大的创新性，是带着自己的本土化的学术立场进行研究的，许多研究成果都是在对中国传统德育资源以及西方德育理论进行借鉴批判的基础上提出的，

① 夏勇：《哈哈镜前的端详——哲学权利与本土义》，《读书》，2002年第6期。

它们虽然受到西方德育理论思想的启发,但在我国的教育文化语境中已经具有自己相当大的独特内涵。可以说,这是中国德育模式作为一种新的教化哲学在中国主体化的过程。这类研究将模式作为一种理论解释框架,对我国已有的德育理论与实践进行一种抽象分析,归纳出其基本原理与结构,力图从模式论的意义角度来阐释不同的教育理论与实践的独特本质。

早在 20 世纪 80 年代,查有梁就以教育模式为题在国内作了多次报告,并在一系列相关论著中对教育模式问题进行了不同侧度的探究,1993 年出版了《教育模式》一书,对教育模式原理进行了专门的系统论述。① 其研究在国内产生了较为广泛的影响,模式研究因其对问题解决的关注,对教育操作有着特别的意义,开始日益为中小学教师及理论研究者所注意,这种方法也日益扩展到教育研究的各个方面。90 年代初,杨小微在《中小学教学模式》一书中,运用模式分析方法对我国中小学教学进行了模式归类分析,开始了教学模式的系统研究。② 90 年代中期,李伯黍、岑国桢等教授在《道德发展与德育模式》一书中,运用模式分析方法对国内外德育实践中培养青少年各种道德品质的教育活动形式,从道德认知、道德情感、道德行为、道德社会化以及价值引导几个方面进行了归类分析,并对各类模式的心理学理论基础、各类模式的结构及其在学校德育实践中的应用进行了较为深入的探索研究。③ 首次从模式论的角度对我国的道德教育进行了形式归纳与理论解释,成为我国德育模式系统研究的开端。90 年代后期,黄松鹤在对德育过程各环节间的动态关系进行论述与分析的基础上,对德育过程的模式类型进行了历史梳理,归纳了几种基本的德育过程模式,

---

① 查有梁:《教育模式》,教育科学出版社,1993 年。

② 杨小微:《中小学教学模式》,湖北教育出版社,1990 年。

③ 李伯黍、岑国桢:《道德发展与德育模式》,华东师大出版社,1999 年。

进一步深化了对德育模式的系统研究。① 朱小蔓教授的《模式建构与理论反思》一书,则以素质教育为分析对象,对我国中小学的教育理论与实践作了一种模式论的研究,进一步拓展了模式分析方法在教育研究中的运用。至此,模式研究日益成为我国道德教育研究的一种重要方法论。

在模式分析阶段,人们对模式的研究主要是归纳式的,对理论与实践的模式归纳分析可以帮助我们更好地把握理论与实践的结构特征,形成一种综合性的理性认识,从而能更有创造性地进行德育实践。但这种研究主要是模式方法的借鉴性运用,没有将德育模式的建构立足于自身的理论主题上。而模式的特色正是通过不同的理论主题展现出来的,真正能彰显本土特色的德育模式也正在于理论的本土性,方法的借鉴还不足以构建本土性,本土德育模式的构建离不开本土德育理论的探索。因而,我国德育模式研究在积极借鉴模式方法的同时,开始了理论性德育模式建构的探索性研究。近十年来我国德育理论的探究突出地表现在对人的关注上,人们从不同的角度论述道德教育如何回归于人本身,回归于道德生活本身,理论性德育模式建构也围绕这两个基本主题展开。在众多的理论探讨中,影响较大、讨论较多,并被赋予模式之名的主要有"主体性德育模式"、"情感性德育模式"、"活动德育模式"、"生活德育模式"等。

这些模式基本是在批判传统、借鉴西方的基础上提出的,它们虽然受到西方德育理论思想的启发,但在我国的教育文化语境中,有着自己独特的内涵。如主体性德育模式是随着主体性教育理论的讨论而产生的。这种德育理论模式可以说是在反思我国传统教育对人的个性压抑、借鉴西方个体主体性思想的基础上提出的。西方个人主体性因其过于张扬理性的狂妄而后受到后现代主义者

---

① 黄松鹤:《道德教育过程模式论》,华龄出版社,2000 年。

的猛烈批判,现在西方讨论得更多的是主体性的衰落与灭亡,是主体性的黄昏①,而我们还走在追寻个体主体性的途中。但主体性德育理念的构建也不是简单的因循西方,而是在对其反思与批判基础上的创建。如班华在批判借鉴科尔伯格的道德认知发展理论的基础上,提出了主体发展性德育的观点。他认为,认知发展仅仅强调了主体发展的认知方面,没有将人视为一个整体,由此,他认为应当提主体发展而不仅仅是认知发展。这可以说是我国学者对主体性教育的一种创造性理解。② 同样,中西的情感性德育模式虽然都与当代人文主义的复兴有着紧密联系,但中西人文主义却有着不同的传统与内涵,从而使我国的情感性德育模式在宏观的理论基点与微观的操作策略上与西方模式都有着显著差异。③ 在西方,活动也是学校德育的一种重要方法与途径,但他们并没有将其作为一个教育范畴来讨论,咸万学则明确提出了活动德育模式这一教育术语,并从本体论的角度阐明与分析了活动教育的理论根基。④ 随着活动课程在中小学校的普遍实施,这种德育模式对我国德育实践有了越来越重要的贡献。当前在我国德育理论界讨论颇多的生活德育模式,也是在道德教育回归生活世界的话语影响下出现的一个新的德育理论模式,虽然它的思想源头是西方的哲学理论,关注儿童的生活世界也是西方道德教育的一个重要特征,但生活德育作为一个专门教育术语则是我国学者的独创。⑤ 同时西方的生活世界教育理念主要基于科学理性对人的统治的反抗,而我国的生活德育理念却是对政治意识形态对人的生活压制的一种解放,它在目标、内容手段与实施方面与西方的生活德育理

---

① [美]多迈尔:《主体性的黄昏》,万俊人,等译,上海人民出版社,1992年。
② 班华:《近十年来德育思想现代化的进展》,《教育研究》,1999年第2期。
③ 孙彩平:《当代中西情感性德育模式比较研究》,《比较教育研究》,1999年第4期。
④ 咸万学:《活动道德教育论》,南京师范大学博士学位论文,1994年。
⑤ 国内学者高德胜在其博士学位论文《知性德育及其超越——现代德育困境研究》(北京师范大学,2001年)中明确提出了生活德育这一术语。

念都有诸多不同。

这些理论虽有时也被人们称之为模式，但它们大多还没有形成较为完善的操作策略体系，因而，只能称为理论模式。但它们代表了本土德育理论建构的一种努力，这种努力方向对打破我国德育模式的单一化的建构传统起着非常重要的作用。

德育模式自身的理论研究即是将德育模式作为一个理论研究对象，对其自身的理论性质、理论地位及理论的合理性、合法性，以及模式建构中的种种理论问题进行探讨。在这里，模式不是研究的工具，而是研究的对象，模式作为一个理论反思对象而存在，它是模式研究发展到一定阶段才能产生的现象。由于有意识的德育模式研究的历史还相当短①，所以人们对德育模式的理论问题的探讨还不多。

我国关于德育模式理论的探讨，最初是融于一般的教学与教育展开的，如查有梁教授在对教育模式原理的分析及教育模式建构理论的探讨中②，也涉及一些德育模式理论问题，但他主要以中观层次的教育模式与微观层次的教学模式为主。朱小蔓教授对教育模式构建基本理论的探讨尽管对德育模式建构问题颇有启发，如她在讨论中提出的模式研究共同体的建构以及关于教育模式研究的元研究问题，对于思考德育模式的研究很有参考意义，但素质教育与德育并不是可以完全等同的。

由于我国德育概念的特殊性，一般的教学与教育概念难以代替，所以人们在借鉴相关研究的基础上，对德育模式自身的理论问题也进行了探索性研究。这些研究主要涉及德育模式的理论性质、理论意义以及德育模式的建构理论。如朱曦在《学校德育模式

---

① J·P·基夫斯在《模式和模式建立》一文中指出，模式研究方法在教育研究领域的运用，是 20 世纪 40 年代以来随着计算机的发明与应用才真正普及开来的。最初，主要用于课堂教学研究，在道德教育研究中的运用还要晚。

② 查有梁：《教育建模》，广西教育出版社，1998 年。

及其建构方法》(《道德教育研究》,2001 年第 5 期)一文中,对德育模式的内涵、理论定位、系统要素及建构方法进行了较为详细与深入的讨论。他指出,德育模式主要是一种概念性框架,是一种联系与融通观念理性和经验理性的中介理论,并提出了德育模式建构的三大系统(材料、价值、教育操作)与五大要素(理念、资源、德性、方法、情境)。这是国内学者对德育模式自身建构理论的较为系统的探讨。而薛晓阳、班华在《模式研究与教育的实践哲学》(《清华大学教育研究》,2002 年第 3 期)一文中,则对教育模式研究的性质与价值进行了非常深刻的阐释。他们认为教育模式研究是一种实践哲学,是一种行动方法论,具有强大的实践改造力。文章从哲学的高度肯定了教育模式研究的理论与实践意义,超越了将模式研究视为一种操作策略的机械化理解,反驳了模式研究的反创造性观点。

此外,还有一些研究者对德育模式研究进行了概观性的理论反思[1],对德育模式的理论性质及德育模式研究的理论倾向进行了初步分析,提出了:理论、结构、策略统一模式内涵观(杜爱森),主题、目标、条件、方法、程序、评价相结合的模式结构观,简化、指导、预见、系统、改造的模式功能观(童健),以及突出主体与个人、重视能力培养、强调理解与交往的理论倾向观(丁东宇)。

前面两方面的研究主要是从德育模式自身具体建构的角度来进行理论研究的,没有涉及德育模式建构的文化前提与文化背景问题。建构本土性的德育模式,意味着在自己的文化背景之中建立有自身特色的道德教育模式,因而,对中国现代德育模式建构进行文化前提的论证与分析成为当前中国德育模式研究的一个重要内容。

---

① 杜爱森:《关于德育模式的理论探讨》,《理论探索》,1996 年第 2 期;童健:《德育模式构建初探》,《安庆师范学院学报(社会科学版)》,2001 年第 4 期;丁东宇:《试析国内德育模式建构中的理论倾向》,《黑龙江社会科学》,2002 年第 4 期。

从广义意义上看,整个新儒家对传统文化及教育的现代转型的阐发都属于这一研究课题,显然他们讨论的是一种文化意义上的德育模式。① 从狭义的道德教育的角度看,对这一问题进行系统讨论的成果并不多见。就笔者所见资料,主要有樊浩的《文化传统与德育的科学化——兼论中国特色的德育精神与德育模式》(《教育研究》,1991 年第 3 期)与《中国式道德教育的价值结构与运行原理》(《社会科学战线》,1994 年第 3 期)。他强调民族化是德育现代化的一个重要方面,中国的德育现代化必须在中国的道德传统中寻找根源动力与源头活水,并对此进行创造性转化,以此才能确立起中国道德教育的价值结构与运行原理,才有可能创立中国式的德育模式。万俊人则主要将中国传统的儒家道德教育及其伦理资源放在现代性的视野中进行问题审理,但他同样认为中国教育的现代性建构要以传统的创造性转化为前提性根基。② 丁钢主编的《历史与现实之间——中国教育传统的理论探索》一书中也对道德教育传统的理论建构与现代意义进行了专门探讨,主要讨论的是现代德育模式建构的文化根基,这确实是中国德育模式建构的重要文化前提。事实上,开放时代的多元文化冲突使中国的文化传统产生了复杂的变异,因而,中国德育模式的现代建构不仅面临寻根问题,还面临着多元的文化冲突问题(如传统与现代、东方与西方、不同阶层的文化等),对这些多元的文化前提进行系统深刻的论证与清理也是十分紧迫的。孙彩平在其博士后出站

① 在具体的使用中,人们对德育模式的理解很不一样。如中国德育模式是与美国德育模式或英国德育模式相对的一对概念,而价值澄清模式与体谅德育模式是相对的一对概念,前者是一个文化特征意义上的概念,后者是一个基于不同理论与操作策略的德育模式。德育模式实质上是一个情境性概念。本书所采用的德育模式概念主要是后一种意义上的概念。

② 万俊人主要在《儒家传统教育理念的现代合理性及其限度》(《孔子研究》,1997 年第 1 期)与《儒家人文精神的传统本色与现代意义》(《浙江社会科学》,1998 年第 1 期)两篇文章中进行了讨论。

报告中对这一问题做了有益的探索①,但总体看来这方面的系统研究还没得到充分展开,有待进一步加强。

总之,如何建构自己的德育理论与模式已成为今日中国教育理论与实践界的一个明确意识。

三、朝向德育实践的努力:积极的行动与创造

越来越多的学校德育模式开创了中国德育在摆脱政治意识形态束缚之后的一种解放的态势,甚至是中国德育研究所发掘的一个新的研究视野。然而,从现代性道德谱系的角度看,中国德育正在改变着自身的知识生产方式。作为一种道德教育的趋向,它在知识的建构方式上,已经发生了根本变化。中国德育研究也开始以模式的方式进行知识生产,这里可以看到现代性的科学思维对中国德育理论研究的直接影响。

(一)一种新的知识主体

中国的德育模式研究从一开始就强调与实践的结合,强调通过实践来构建理念,而不是由理念来裁剪实践。在这样的理念影响下,德育的研究方式在近十年来发生了根本性的变化:德育的模式研究开始从德育理论中分离出来,由理论的研究方式转化为一种与德育实践直接关联的研究方式;德育模式的研究,除理论工作者外,有更多的第一线教师加盟,形成了更广泛的研究队伍;德育模式不仅作为德育理论的一种言说方式或考察德育理论的一种维度,而且成为中国学校道德教育理论研究和实践过程的重要推进方式,它已经从纯粹的理论语言转化为一种实践性的语言,成为广

---

① 孙彩平:《道德人生成之流变——多元价值冲突中道德教育的伦理演绎》,南京师范大学博士后出站报告,2003 年 6 月。

大中小学进行德育研究和实现德育改革的重要实践途径;德育模式研究的这一发展趋势,使德育模式研究不仅成为一个相对独立的研究领域,而且成为一个规模独特的研究领域。

由于德育模式在理论性质上的变化,研究德育模式的表现方式和研究方式在中国也发生了很大的变化,那种主要由专家学者进行的理论研究转化为与实践密切结合的研究,形成了我国德育模式研究的一个重要特色。这与西方德育模式的"实践性"还不完全相同。西方德育模式理论的实践性主要局限于一种理论流派自身的操作方案,如价值澄清学说的认识、选择、行动、赞扬等操作程序。而在我国当前的德育模式研究中,实践性主要表现为与中小学德育改革实践的结合,这成为推动德育改革的一种大规模的实践行动。德育模式研究向教育实践行动的靠近,显示理论研究试图减缓与实践过程之间的紧张对立,同时也反映德育理论已经开始意识到自身进行研究方式变革的必要性。实际上,这已经不仅仅是教育理论与教育实践的结合问题,更重要的是教育自身理论方式的变化,理论在不断扩大自己的内涵和包容性。丁钢认为,纯粹理论的叙事模式使得"直接关注现实和实践细节的变化往往有意无意地被忽略或过滤掉了"。教育经验的创造性被理论叙事"抽干和掏空",教育经验本身被理论叙事所"遮蔽",导致理论与实践的"叙事紧张"。① 正是在这样的情形之下,德育模式研究才会大胆而充满信心地走向中小学的教育实践,并毫不犹豫地改变自己的研究路向。

德育模式在研究方式上的变化表现为放弃在理论领域的观念建构,从单纯的理论研究中分离出来,把推进德育改革作为德育模式研究的重要目标。在这方面,近几年德育模式研究取得了显著成果,这些成果已经远远超过德育模式本身的理论贡献,在推动中

---

① 丁钢:《教育经验的理论方式》,《教育研究》,2003 年第 2 期。

小学德育改革方面的意义甚至比理论本身的意义还要大。德育模式研究在理论方式上的转变主要是通过课题研究的形式实现的，许多中小学校参与由他们自身或大学教师申报的课题，用课题研究推动学校德育工作。比如，南京市教科所承担的德育模式研究的子课题"主体育德模式研究"的试点学校有十几所，每所学校都有大量积极热心的教师参加，许多学校在课题研究的推动下，形成了各不相同且非常有特色的主体性德育模式。南京市六十三中提出以"感动"为中心的德育体验模式，用感动作为透视学校德育的起点，用感动作为构造学校德育的基本框架。在这样一些非常具有鲜活性和生动性的德育模式的创造过程中，我们看到的不是严密的学理和逻辑，而是充满道德体验的教育行动方案。在与中小学德育实践结合的过程中，德育模式本身固有的那种实践创造性得到了充分展现。在德育模式的名义下，原本由中小学教师创造的实践方式得到理论上的解释和表达，从而使学校德育实践获得了巨大的生机和活力，这是我们在以前所不能想象的。更为重要的是，它意味着知识生产权利的变化，知识的生产不再是少数专家或国家权力机关所独有的专利，实践者自身成了知识的生产者。学者们在理论上呼吁的教学知识权利问题通过这种特别的方式正在得到实现①，而这正是知识生产的现代特性。美国学者戴维斯在所谓的"做的社会学"中强调：重要的是做的人的意志、做的过程、做的结果，而不是抽象的理论。②

在西方，德育模式主要是一种理论形态的东西，尽管德育模式本身具有某种实践的有效性，但模式研究却遵循着理论研究的学术范式.如柯尔伯格对儿童道德发展及其教育模式的考察和论证，充分体现出这种研究方式的学术特点。在这里，德育模式研究不

---

① 郭小明在其博士论文中提出了课程知识生产的权利问题。《课程知识与个体精神自由》，南京师范大学博士学位论文，2003 年。

② J. Ball, *Sociology of Education：Major Themes*, Routledge Falmer, 2000, *pxxxviii*.

仅具有某种理论的封闭性,即限于理论自身的体系之中,并以追求理论解释为目标等,而且也是由理论研究者把持研究的学理基础和最后论证权力。然而在中国,西方的这种研究范式被修正了,德育模式研究不由专家学者的理论想象所决定,而是在教育实践中获得完成。这种研究范式没有严格的先在性的学术逻辑,从模式的构造过程来看,它的最大特点是研究过程的生成性和未定性。在研究过程中,理论工作者可以进行某种理论上的预想,但这种预想不具有决定性,它不是依靠学理的推论,而是依靠实践的想象和验证,这与西方原生的德育模式研究相比较,在学理上有很大的不同。几乎任何一个德育模式都不是纯学理性的,而是学理与实践相互结合构成的。就研究过程而言,它的研究方案具有开放性和未完成性,因为研究的目的不仅是单纯建构理论上的体系和结构,更重要的是要取得实践上的有效性。正如班华教授曾经总结过的那样:"研究是过程性的,方法是在研究过程中创生的。"①因此,在研究过程中,研究者要不断到实验学校去调研、去学习,和实验学校老师共同研讨、相互学习、共同发展。在这一过程中要不断修改研究的方案和思路。我们把这种研究方式视为"实践叙事的研究"。

德育模式的实践叙事,首先要求研究者必须放弃指导者的身份。理论研究者可以在理论上提出自己的设想和观念,但不能否定中小学教师的想象力和创造性,要"尊重第一线老师的创造性,发现研究中的新经验"。② 研究过程也即发现过程,要建立一种平等的研究者身份。无论是大学的研究者,还是接受"指导"的中小学教师,在创造性上应当处于平等的地位,学者专家不应用自己的想象力去代替或否定中小学教师的想象力。从某种意义上看,研

---

① 班华:南京师范大学德育研究所"德育模式研究"课题结项汇报报告《形成中的德育模式研究》。
② 同①。

究者的任务不是把思想带给中小学教师，而是把研究的权利或创造的信心交还给他们。德育模式研究不仅要创新一种模式，而且应当把研究过程本身就看做一种创造过程。在过去的研究中，往往有一种很不好的现象，这就是研究者和实践者这两个群体是分离的。理论研究者缺少实践工作者的创造力和想象力的支持，因此，许多研究虽然有很好的理论上的深刻性，却没有实践上的丰富性。而德育模式的实践叙事最重视实践工作者的创造力和想象力，这一点已经为许多研究者所重视，因而强调两种研究群体的结合和交流。这种生成性的研究使研究者和实践者的关系也发生了根本性的变化，它的最大优势是将过去分离的、难以交流的研究群体真正结合在一起，使他们产生理论与实践的对话和交流，组成一个有共同目标的研究者团体。这是德育模式在研究范式上的革命性变化。

从德育模式的构成方式上说，德育模式的实践叙事显示出非常明显的行动性，强调教育的实践语言，先有实践上的可行性，然后才有理论上的假设性。在研究的过程上，德育模式的实践叙事强调研究的假设与结果的置换，强调从行动和结果开始进行教育的想象与创造，把理论假设放到相对次要的位置上。从理论上讲，任何德育模式都必须形成自己特有的理论语言，否则就不可能形成作为德育模式所具备的规范性和实践标准，而"任何一个实践过程或经验总结，在一定意义上都还不是教育理论，而是体现着一种教育思想的实践模式"。① 这就是说，教育的实践工作者常常因为缺少理论语言而不能使自己的想象力和创造力得到真正的表达，在他们还缺少理论语言的情况下，他们难以将自己的创造性上升为既能让别人接受，又能在理论上说得通的语言表述。在这种情况下，只能首先强调一种所谓的"实践语言"，这种实践语言可能

---

① 薛晓阳、班华：《模式研究与教育的实践哲学》，《清华大学教育研究》，2002 年第 3 期。

不是一种由学术概念和逻辑推论构成的理论性表述,而是以某种教育的行动方式和普通语言构成的表述形式。从某种意义上看,这使德育理论看到了一种自己走向实践的可行途径:把模式性研究从理论中解放出来,再从实践中把它拉回到理论中来。

(二)德育模式研究进一步深化的可能

应当说,近20年来我国的德育模式研究取得了可喜成绩,对德育模式的研究由不自觉到自觉,由行政性建构到理论性与实践性建构,并涌现出了许多新的德育模式。但总体看来,人们对德育模式的研究价值与意义还存在不少模糊认识。

在模式研究的主体上,虽然理论研究者与实践研究者都在不同程度上参与到了模式的建构与研究中,但行政性德育模式的建构仍是主流,这三种建构力量还处于一种分散联系状况。要提高我国德育模式的研究水平与实践影响力,就需要对这几个问题进一步加以关注。

德育模式研究在我国学校实践中的兴起与追求学校德育的实效性不无关系,但随着人们对科学主义效率观的反思与批判,理论界对德育模式研究的疑议也越来越多:究竟德育模式研究有没有意义和价值,道德教育究竟需要不需要模式化,等等。为了使德育模式研究的理论探讨获得更深入的发展,需要从德育模式研究的价值理论与实践的双重意义上进一步加以澄清。

人们对德育模式的诘难主要基于对德育模式的科学主义理解,即将自然科学的模式概念套用到教育领域,认为模式就是一套典型、概括、简约的可重复操作的结构方式和运行程序(这也是当下不少中小学研究者所理解的德育模式特性)。它提供的是一套僵化的程式,这势必导致道德教育的简单与粗暴,而这正是传统灌输式道德教育的典型特点,由此,认为德育模式研究是一种反道德的研究。这种诘难有一定的理由,从模式一词的本义来说,它具有明显的科学特征①,模式研究的意义确实也在于它的可重复性,在于它可以提供可复制的结构程序。但正如后结构主义哲学家们所理解的那样,一个事物的能指与所指并不是一一对应的,一个语词的含义是人们依据意义建构的结果,因而,模式一词在其使用与发展中已发生了词义的变化,在不同的语境中有着不同的意义。澳大利亚学者 J·P·基夫斯在《模式和模式建立》一文中指出,教育领域中的模式不能完全与自然科学的模式作同等理解,教育领域中的模式主要是一种语义模式,它具有不确定性,因而,不能像自然科学的模式那样过分简化与抽象化,也不能用验证的方式来检验它的合法性。② 同样,道德教育并不像自然科学那样客观、确定、可验证,因而,德育模式不同于自然科学的模式,它的构建与运用不能纯粹是建立在假说—演绎上的证明,它更多的应是基于教育实践的理解重建。由此,需要思考的重要问题并不是道德教育是否可以建立模式,而是追问德育模式自身的特性何在。

同时,由于对德育模式的科学主义理解,人们常常将模式视为德育理论与实践的中介,认为模式研究的意义就在于促进道德教育的科学化,或是促进德育理论资源向实践的转化。这种看法有一定的合理性,但仍没有揭示德育模式研究的本真意义。德育模式并不仅仅是德育理论与实践的中介,它不仅仅是理论向实践转化的一种技术,而且是促进理论与实践共在的一种智慧,它是一种行动的哲学。传统的道德教育研究,或以经验研究为主,或以思辨研究为主,或以科学研究为主,理论研究与实践研究的分离,常常导致理论研究的片面、实践研究的盲目。模式研究则力图从知识

---

① 《现代汉语词典》将"模式"解释为某种事物的标准形式或使人可以照着做的标准样式,《牛津现代高级英汉双解词典》将其要义释为模型与模样。(中国社会科学院语言研究所词典编辑室:《现代汉语词典》,商务印书馆,2007 年,第 961 页;《牛津现代高级英汉双解词典》,商务印书馆,1988 年,第 485 – 487 页。)

② 参见澳大利亚学者 J·P·基夫斯在《模式和模式建立》一文中的分析。(托斯顿、胡森,等:《国际教育百科全书》第 6 卷,贵州人民出版社,1990 年,第 236 – 237 页。)

形态上寻求理论与实践的共在问题,通过理论研究与实践研究建立一种融合两者的特殊知识,使理论研究与实践研究得到统一。模式研究作为一种独特的研究范式,在性质上追寻行动研究的哲学精神。这决定了它不同于理论研究的特点:模式研究不能作纯粹的书斋想象,它必须是一种行动中的研究,其研究的结果不仅仅是文本式的成果,还必须是教师与学校气质的变化——德性气质的变化。因此,从理论研究的角度看,它可以最充分、最及时地将德育理论引向教育的第一线,能够实现理论与实践的联通,推进中小学教育理论水平的提高;从实践的角度看,它可以真正改变学校的教育行动,促进教师的专业成长,使学校教育真正发生气质上的改变。由此,德育模式研究也就表现出其他研究方法所不具有的实践改造力。即德育模式研究的真正价值并不仅仅在于道德教育的科学化,而是学校教育的德性化,通过德育模式的研究帮助学校造就自己的道德品格,这才是德育模式研究的真正价值所在。从这一价值出发,无论如何强调与重视德育模式研究都不会过分,重要的是能够通过研究真正地促进学校教育的德性成长。

在以往的研究中,人们往往对模式建构的理论性与经验性问题予以了较多的关注,对德育模式建构的主体问题,即由谁来建构模式的问题未曾予以充分关注,这实质是影响德育模式研究和发展的基础性问题与前提性问题。因为不同的主体可能意味着不同的立场,也就意味着不同的建构,因而,对我国德育模式的研究现状仅仅从理论的角度反省是不够的,还需要对建构主体的体制限定进行反思。

从模式建构的主体来看,德育模式的建构可以分为行政性建构、理论性建构与经验性建构。行政性建构是以政府为主体,即教育行政部门或党政部门通过管理规划的方式进行的德育模式建构。理论性建构是理论研究者为主体,从一定的德育理论出发进行的演绎式的模式建构。而经验性建构主要是以教育实践中的教育者为主体,从实践经验出发进行的归纳式的模式建构。

在我国的德育模式研究中,三者常常处于分裂状态,即理论研究者的成果不能很好地纳入行政性建构中,因而,也不能真正影响到教育实践者的教育行为。而教育实践者的经验性建构又不能得到很好的理论指导,处于盲目摸索的状态,进行的是大量简单重复的研究,使德育模式研究很难走向理性。行政性的模式建构因为没有理论的参与,常常犯行政性谬误,即用行政管理的思维代替教育的思维,使教育成为行政管理的附庸。

行政性建构在我国的学校德育模式建构中处于优势地位,这和我国古老的德治传统有关。在德治传统的影响下,对国民进行道德教育、培养率先垂范的圣人与知礼守节的顺民,被视为政府不可推卸的责任,因而,由政府来推动并主导道德教育,是中国古老的历史传统。在这一传统中,我国的学校道德教育从体制上来说也形成了政府推进型的德育模式[①],即政府以行政力量大量开展道德理论研究,制定伦理规范,实施伦理道德教育。德育模式的行政性建构成为一种主要的方式,理论性建构只是一种微弱的补充,而经验性建构则大多沦为行政德育模式的坚定执行者。

在这种体制模式下,政府拥有道德教育理论的绝对话语权,学校教育中的研究者作为政府的雇佣者,其研究也只是对政府的意识形态化道德教育理论的一种阐释。他们并没有真正的话语权,作为一个研究者他们处于权力的边缘。[②] 他们对德育理论的种种

[①] 与其相对的模式是民间主导型或社会主导型,其也被理解为渐进型的道德教育模式。风海客:《成熟的人与成熟的社会——公民道德教育的困境》,http://www.jxufe.edu.cn/content/library/library/jjglxx/jjglxx4/2.htm.

[②] 在实际的德育工作中真正影响德育工作的是教育行政部门的领导,他们对德育工作的评估及其依此而进行的各种资源与利益分配真正地左右着学校的德育选择和行动。理论工作者的影响是以此为前提的,现在理论研究者在实践中的些微影响也是由于教育行政部门将科研作为一个重要的量化考核指标,科研间接影响到学校的利益获得,所以理论研究者才成为了他们的需要。

思考为德育实践开出的种种处方,但由于没有权力的保障,往往很难参与到实践的改造之中。其理论也只能是纸上谈兵,无法成为一种行动的力量。

我国当前的德育模式研究也是在没有改变德育体制模式的前提下进行的,这些研究试图改变传统单一的意识形态灌输的德育模式,提倡多元与多样的德育模式,但这种改变非常有限。在学校实际德育工作中,真正起作用的还是行政性德育模式和工作性德育模式,即由教育行政部门及党、团部门提倡推行的各种德育模式。如 1994 年由全国少工委发起的在中小学开展的"跨世纪少年雏鹰行动",是对新世纪中国少年儿童的素质改造运动。这项活动由上而下层层监督实施,并被纳入学校德育工作评估,因而,每一所学校都尽全力去实施行动计划的各项要求,使其在近十年我国中小学的学校德育工作中扮演着非常重要的角色。而各项德育模式的课题研究由于没有真正纳入学校德育工作的评估,道德教育的研究并没有普遍受到中小学的重视,很大程度上,它只是部分有学术与经济优势的学校增加自身学术魅力以吸引更多生源的作秀之举①,许多学校都只是在"做"德育课题,而不是真正在研究德育。这就使德育模式研究在实践中走向了虚化,即德育模式并没有得到真正研究,而研究的德育模式也很难在学校中得到实施。

我国的德育模式研究要真正走向深入,实现德育模式的多元与多样,除了加强德育理论的分化性研究之外,进行德育研究体制模式的改革也势在必行,即由政府推进型向社会渐进型转变。正如有学者所指出的那样,政府推进型的德育模式避免不了强制与灌输,实现不了模式的多元与多样,它使我国的学校道德教育面临着一系列自身无法解决的矛盾。即意识形态的一元与社会价值的多元、意识形态的多变与道德规范和价值的相对稳定、政府的一元

---

① 不可否认有些学校确是真实地想要改革德育。

主动与社会的多方主动、修己与治人的矛盾。① 政府需要放权让各种社会力量参与到社会伦理的建构中,这样才能吸收丰富的伦理资源,形成多元的教育力量,使社会道德成为共同体成员共同关心的事。同样,德育模式建构也需要实现建构体制的民间转型,让多种力量参与到德育模式的研究中,理论研究者、实践研究者、相关的社会力量(各种社会文化团体)都可提供丰富的研究资源与研究力量。这些力量的发挥都需要适当的话语权力与话语空间。如理论研究要真正成为一种实践改造的力量,也只有在研究者有参与制度建设的话语权,能够使其理论成为教育政策制定的前提与基础时,关于模式的理论研究才能真正转化为改造实践的力量,理论研究者与实践者的合作才可能有制度的保障而成为一种实质性的合作,研究的一体化也才能成为一种现实。这种转型需要打开学校教育的封闭状况,也需要教育行政部门下放教育话语权,转变其教育行动的命令者角色,突显其理论与实践研究的组织者和服务者角色。在这里,德育研究不再只是某一部分人的事。

① 风海客:《成熟的人与成熟的社会——公民道德教育的困境》,http://www.jxufe. edu. cn/content/library/library/jjglxx/jjglxx4/2. htm.

第四章

学校道德生活
转型的现代性选择

> 人们能够批判现代性,但是无法回避现代化,因为现代化已经物化为存在的命运。关于现代性的批判与其说是对历史的重述,还不如说是关于未来可能生活的想象。①
>
> ——赵汀阳

第一节 学校道德生活转型中的
传统与现代问题

传统的变迁会导致文化生活的转型,作为文化生活一部分的学校道德生活也会随着传统的变迁而产生相应的转型。只是在现代性的语境中,这种转型的探讨不仅要联系传统,也要联系现代性的诸多特征来加以探讨。

一、道德传统与学校道德生活的转型

现代性的学校道德生活与道德传统有着千丝万缕的联系,道

---

① 赵汀阳:《现代性与中国》,广东教育出版社,2000 年,第 1 页。

德传统给现代学校道德生活带来了什么样的影响,现代学校道德生活应当如何处置与道德传统的关系,这是我们思考学校道德生活现代转型时必须思考的问题。

(一)传统与道德现代性

道德总是有自己的传统基础,没有无中生有的道德,因而考察现代道德与传统的关系成为思考道德现代性的起点。所谓传统,既指时间上的流传和延续,也指空间上的集中和凝集。因此,传统具有时间上的稳定性和空间上的共同性。从这个意义上分析,传统就是维持一个团体及其类型形成、延续、发展的相对稳定的共同要素,这种共同要素是过去形成的,现在和未来仍在发挥作用。传统不是现象,而是一种根深蒂固的精神理念体系,是维持我们生存、发展的内在动力。但传统也并不总是固定不变的,传统也会随着时空的变迁而发生变异与转换。如中国的伦常传统思维现在虽然仍浸淫于人们的日常生活中,但其呈现出来的古代形式已经不再是人们所必须遵守的了。如《弟子规》中所描述的长幼相处的行为规范:路遇长,疾趋揖;长无言,退恭立;骑下马,乘下车;过犹待,百步余。长者立,幼勿坐;长者坐,命乃坐;尊长前,声要低;低不闻,却非宜;近必趋,退必迟;问起对,视勿移。其内在精神是表达幼者对长者的尊敬,但今天严格按此规范来表现对待长者的后辈已经寥寥无几。由此,在传统的变迁中,道德教育有可能失去自己的传统与基础,处于一种流动性之中。在这个意义上,任何传统都不是绝对的力量,现代性作为一种与传统密不可分的观念过程,也可能发生某种程度上的断裂与再生。

鲍曼用流动性来隐喻现代性的本质流变,深刻揭示了中国现代性这一在世界现代性过程中非常特殊的形态。流动性的意义是时间的哲学,流动性所预示的不是现代性本身的伦理特征,而是它作为一种时间尺度对伦理的变迁提出的深刻见解。美国学者古特曼讨论现代伦理建构问题时认为,现代性的关键是一种道德的创新,不管现代性的伦理如何选择,它本身在选择,在批判,在超越。比如,现代性以理性为基础,但现代性在自身的发展中却不断把理性作为一个批判的对象和超越的起点。从伦理与教化的角度看,我们首先用科学的态度对待我们的教化生活。在学校,我们反对传统教化的不确定性,试图寻找一种更具效率的教育方式。当我们刚刚把传统的权威和说教从观念中赶走,又在科学主义的影响下试图寻找把道德目标化和行为化的教化方式。这样,便使道德教育刚刚从错误的传统中解放出来,又掉进了另一个新的传统(现代性的传统)之中。但现代性自身在不断超越自我,现代性主动发现自身的缺陷,把科学化的教化模式放在一个新的情境中去认识,重新看到在道德教化中精神价值与道德陶冶的启示意义,这样就能够很好地把教化的科学层面与精神层面结合起来。从某种意义上说,后现代是现代性自我超越的一种表达,后现代不是对现代性的拒绝,而是对现代性的推动,是现代性的自我创新。比如,罗尔斯在寻找共同体伦理的时候,认为自己对共同体的伦理论证,不是对传统意义上的共同体伦理意识的彻底否定,而是要"激发人们创造新的政治制度,而不是增强现存制度的权力或振兴旧的制度"。① 由此可见,现代性的意识不是一种静态的现代性意识,也不代表某种已经被确定化的现代性意识。比如,理性启蒙是一种时间的伦理观念,是一种时间谱系中的概念,理性只是现代性的一个起点和原因,而不是一个理想。它来之于前现代性,也走向后现代性;它可以是我们需要追求的目标(比如对于中国这个目前还没有充分现代性的文化来说),也可以作为被批判和被超越的对象。这就是我们所说的作为历史时间意识和时间谱系的现代性及其伦理诉求。

---

① 罗尔斯,等:《政治自由主义:批评与辩护》,万俊人,等译,广东人民出版社,2003 年,第 231 页。

流动性意味着一种时间的观念,时间的本质是变动,但这种变动并不意味着积累和终极,而意味着非连续和不规则的变化。柏格森在《创造进化论》中用生命进化批判了斯宾塞的科学进化,认为后者把积累视为进化是虚假的进化。在他看来,"真正的进化"是生命的时间性"绵延",进化是创造性的,不是连续性的积累。柏格森用生命绵延的概念注释了谱系学的哲学态度:我们不能推论历史,但我们可以诠释它在历史中的原因和意义。用柏格森的话说,"心灵生活正是由时间构成的"①,心灵不能被空间化,空间的有限会封闭思想的绵延,只有时间才是开放性的,在时间中人才能获得真正的自由和解放。作为一种历史哲学,时间观念对于诠释伦理的现代性具有十分重要的意义,时间瓦解了一切历史目的和必然结果,使我们看到人类精神世界和道德选择的偶然与突变的可能,从而打通了一个对未知世界的预期,摆脱了那种对终极想象非之不取的誓言。在我们的教育观念中,总是隐藏着一种确定不变的伦理哲学,在道德教化中不敢用考证的态度对待既定的道德权威和信条,虽然我们已经逐渐放弃过去那种对政治的畏惧心理,但总是不能在道德教育中放开我们的视野。这不仅是政治传统和现实力量对我们的束缚,而且也是我们内心之中的传统力量在起作用。伦理的时间性还没有进入我们的精神世界,不管权威和榜样已经被我们如何批判,但它总是以顽强的力量支配着我们的教育。这从我们的学校和社会总是乐此不疲地树立各种各样的教化典型就可以看出来。时间的伦理意味着一种创造的态度,并把这种创新看做一种没有规则和确定结果的创造,它只在出现点上规定我们要寻求一种美好和善的结果,而不规定究竟应当得到一个什么确定的结果,它把寻找真理视为自己的目的,但真理是什么、在哪里,在时间的起点上并不给予一个现成的答案,因为一切

---

　　① ［法］柏格森:《创造进化论》,肖聿,译,华夏出版社,1999 年,第 10 页。

都在可能之中,求知是一个真理的世界,也是一个美好的世界,这正是早期先哲们努力寻找的目标。

　　从某种意义上说,我们的德育正在不断被空间化,而不是按照时间逻辑演化变迁。空间化的逻辑意味着道德教育既不对传统信任,也不对变革发生兴趣,空间化的思考把重心指向现实的问题,而不是未来世界的"可能"与"应当"。因为空间作为一种道德诠释的方式,意味着一切伦理思考都被现实的原则所充实,一切道德的争论都是为解决这些已经出现的问题,而不是想象在流动中寻找安置自身的方式。时间性的概念特别关注传统,但不是把传统当做一个确定的权威,而是关注伦理是如何按照一个时间的谱系走出今天,现代性正是这个时间历史的诠释和注脚。加达默尔特地以"时间距离"和"效果历史"这两个概念表达历史的逻辑和真理,一切都在诠释之中,但又不是盲目地定义,而是在一个谱系的支配下演化。在他看来,对历史观念的诠释并非如人们想象的那样,可能由"解释者自身可以自由支配的"①,而是要寻找一种在谱系中可能的结果。他写道:"理解不是心灵之间的神秘交流,而是一种对共同意义的分有。"②时间距离的概念对加氏来说意味着历史的一种"积极的创造可能性"③,也就是说,时间距离导致效果历史这一真理形式,但这一真理形式绝不是盲目的冲动和个人偏见,而是建立在人类理解的"共通感"之上。从伦理意义上看,就是时间结构导致的谱系真理。一切都在现代性的时间中得到诠释和认定,没有这个时间谱系,我们今天的现代性就没有任何认断的尺度和框架。

　　现代性的一切意义都是以传统为基础的,现代性总是传统的

---

　　① ［德］加达默尔:《真理与方法:哲学诠释学的基本特征》,洪汉鼎,译,上海译文出版社,1999 年,第 379 页。

　　② 同①,第 374 页。

　　③ 同①,第 381 页。

现代性,没有对传统的思考就没有现代性的思考,自然也就不会有未来性的思考。关于这一问题,吉登斯在《现代性的后果》一书中进行了较为系统的陈述。他认为,现代时间只是一种"虚化"的时间,它脱离开具体的空间,具有一种超越空间的因果关系的特性。① 于是,具体空间的意义降低了,而将具体地域空间与全球空间联系起来,使得传统意义上的"历史"被重组为一种整体的"历史"。现代性使地域化的东西扩展为地域之外的普遍性的东西。在他看来,过去及代表过去的符号所具有的那种不朽性已经不被承认。时间代替空间成为构筑现代伦理的基本尺度,伦理的观念只有被放置在这个框架中才有意义。从这个意义上说,我们对古典哲学,包括对康德的超验命令和黑格尔的超验历史的批判,实际都反映了今天人类哲学思想方法论的变化。伦理学不再去寻找那种离开人类生活世界的绝对尺度来为自己确定道德的合法性基础,而是寻找伴随人类生活历史的观念自由变化的依据,作为时间谱系的历史理性这一具有人类学意义的哲学方法论就成为我们今天考察道德哲学的基本立场。在这一立场之下,我们才会发现从现代性这一视野考察伦理学和人类教化史乃至学校道德教育观念建构的新平台。

传统的空间是"社会"或"民族国家",而现代性的空间是"全球",这是吉登斯对现代性的认识,他在《社会理论与现代社会学》一书中专门论证了这个问题。现代性使时间与空间成为一个整体,但这个整体是将空间纳入时间中,而不是相反,全球化不仅意味着一种空间上的伦理概念或所谓观念的革命,而且更是一种时间性概念,它把我们这个世界融入一个新的伦理框架中,这个框架的深刻意义在于:它必将超越传统的伦理视野,转入新的时代和历史来看现代性的世界观和行动哲学。因而,全球化道德意味着对

---

① [英]安东尼·吉登斯:《现代性的后果》,田禾,译,译林出版社,2000年,第46页。

传统的挑战,而不仅仅是一种地域的改变。因为传统在空间上是狭隘的,它是在民族国家或古典共同体的基础上形成的价值体系,而现代性则是在一个被瓦解的界限中重新创立价值尺度的过程,它标志着一种新的时代的开始,而不仅仅是打破一个界限。只要站在现代性这一具有时间尺度和未来眼界的视野以及所必然将至的后现代性的立场上,我们就会超越狭隘的地域伦理,修正过去我们抱定的传统眼界和生活,尽管这种放弃可能不是一种彻底的否定。吉登斯写道,全球化"对社会的生存疆界不断颠覆,人的体验将不断发生根本性的变化,从而意味着'对社会进行考察'的终结,'社会性'由于这种取代而走向了终结"。① 他在这里所指的"社会",就是传统意义上的民族国家或民族共同体这一地域伦理的基础。现代性的视野使传统的生存地域终结了,人们开始在一个新的历史视野中生活,这就是吉登斯要告诉我们的结论。这里的本质是要告诉我们现代性在时间上已经占有传统的生存空间,传统因为时间而失去旧有的存在基础,它需要在新的时代去寻找自己的合法性根基和合理的表达形式,以持续自己的未完成性②,构筑新的现代性传统。

(二)道德传统的断裂与道德教育的转型

我们把现代性作为考察伦理的基础,是因为我们希望用时间历史来重新阐释道德哲学的依据。这一方法论的转变,可以使我们不把历史作为一个从前至后不断推演的、绝对依存的关联,而是看到在时间历史的空间中传统会断裂和再生的那种偶然特征,使

① [英]安东尼·吉登斯:《社会理论与现代社会学》,文军,等译,社会科学文献出版社,2003 年,序第 22 页。
② 麦金太尔认为传统从本质意义上是未完成的。麦金太尔:《三种对立的道德探究观:百科全书派、谱系学和传统》,万俊人,等译,中国社会科学出版社,1999 年,第124 页。

我们对传统与转型有新的理解。在时间历史的观念中,传统成为一种开放性的、尚未完成的事业。当传统不被看做一种不变的存在时,传统便开始被赋予断裂与转型的含义。在时间历史中,断裂和转型才是传统的本质,也是作为一种时间历史的必然结果。这样,我们就可以理解为什么后现代学者会不遗余力地去论证断裂来诠释传统,以及在确认现代性价值中的重要性。比如,英国的鲍曼认为:"后现代的时间观是警惕长期的承诺,拒绝坚持某种固定的生活方式。不再宣誓对任何事、任何人保持一致与忠诚;不再控制未来,但也拒绝拿未来作抵押;禁止过去对目前承担压力。它意味着切断历史与现实的联系,把时间之流变成持续的现在。时间不再是一个向量,不再是一个带有标识的箭头,不再是一个有方向的流程。基于此,并没有前进与后退;它仅仅是运动与不再维持静止的能力。在这样的时间观下所有的延迟即满足的延迟都丧失了意义,因为测量它的似箭的时间并不存在。在这样的时间观影响下,重要的不是如何发现、发明、建构、拼凑一个认同,而是如何防止长期坚持一个认同。后现代的生活策略的轴心不是使认同维持不变,而是避免固定的认同。"[1] 而吉登斯则认为,对现代性的批判使现代性处于历史的断裂之中,断裂是现代性的必然特征,他强调必须以断裂的态度对待现代性的价值选择。这种对断裂的强调正在于断裂能够真正面对传统与未来的可能性,否则我们根本无法理解后现代性为什么会从时间谱系中发生蜕变和再生,又为什么认定应当悦纳这种蜕变和再生的真实性与合法性。

有了对传统的现代性认识,我们就能够选择一种立场去看待今天的伦理传统和价值立场。这就是首先必须承认现代性本身是断裂的,而现代性的批判也是断裂的,前者使现代性与前现代性断裂,而后者使现代性与后现代性断裂。接受这种断裂将更好地使

---

① [英]齐格蒙·鲍曼:《后现代性及其缺憾》,郇建立,等译,学林出版社,2002年,第104 – 105 页。

我们建立一种开放而前瞻的伦理视野，而其中最大的意义是可能让我们用一种新的视野来考察现代伦理变迁的核心问题，这就是道德的转型问题。同时，也真正拓展了对转型的深刻认识，不是一般意义的价值转变，而是在一个更大的时间谱系及其以现代性为中心的人类学视野中看待我们今天的道德决断。柏格森说："真正的绵延既意味着未被分割的连续性，也意味着创造。"①在这里，柏格森所说的连续性，不是指科学进化的形式积累，而是指生命的时间流动。站在这一立场上看历史，历史可以在创造中断裂，但它仍是自我的延续。从柏格森的连续中，我们完全不能推论出历史的必须，恰恰相反，他的连续性指向一个更为开放的时间深处。

如果建立了这样一种世界观，我们就可以以一种新的姿态思考学校的道德问题。从这个意义看现代性的断裂，它不仅是一般生活方式的断裂，更重要的是精神与伦理的断裂。在时间历史中，人类的生活方式尽管可能发生巨大的变化，但更深刻的变化却可能是灵魂深处的，道德和伦理的断裂要远远大于生活形式的变化。今天，一个中国人来到一个陌生的国家或文化中，从生活形式上，我们可能并不能意识到两者到底有什么根本性的不同，然而，人却可能在精神上生活在两个世界中。我国新一代女性文学家郭小橹到欧洲进行采访时，一位西方的小姐对她以完全静止的方式拍摄面前的景象非常不解，认为中国人总是以凝视的态度对待生活，要穿透世界的悲凉和不幸，而完全没有西方人那种参与和改变这个世界的兴趣。这种地域性的文化断裂已经超越文化的空间，以同样的方式表现在时间历史之中。传统被自身的价值所扭变，从传统中再生出与传统对抗的价值，而且它却仍然是传统的一部分，这就是现代性概念之下的传统。现代性促进传统的断裂，而且非常奇怪的是，这种断裂不仅为传统所容忍，而且为传统所偏

---

① ［法］柏格森：《创造进化论》，肖聿，译，华夏出版社，1999 年，第 6 页。

爱，一个完全对立的价值可以成为与传统共同相处的伙伴。这正是现代性奇妙的和谐。正如齐格蒙·鲍曼所说的那样："现代性的历史就是社会存在与其文化之间紧张的历史。现代存在迫使其文化站在自己的对立面。这种不和谐恰恰就是现代性所需要的和谐。"①

作为一种观念的传统，已经并不代表一种价值的延续，而是包含着断裂与对抗的价值。比如，当以后现代性的姿态看待理性启蒙的时候，我们试图打破由于理性而产生的科学统治，希望人类保存那种精神的凝视和沉思，但我们又同样欢迎在生命的冲动和激情之下能够发展自己的理性智慧。在后现代的建构中，现代性并没有被彻底瓦解，而是以新的姿态参与到后现代性的建构中。斯特劳斯、伯林、哈贝马斯及麦金太尔等对现代性的批判，都是以回归方式在寻找现代性的超越，而不是以拒绝的方式选择现代性的未来。这就是现代性对时间历史的诠释，也是现代性作为一种伦理选择的可能性。

这种断裂给道德教化中的转型概念提供了新的诠释，转型已经不是由现代化或技术文明带来的产物，已经不能被当做一种科学领域的话语在使用，转型的根本内涵是伦理性的，也是精神性的，它是内在信仰的置换。正如美国学者弗朗索瓦·利奥塔所指出的那样："无论在何处，如果没有信仰的破碎，如果没有发现现实中现实的缺失——这种发现和另一种现实的介入密切相关——现代性就不可能出现。"② 新的精神与信仰正是在断裂中产生的。因此，在现代性的语境之下，道德教育必须以转型作为基本论述的前提，而转型又必须以观念的断裂为基础。也就是说，转型是断裂，而断裂又是精神性的。因此，从这个意义上说，谈论转型问题一定

---

① Zygmunt Bauman, *Modernity and Ambivalence*. Polity, 1991:5,10.

② Jean Frrancois Lyotard, *The Postmodern Explained*. Minnesota University Press, 1993:9.

是与谈论传统密不可分的，断裂是传统的断裂，更进一步说，是作为伦理性的精神传统的断裂。正是这种精神传统的断裂才产生教化的转型问题。任何从其他意义上理解的转型，都可能离开现代性这个时间历史的视野，因而也就不可能抓住伦理的精神谱系和价值根基。断裂是转型的基础，也是转型的原因。这就是现代性意义上的伦理语境，也是今天讨论学校道德教育的基本前提。时间的概念提醒德育的转型意识，同时，转型概念的出现又提醒对转型的论证。对转型的这种诠释和理解，对于确立学校道德教育的价值目标十分重要。目前，很多讨论学校德育转型的文章，都以信息社会、知识时代、工业文明、全球化经济、生活方式等概念作为理解学校德育转型的依据。在这种视野中，根本不可能看到伦理生活的时间历史，也不可能看到伦理价值自身合法性基础的转变，因而常常把道德的实在作为道德的理想，按照生活实在去塑造我们的心灵和希望，按照文明的外在需要和表面形态为我们的道德生活确立标准。比如在这个追求生产与消费的时代，消费被视为一种美德，从而导致人对地球资源的巨大浪费，导致了日益严重的生态危机。

我们对转型的理解常常是有问题的，我们说，转型的根本含义在于传统，包括传统自身的断裂，断裂甚至也是传统延续的一个部分，不能把断裂理解为传统的中断和瓦解。但我们的许多研究者却把与传统的彻底对抗和分离作为转型的本质，即转型就是摆脱传统。比如，学校德育的转型就是拒绝我们的政治传统，颠覆儒家的教化哲学，用个体的生命冲动代替由世俗权力构筑的伦理框架，甚至要求彻底瓦解以民族国家为基础的现代性伦理意识形态。但是，这种对传统的拒绝态度能够代表一种新生的道德理想吗？事实是不可能的。作为一种精神的传统，它并不意味着永远不变才是传统，相反，传统是一种建基于本真的历史根源上的开放性，它永远是一部尚未完成的历史，传统本身就是由观念的不断自我构造形成的。中国传统由漫长的帝制社会构成,它包含着强烈的民族政治精神传统,我们要在这一传统之上建立现代性的伦理传统,从某种意义上,就更应当沿着政治的道德建构这个方向进行,而不是简单拒绝传统的政治本质。

二、学校道德生活转型与现代性

(一) 传统德育文化与现代性

在这个走向现代性的时代,中国德育面临现代性所带来的种种矛盾的挑战,其中最主要的矛盾有两个挑战。第一,现代性与反现代性的矛盾。一方面,现代性是一个世界性的大课题,也是中国人无法回避的命运;另一方面,中国文化的传统似乎又与现代有着诸多隔膜。当下的中国德育首先就处于这种现代与非现代的精神夹缝中。第二,现代性与后现代性的矛盾。在中国小心翼翼地追赶现代化的时候,发达国家思想界却正为现代之后的知识状况烦恼,在中国,道德教育又被置于现代与后现代的精神处境下。

第一个问题或矛盾使我们在追赶现代性的时候面临传统无所不在的巨大阻力;第二个问题或矛盾则不断地迫使我们检讨现代化的努力是否有正确的方向,或许,这就是中国德育精神处境的微妙之处。中国的德育处于前现代、现代、后现代三种价值现象并存的状况之中。前现代的道德威权性、现代的工具理性、后现代的"去道德化"构成了对中国德育的共同挑战。面对这一境况,中国德育何去何从? 这是我们必须认真思考的问题。

中国德育的这种精神处境给予我们的启示是:传统与现代性的关系问题可能是中国现代德育在理论上不可回避的问题。然而,对这个问题人们有着不同的观点和看法。一些学者认为,本国传统构成了德育现代化的最大阻力,有人甚至提出了教育现代化的文化负累问题。① 部分学者则以为这类传统构成了建构现代德育的重要资源,主张中国德育的现代化必须从中国的传统文化中去寻找资源。② 很显然,这两种看法是对传统德育的两种不同评价和期待,都涉及如何认识当前我国德育的基本问题:反传统者将传统德育文化视为顽固地抗拒现代化的力量,将突破传统、追求德育的现代性作为研究的基本问题;追寻传统者则认为,现代性本身才是一个问题,是有待于超越的对象,传统德育文化则是超越现代性的重要资源。我们认为,这两种观点在实质上有一个共同的前提,即将传统德育文化与现代性割裂开来作为非此即彼的东西。这种做法忽视了一个重要问题,即在中国,德育的传统是借助于现代性的话语形式与思维方式才真正成为问题的,因而没有现代性的语境,中国德育传统的问题就无法得到真正的显现。对于传统德育文化,无论是否定还是肯定,其基本立场均在于现代性的伦理论域。如果这个判断是正确的,就将迫使我们将视线从传统转向现代性,通过对现代性问题的分析来解读中国德育的伦理基础,从而寻找中国德育走出困境的行动路标。

理解现代性应当有两种维度。其一,所谓德育转型只能是现代性的转型,不能指其他转型。任何对德育的现代转型的思考都不能离开对现代性问题的思考,也就是说,只有从现代性的角度看待学校德育的转型才能真正把握学校德育的现代意义,那些从信息时代、知识社会等现代化视野理解的道德转型不可能真正抓住道德教育的内在本质。因为现代性意味着德育转型的内在精神与价值维度,它是标示德育本性的东西。由此可见,用现代性的外在形式,包括知识社会和信息时代等概念来诠释现代性问题,是对德

① 傅维利:《中国教育现代化的文化负累》,《教育理论与实践》,1998 年第 1 期。
② 樊浩:《中国式道德教育的价值结构与运行原理》,朱小蔓《道德教育论丛》,南京师范大学出版社,2000 年,第 408 页。

育转型的错误理解。其二,所谓德育的转型只能指传统的自我变迁,任何用纯粹断裂的观点看待道德转型的态度都可能造成道德教育的价值混乱。传统可以断裂,但不可以分割,断裂指传统的创新,而不是指传统的终结。在中国,传统往往既有接续的意义也有变革的意义,正如葛兆光所指出的那样:"在中国的传统中总是有一种内在紧张的,人们常常忽略了传统中本来就包含了复古、革命、变化等等反传统的倾向和资源,因此,当人们在痛感传统失去意义的时候,也会从传统的另一个口袋中找到资源。"①正是传统与现代的这种复杂关系,使中国现代性问题表现得极其复杂。中国的现代性是传统的创新过程,也是新传统的形成过程,它既不是在传统基础上自然积累的结果,也不是在西方现代性框架下的自然延伸。德育转型的本质是伦理传统的现代性转向,而不是彻底抛弃传统,只有站在我们自己的精神传统之中,我们才能为德育现代性找到自己的出路。我们的转型意识还缺少大的历史视野,因此常常把道德的转型理解为是对传统的简单拒绝或简单回归,包括像麦金太尔这样的现代伦理学家可能在一定程度上也犯有如此的错误。比如他的《德性之后》可能在论述现代伦理信仰的瓦解以及伦理被碎片化之后的危机等问题时是非常有力的,但在如何理解一个社会的道德转型问题上却也可能不完全周到和到位。又比如,他把现代性的伦理多元看成一种道德的灾难,认为应当重新以回归亚里士多德的方式再生古典伦理的光芒,从而恢复共同体道德信仰的信念与价值。然而,这种论证在相当程度上也可能导致对传统的价值断裂产生一种谬解和误导,似乎现代性的传统断裂以及现代性的精神断裂,对于人类道德信仰的恢复只能是一件没有任何积极意义的事情。这是对断裂的偏见与误读,相反,它始

---

① 葛兆光:《中国思想史》,复旦大学出版社,2001 年,第 548 页。

终在向"外"而在之中,使日常实践活动具有自由的本真意义。①

吉登斯在论述社会学的研究时,认为现代性是社会学最基本的命题,也是社会学研究的逻辑起点,因为在他看来,社会学本身就是因为现代性的出现而产生的,没有现代性就没有社会学这一学科的问题意识。现代性奠定了我们思考问题的基本视野,在这种视野之下,我们对现代性的断裂和精神的重新确立,既不用过于担心,也不必过于欢呼,因为一切都是传统自身正当而自然的过程。没有断裂就没有转型,但完全断裂同样没有转型,因为没有传统的支撑,转型转到哪里去就已经没有方向和目标了。转型作为一个问题,源起于现代性的价值诉求,现代性的悖论与歧义使转型成为一种问题存在,它不是一种自然的过渡,而是充满变化和矛盾的,是在断裂中的新生。道德教育是道德传统的一种形式,道德教育的任何形式实际都必须建立在精神传统之上,但精神传统在现代性的背景之下所发生的不断扩张对学校德育产生的影响是巨大的。西方的理性升起与衰落,中国的权威传统与退化等,都使学校道德教育开始陷于现代性的困惑之中,但同样也会使我们进入现代性的超越与创造之中。

对现代性的超越与创造,并不是要按照现代性来建构学校的德育,而是表示现代性是一个代表时间历史的重要标志,无论我们要批判它还是接近它,无论我们要寻找现代性的价值还是要从现代性的价值中解放出来,它都意味着学校德育必须把自己放置于这个历史与精神的传统中来建构自己。我们的德育之所以经常发生错误,使哲学的生命价值在教育中失去自身的光彩,使生命的关怀变成生命的压制,如常常发生在我们教育中的强制性关怀,不是将爱作为滋养生命的源泉,而是将爱作为一种占有生命的手段②,

---

① 渠敬东:《缺席与断裂——有关失范的社会学研究》,上海人民出版社,1999年,前言第3页。

② 甘剑梅:《论"关心"的教育品性》,《教育理论与实践》,2002年第12期。

其重要原因,是我们并没有理解现代生命的真正内涵。在现代性的视野中,生命的真正内涵是权利与意义,对生命权利没有尊重的爱是虚假的,爱的意义也就没有自己的合法性。在现代性的精神传统之中,学校德育的基本价值需要重新审理,新的哲学精神也需要在传统的基础上加以合法化。

(二)文化相遇中的现代转型

在对传统的理解方面,人们常常从文化和民族的角度进行界定,然而,从现代性的角度看,传统变成一种时间的依据,构成我们历史认知的根基和尺度。从这个意义上说,如何理解中国传统的现代转型,是建构学校德育的伦理学基础的基本立场。然而,我们对传统的理解方式却出现了问题,当现代性改变传统的方式表现出来的时候,我们看到了现代性与传统的对立和冲突,现代性被视为一种完全独立于传统之外的东西。中国德育的现代性问题就是因为想要彻底地否定传统,使自己的现代性失去根基。张志扬说,分析传统与现代性的问题,最重要的是分析什么是活着的,什么是死去的。传统需要辨析,在辨析中发现传统与现代性的意义。如中国传统德育从心理学方法的角度看很成功,也很有价值,但从其价值取向及其与现代社会的适应性来说则是存在问题的。

现代性是在对传统的辩证否定中发展起来的,对于中国来说,就是要扭转传统与现代的对立观。学校德育本身既是传统的一个部分,又是领导传统和创造传统的力量。我们只知道我们没有西方社会的理性启蒙,而不知道我们更缺少西方的民族国家时代。民族国家是培育法理精神的传统,而我们只有专制传统,西方也有专制传统,但非常短暂和微弱,这是今天中国现代性不同于西方现代性所要重视的一个问题。

吉登斯分析认为,民族国家、专制国家、共同体,都不是一个概念，民族国家是"一套治理的制度形式"，尽管这种制度形式在吉登斯看来是一种"行政垄断"，是"暴力性"的。①但从吉登斯的论述中，我们却可以看到另一个现代性的政治伦理的来源，这就是在现代性意识中诞生的法理精神，这是从民族国家的传统中诞生的。民族国家作为现代性的最大成果，它又贡献给了我们更重要的成果，也许就是让今天的人类能够实现由理性支撑的现代法理秩序，这是任何专制文明所不可能提供的资源。在一定程度上可以说，没有西方近现代的民族国家的形成，就没有今天西方的现代法理精神，以及由这一精神所造就的现代国家伦理，即民主、自由、平等这样一些政治伦理意识的主流化运动。

有了这样一种由理性精神构成的国家形式，现代性才可能重温古典希腊时代的城邦理性和共同体精神。现代民族国家是现代政治伦理的基础，在这样一个基础之上，共同体的正义问题和生活秩序问题才可能成为学术话题，因为只有这样一种具有"行政意识"的社会，才可能需要借用这些伦理资源真正在实践上去建构世俗生活。而在传统的专制国家，无论是封建专制的中国古代社会，还是西方近代之前的专制国王社会，都不可能产生这种只有现代性才能显示出来的世俗性的伦理精神。回顾西方近现代的伦理发展，一切政治伦理的成果都是在这样一种背景之下诞生的，由古代个体信仰转向共同体政治，这是现代性在伦理哲学上的重要成果，也是今天社会生活得以成就正义观念的最大前提。没有这个前提，教育的公平与正义问题就永远不可能成为我们关心的主题。这一点恰恰是我们没有注意的。许多人看到了理性启蒙在伦理学上的意义，而对民族国家在伦理学上的意义却没有足够的认识。理性启蒙与民族国家在伦理学中发挥着特别重要的作用，它们相互依存并共同构造了西方现代性的局面。理性的解放使伦理从信

① ［英］安东尼·吉登斯：《社会理论与现代社会学》，文军，等译，社会科学文献出版社，2003年，第187页。

仰的激情转向世俗的仁爱,而民族国家共同体的形成则成为建构这种世俗道德体系的生活基础。西方社会能如此迅速地发展起一个以国家秩序为中心的世俗性的现代政治伦理体系,就是因为民族国家提供了一种法理生活的需要和基础,它是现代西方伦理学发展的根本力量。事实上,公平与正义会成为支撑西方伦理学的中心,是源自现代性的自由理性与民族国家的生活秩序。

在中国文明中,专制传统要比西方强大得多。吉登斯在分析西方现代性历程时,非常敏锐地注意到其精神传统上的西方特色,并把对西方文明的全部认识建立在这样一种特殊的文化传统之上。西方在罗马帝国瓦解后的大约 1 600 年里,几乎没有经历过其他民族所经历的帝制社会。这里的西方,主要指欧洲。在漫长的时期里,西方主要在教皇制度的统治之下,因而西方人有两个传统与我们不相同:一是有古典希腊的理性渊源;二是长期处于精神的信仰与求索之中,远离世俗的体验和生命的直观,这使得西方的现代性能够迅速进入一个以世俗生活和法律体系为中心的伦理价值时代,从而发展起一个强大的国家伦理领域。然而,我们的现代性却明显缺少这个理性提升的前期成果,因而我们虽然已经被强制性地拉入与西方很相似的现代性之中,但却仍然要遭受传统的干扰,因为我们没有一个世俗理性与道德信仰的传统给予支撑。所以,我们想进入现代伦理的普世意识之中,还有相当的困难和阻力。

美国哈佛大学教授亨廷顿有一个众所周知的观点,即把民主政治归于西方文明,认为东方文明不具有民主政治的基础。他的这个观点为许多学者认同,但也被许多学者批判。然而,无论是认同也好,批判也好,都不能简单给予结论。从文明及思想史上讲,西方文明基于希腊理性与基督信仰,这一点的确是其他民族传统所没有的,不承认这一点就不是一种学术的态度。研究东西方文化和伦理传统,可以发现它们之间的巨大区别,但如果说离开西方的法理文明,东方文明就不可能独自走向民主性的法理社会,这样的看法也似乎过于简单。正如秦晖所指出的那样,民主制度虽首出于西方,但并不意味着其他文化民主之不可能,民主是一种制度,是一种选择,与传统的文化偏好无关。① 一个正确的态度是,我们应当在自己的教化史上重新进行文明的修正。今天思考学校道德教育,不能局限于学校,应当从整个社会文化理性的建构上去思考如何抓住自己的文化缺陷加以弥补。这就是中国德育现代性在文化与伦理方面的课题。

了解这一现代性的历史差异,是给中国现代伦理定位的一个重要尺度,也是学校伦理建设以及学校德育进行价值思考的前提。我们不能忘记中国有不同于西方传统的根基。在这一点上,从我们国家的现代性中可以看到,与西方社会相比,我们没有那种信仰统治的时代,没有摆脱信仰激情的历史需要,但是我们却同样有摆脱君王政治统治的需要;我们虽然不是摆脱信仰的激情,但却在摆脱世俗想象的激情,即我们的现代性也在用理性的力量构造自身。今天,与西方社会一样,我们也进入了民族国家时代,也在建立自己的法理社会,但却没有得到真正的法理精神的洗礼。因此,我们比西方更需要的东西是,在批判和纠正现代性所带来的过于偏激的理性暴力同时,还应当实现现代性的许多伦理建构任务。

从这里可以看到,反对盲目跟随西方是正确的,我们应当从自己的传统中思考自己的现代性问题,但拒绝西方学术思想的成果也是错误的。现在,学术界在理解西方化问题上有很大的误区,常把利用西方学术资源作为文化殖民的现象来批判,这是一种不够理性的态度。虽然我们在学习西方文化的时候确实应当警惕文化殖民的现象,但这不能成为拒绝西方优秀文化的理由。而且,在当今全球化的时代,如果完全拒绝西方的理论资源而讨论中国现代性问题,其理论有效性也是值得怀疑的。正如周宪所指出的那样:

---

① 秦晖:《文化决定论的贫困》,《问题与主义》,长春出版社,1999 年。

"离开了国际背景和内外的互动的考察,对中国现代性问题的思考将是片面的。这里西方的现代性理论作为一种理论资源是不可或缺的。"①只是我们需要注意中国的问题情境,进行恰当的能指和所指的置换,而不是机械的移植。在这里,重要的是要有自己的主体意识与问题意识,而不是西方理论和东方理论的问题,如果这种理论有助于中国问题的解释与解决,那么,它事实上就是东方的。正如秦晖所说的那样:"主义"可拿来,"问题"须土产,理论应自立。② 学校德育的现代性也只能在东西方道德文化的"视域融合"中才能真正确立起自己的理论合法性。比如,后现代强调我们应当"去道德化"地处理日常生活,用"生活大于道德"的态度面对今天的日常生活。其意义是指,要推翻现代性的法理社会对个体生命的限制,回到个体的生命体验之中。这一资源同样可以借鉴到我们的道德文化建设之中,只是我们所说的生活大于道德,更多的是用生活反抗我们前现代的泛道德化与泛政治化倾向对生命的宰制。

在新的历史时期,现代性如何来确立与证明自己的正当性?在由传统向现代的变迁之中,它凭借什么样的力量实现由传统向现代的过渡?任剑涛在谈到为何关注现代性问题时曾说:我们之所以关注现代性问题,首先是因为中国的当代发展遭遇了现代性,我们得回答现代性在中国的难题,我们得在近代中国以来的现代性思索和实践过程中了解与诠释中国的现代性问题,并从中寻找健全中国现代性的行动方案。③ 他的这一说法同样可以用来解释对中国德育的现代性问题的关注,对中国德育现代性的关注是因为中国德育无可避免地遭遇着现代性。现代性已成为我们这个时

---

① 周宪:《现代性的张力》,首都师范大学出版社,2001 年,第 41 页。

② 秦晖:《求索于主义与问题间》,http://www.sina.com.cn.

③ 任剑涛:《现代性、历史断裂与中国社会文化转型》,《厦门大学学报(哲学社会科学版)》,2001 年第 1 期。

代的命运,无论当代的学者和思想家如何辩驳与分析现代性,不论是拒绝还是拥抱,是讴歌还是贬斥,现代性都已成为我们这个时代挥之不去的幽灵,它已深深地浸润在我们的日常生活之中。现代性既非天使,也非魔鬼,它只是我们不可逃避的命运,对于它我们只能在了解、适应和超越的基础上才能实现和它的距离审美,寻找到心灵的自由。现代性也是中国德育话语实践的一个基本语境,中国德育的转型与变迁只有和现代性问题联系起来才能得到恰当的理解和定位,才能得到科学的分析。

(三) 中国德育转型的经验视角

有学者提出"中国教育"这一概念,认为应当寻求中国教育的经验视角,即在本土经验之上思考中国的教育问题。这种思考并不是生硬地确立所谓中国特色的教育理论,而是强调教育研究的具体历史语境,从中国教育的现代性历史中去寻找解决中国德育问题的理论资源。这是因为,在全球化时代,所谓的中国特色很难再用单纯的传统文化来说明,因为今天的传统本身就是在与西方文化碰撞中形成的。正如丁钢教授在分析他所提出的中国教育这一概念时指出的那样,我们之所以要提出中国化的教育概念,"所要尝试的,乃是综合现代学科的理论策略,并立足于对中国教育当前处境的密切观照,勾勒一种集历史与现实于一体的教育探索视野,也就是使中国教育的历史内涵作为一个基础变量,融进分析中国教育现状的理论活动中"。[①] 他所要强调的是对中国教育的历史与现实的分析,而不是从一种理论去推出一套教育话语体系。

中国德育的重建也必须以了解自己为基础,只有更好地了解自我才能更好地建构自我。德育的重建只有深植于自己的历史经验与文化土壤之中,才能穿透各种风起云涌的教育表象找到自己

---

① 丁钢:《历史与现实之间——中国教育传统的理论探索》,教育科学出版社,2002 年,序论第 6 页。

的立身之地。换一个角度看,中国德育直接呼应于全球化,中国德育经验不仅对于中国而且对于全球教育可能都有重要意义。中国独特的国情使中国的德育经验具有无可取代的特殊性。赵汀阳在《现代性与中国》一书中认为:"我们希望能够通过有着思想学术深度的中国经验思考——中国自身问题的理解以及中国对世界问题的理解——去形成一种缺货已久的中国理念,即一种源于中国经验的包含着值得不断展开的思想问题的关于人类生活的基本想象。"①我们既需要为人类的文化贡献自己的经验与研究,也需要将中国德育放在一个更为深广的历史文化语境中,这样才能更深刻地理解它的种种局限,从而寻找到有效走出德育困境的可能与方式。

中国德育最主要的问题还不是全球化的问题,而是如何由传统转向现代的问题。中国德育的现代性问题中一个很重要的部分就是它的"反现代性",它没有将自身的发展建立于人的权利以及自由与平等的价值基础之上。而这一价值是现代性的价值基础,一切现代性的伦理与道德思考,实际都不可能离开这个基础。中国德育的反现代性与中国现代性的反现代性是直接相关的。中国的早期现代化以民族国家的建立为主要任务,是以牺牲个人的权利、取消个人的自由为代价的,德育也只是民族国家建构过程中的实用工具,这与强调个人自由与权利、强调文化自主的西方现代性是不一样的。这也是中国独特历史经验的结果。今天民族国家建立的任务已经完成,我们没有理由再以民族国家的名义否定个体的基本权利与自由,中国的现代性应当放在如何让中国人更好、更幸福地生活这一问题之上。德育的使命也不再是如何培养驯服的工具,而是激发人的创造力,帮助人寻找真正属于自己的自由。中国近代早期的道德教育曾把民主、自由和平等作为教育变革的基

---

① 赵汀阳:《现代性与中国》,广东教育出版社,2000年,前言第3页。

本价值,但民族危亡的历史中断了教育变革的这一努力,我们的教育还没有让现代性的基本价值真正扎根直至发展。在现代性的基本价值遭到普遍质疑的今天,对于这些基本价值我们需要进行反思性的建构,而不是彻底的颠覆。这决定了中国的现代德育既不能是现代性的,也不能是超越现代性的,而只能是在现代性与现代性的超越这一区域内行动。中国德育必须首先完成现代性的基本伦理任务,用民主、自由和平等的价值去构建中国德育的基本框架和结构。在今天,这种努力是一种趋势,同时也有了现实的可能。中国的新一届政府明确提出了"以人为本"的发展方针,这意味着新的现代性思路的诞生,在这样的背景下,"人是目的"将不再仅仅是一种理论呓语,而将是一种制度的现实。

第二节　学校道德生活现代转型的方法论问题

一、本体论的迷误

(一)道德形而上学:同一性的灾难

不少研究是以西方新的哲学理论为指导的,如生命哲学、存在主义、现象学等。这些研究对德育的转型问题都进行了相当有深度的探讨,为中国的德育变革提供了丰富的理论资源。但这些研究的一个总体性的特点是,将新的德育理论与模式建立在某种本体论的理论基础之上,其德育理论与模式是理论演绎的结果。这种研究思路与方法,遵循的是本质主义的研究思路。它不是以对象为中心的领会与言说，而是以理念为核心的自我陈述。表现在德育研究中，就是不从德育的具体存在出发，而是从概念出发来研究问题。在这里，理念成了一个比现实更真实的东西，并最终决定现实。本质性陈述的根本问题在于，它以为已经把握了对象的本质，自以为可以用理念取代对象。

相对于经验主义的德育研究传统来说，这种对道德教育的形而上学研究已经是一种进步，它力图发现经验背后的普遍性。张志扬将这种研究思路称为形而上学的本体论思维。由于对本体的确认具有一定的主观性，人们可以通过自己对本体的确认去寻找无穷多的本体，因而本体论的争鸣就成为学术争鸣的一种主要形式。在这种情况下，新概念的花样翻新成为学术研究的主要努力，看起来一派繁荣，可教育的现实问题却在各种繁荣的理论表象之下隐而不显，真正的学术问题被遮蔽于新概念的演绎之中。当前我国德育理论新概念、新名词迭出正是这一研究理路的后果。因为在本质主义的预设中，由于不能兼容与本质主义不同的教育哲学，因而要表达新的教育哲学就只能从根部开刀再造一个新的教育理念，而新造的理念又是一个新的本质主义。虽然这相对于以前没有教育研究或只有不多的教育研究来说，是一种很大的进步，但理论研究的目的并不仅是为了理论自身，实践的变革才是理论研究的真正目的。本质主义的研究思路使德育研究离开了丰富的德育实践，其实践渗透力与改造力都非常有限，为此，我们需要重新寻找研究的方法论，确立新的研究视野。

学者张志扬认为，今天中国文化的现代转型还需要在范畴、命题、问题的提法以及表达自我的限定上来一个根本转向才能真正进入现代性。传统的内核是形而上学的本体论同一性，西方文化的现代转型表现为对各种同一性本体论的不断打翻与重建。但20世纪中国对传统的核心命题的现代阐释却只是改变其形式与话语，并没有改变其"合理内核"与"永恒目标"。在道德教化的现代转型问题上,有学者指出:包括自"五四"以来的激进革命并没有改变中国传统的以德治国的本体论模式,改变的只是道德的内容。① 在中国传统中,以德治国的古老传统是通过一定的政治制度将某一种道德意识形态化,表现为带有明显强制性色彩的道德普遍性诉求。在中国传统的概念中,最本质的东西实际不是"德"而是"德治",也就是说,重要的不是某种被认为带有封建色彩的道德理念,而是这种道德的意识形态化,是这种被意识形态化的道德在压迫中国人的理性、自由和生命意识。如果人们将反对的焦点集中在某种道德上面,实际就错误地理解了中国德治传统的本质。

儒家济世救民的重点落在养民和教民,即所谓民生和教化,而教化实际就是用一种被意识形态化的道德观念统治民众的道德意识。著名国学大师马一浮在论述中国传统礼教时指出:"礼乐教化,心之发也;典章文物,心之著也;家齐国治而天下平,心之推也;心之德其盛矣科。二帝三王,存此心也;夏桀商纣,亡此心也;太甲成王,困而存此心者也。存则亡,亡则乱。治乱之分,顾其心之存不存如何耳?"② 黄宗羲所谓"有治法而后有治人"是指德治需要制度化,并强调这样的制度化的优先性。他认为德治的制度化是使德治真正能够发挥作用的前提,这里的"法",是指远古圣王为教民、养民所建立的制度,包括天下百姓的婚姻之礼以及教化民众的制度等。

(二) 偶在的现身与形而上学的独断

本体论认为宇宙有个本原,无论这个本原是实体性的还是流

---

① 曾德雄:《何种改变? 何种激进?》,http://members. lycos. co. uk/chinatown/author/Z/ZengDeXiong/ZengDeXiong0 38. txt.

② 马一浮:《复性书院讲录》,滕复《默然不说声如雷》,中国广播电视出版社,1995 年,第 179 页。

动性的,它可以是存在、上帝,可以是理念,可以是意识。本体论作为寻根的哲学,不断改变着自己的内涵,从希腊的自然本体和苏格拉底的道德本体,发展到后来的认识论和生命论的本体观念,本体的内涵在不断转向和调整。作为一种内涵,本体既不能指自然,也不能指人性,本体的意义在于奠基和寻根。从这个角度看,西方哲学的演变史就是各种本体不断被打翻、重建,然后又被推翻的过程。这一过程的直接后果就是价值的虚无及哲学的无根,出现存在的奠基迷误。尼采认为,西方形而上学本体论造成的后果就是虚无主义,因而他要重振西方人的信仰世界,为西方人重新确认一个值得尊重的权威,这就是人自己的意志和想象。哲学意义上的现代性是指对当下生成性的揭示①,因而本体本身也已经被偶在化。从某种意义上讲,本体的原意在一定程度上就是寻找支撑存在的不变价值,但人类至今没有找到这样的不变价值,因而本体被偶在化了,本体本身不本体了,本体也是多样性的存在。这样看来,本体不是一种论证性的存在,而是偶在性的存在,在体验中的存在,它不可表达,也不可形赋。

在对德育现代转型的探究中,人们更多的是从形而上学的哲学本体论的视角进行探讨,即重新论证道德教育的人性论基础与教育学前提,在新的人性论基础上来重构德育理论。这种思维方式在很大程度上源于对中国德育长期忽视人性、人的生命的一种反动。人性的呼唤既是中国德育的新目标,也是反抗道德传统的一种策略。但从某种意义上说,这种道德建构的方式在本质上仍出自于一种对本体论的渴求,也就是说,出自于一种对本体的信任和习惯。无论是认定一种道德价值,还是批判一种道德价值,首先是考察其在本体论上的合法性。失去本体论的根基,我们就会感到恐慌和不安,就会对自己的道德信念产生动摇和怀疑。因而,对

---

① 张志扬:《现代性的问题意识》,《浙江大学学报(哲学社会科学版)》,1998 年第 2 期。

于任何一种伦理信念,我们总是要追问它的依据是什么。从教育领域来说,这是道德教育寻求合法性的一种特殊形式,不管我们持守什么立场,我们必须首先寻找形而上学的本体论依据。然而,形而上学本体论的难题在于如何摆脱独断论的纠缠,对生命的每一种理解都可能拒绝其他生命的价值,从而片面地将生命的一种价值视为生命的本质,进而导致对生命和人性的异化。在道德教化的诠释上,我们就很容易犯这样的错误,即用一种道德的想象去代替人性的全部内涵。

摆脱了本体论的绝对性和同一性,从偶在论的视野考察学校德育的伦理可能性,这是学校德育试图超越现代性的重要表现。然而,在对当前德育转型研究的审理中,我们可以看到这种超越是多么艰难。20 世纪 80 年代尤其是 90 年代以来,中国德育理论出现了各种新理论、新提法:体验论、生命论、生活论、幸福论、关怀论、活动论、审美论、主体论等,看起来一派热闹景象。然而,这些理论都是从不同角度对传统德育的一种批判,可以说,都是在道德领域对现代性的一种追求和表达。虽然这些理论从不同的角度促进了中国德育理论研究的发展,但也存在一个致命弱点,即都不自觉地采取了一种本体论的建构立场,将现代德育理论建基于一元论的价值基础之上,将某种价值作为本体的原点,而拒绝其他价值的合法性。如将体验视为道德的本体,将生命视为至高的原则,以自己的理论立场拒绝其他的理论立场。这种研究态度的常见后果是:谁都以为真理在握,言权在我,表面上是百家争鸣、百花齐放,内心里浸透的话语方式仍是坚持己见、势不两立、非此即彼、你死我活;看起来是在不停地变革,其实,内在的思维模式依然如故,最后留下的只是自说自话的独白。如何确立道德对话的意识和途径,这成为德育现代性的重要内容。

现代性使形而上学本体论膨胀起来,以为世界是由同一性构成的,伦理问题也不例外。然而,构成伦理困境的生存性要素是欲望和偶然的存在,用伦理学的话说,偶然是生活中种种可能性的相逢,它类似于亚里士多德形而上学中的偶在。偶在的生活世界不是在必然性的逻辑关联中出现的,而是在现实性的生成中出现的。从生存论上说,偶在就是个体生命潜在的、尚未实现的可能性。偶在的个体生命是正在成为现实性的生命,这种现实性随时可以选择其他的可能性。① 从伦理学的角度看,这种可能性就是个人化的道德两可状态,它既可能犯恶,也可能从善,如果犯恶本身成为个体生命的一种可能性,那么犯恶本身就变成一种善。这是因为,无论是犯恶还是从善,人都要对自己的选择承担责任,而承担责任就是一种善。自由主义要求对选择承担责任,在可能性中做出选择的人才是自由的人。自由主义的伦理态度不等于个体欲望的实现,而是个体欲望由潜能转向可能的实现过程。在这种可能性的选择中,个人的自由以及自由的道德出现了,因而所谓真正的自由伦理不是自如,而是个人承负自己的伦理抉择。②

　　人若是一个偶然的产物,道德就更是一个偶然的产物了,那教育在其间的作用是什么呢? 现代性用身体对抗主体,而身体的合法性又由谁来提供呢? 后现代破除了科学和上帝的迷信,但却建立了对身体的迷信,也许这是一种更糟糕的迷信。因此,由于形而上学本体论的瓦解,人们开始走向虚无主义,或者试图退回到新的形而上学之中,在哈贝马斯看来,这是一种反动。他说,形而上学的崩溃,这是一条无法返还的不归路。在他看来,无论是形而上学的本体论,还是道德虚无主义,它们都是虚假的、不可取的。至于在虚假的两极之间敞开的是什么,那只有每个人自己去寻找。当然寻找同样有一个危机———一种合法性的危机。谁来为我们的存在负责? 失去传统的普遍同一性之后,不能再陷于虚无主义的信

---

①　刘小枫:《沉重的肉身——现代性伦理的叙事纬语》,上海人民出版社,1998年,第298页。

②　同①,第299－300页。

仰之中，人总是要寻找一种有道德根据或道德合法性的生活，因此，人只有把自己推上合法性的位置之上。但这样的合法性合法吗？这就是现代性给我们提出的难题与悖论。人需要解放，但解放之后怎么办？因此，张志扬说，现代性是中国的一个大问题。我们说，它同样也是中国德育的一个大问题。

英国学者波普尔在《开放社会及其敌人》一书中指出：社会科学之所以落后的主要原因之一，是因为它们仍然用本质主义的方法来处理价值问题。[①] 一些人认为，社会科学与自然科学在方法上的不同是必要的，它反映了两个研究领域之间的"本质"差别。自然科学的对象具有某种恒定性，可以描述这些相对不变的实体变化的形态，而没有必要去构想或洞察它的本质与形式或类似的不变实体。然而，社会科学的情况却完全不同。人的存在本身是缺少逻辑关联的，生命的根本形式是心灵，而心灵的存在是一种隐喻，在心灵之中没有永恒的实体。事实上，并不是其他哲学审视没有意识到寻找本体的危险，柏格森、狄尔泰、怀特海的生命意识，就是要摆脱历史叙事和道德律令对人的统治，开始用偶在性去塑造存在的可能，打破历史叙事的必然目的。但是，当他们寻找生命的流动性时，以为找到了摆脱本体论纠缠的道路，而事实上，他们已经又掉进了另一个本体之中，这就是生命的本体论。当用生命激情代替外在律令为道德奠基的时候，生命就成为一种本体在排斥其他的价值。这样的危险同样存在于现代性的视野之中，当我们把现代性的时间历史用来给道德奠基时，现代性会不会成为新的本体而统治我们的学校德育呢？

从某种意义上说，这样的危险的确存在，但问题的关键是我们能不能在使用现代性这个时间历史的标志时，不是把它作为一种道德奠基的伦理依据，而是把它作为道德奠基的方法论依据。我们所要的现代性是作为一个考察伦理谱系的线索,而不是作为一个道德资源的标准。

二、偶在的方法论意义

在西方哲学中,偶在性最早被理解为实体的一种属性,从康德的道德可能论(道德是一种向善的可能)开始,偶在性与认识论便联系起来。张志扬指出,现代哲学是偶在论的,它包含着开端的悖论、运行的模态、结论的反讽这几对关系的规定。[①]

开端的悖论强调的是问题的划界。任何一种理解与认识都是在特定条件下的认识,即它取决于看的立场,奠基意识是一种开端的选择,这是人考察世界的一种基本方式。为什么要建立权威或批判权威,我们为什么要寻找目的或放弃目的,首先都必须建立一种"看"的立场或起点,但这种看的立场只是"一种"立场,它代表了言说者的立场,而不是一种普适的立场。开端的悖论意味着奠基中的解基。当康德为人找到绝对命令的道德基础时,它便使人失去了道德经验给人的善恶体验;当狄尔泰为人找到道德的生命根基时,它便使人失去了道德的理想和目的。西方传统哲学中的上帝、自我与存在,是形而上学的几个主要根源。它们每一个都不是空间上绝对同一的、时间上永恒持存的、逻辑上普遍必然的,或遵循"存在—思维—表达"的本体论同一。事实上,在日后的发展中它们表现出了多元的裂变,其界限是在不断变化的,人与世界总是处于一种悖论相关之中。人同外部世界的任何关系都不能把人自身的限度抽象掉,也不能把外部世界影响的机缘抽象掉,悖论永远是人关联世界的根底。它对德育研究的启示在于:任何一种研

[①]　张志扬:《偶在论》,上海三联书店,2000年,第50页。

究都是一种有限度的研究，是一种特定立场的研究，重要的其实并不在于研究了什么，而是我们从什么立场去研究、如何去研究，这是划界的意义。

偶在论的思想核心在于：万物不是不可替换的确定，只要条件变化，就可能有另外的选择，在任何时候总会有另一种可能。将开端置于悖论的界面上，可以使行为与思想处于一种开放状态，才能真正有解放的可能。偶在论的关键就在于要给不可知留下位置。由此，道德教育的核心在于让学生知道，人任何时候都有道德的可能也有不道德的可能。教育的使命在于培养学生选择的智慧。

传统的同一哲学在其前提与结论之间是用逻辑必然性连接起来的，目的是保证前提与结论的绝对同一性，其中介是同质化的。而偶在论强调运行，即任何存在只是一种可能。偶在主要属于可能论的范畴，它是一种可能与现实的水平差异。偶在是由对必然性和不可能性两者的共同否定界定的，即没有绝对的必须，也没有绝对的不可能，一切都是敞开着的，强调可能性的必然存在。偶在论对德育转型研究的启示在于：对于中国德育的现代性建构来说，它可能有基本范畴与命题的转变，但对于具体的教育实践来说，总是存在无穷的可能。真正的现代性是教育者与受教育者在实践中就地构建的。

语言的"两不性"是偶在论的言说特性。① 这种"两不性"是指，语言既不能证明本体的存在，也不能证明本体的不存在，它只是针对一切人为的逾越命题而言，对信仰命题不具有否证效力，也不会干扰经验命题的实用性。语言需要公正和反讽，对信仰的命题进行限制和悬置，防止信仰对经验的否定和误置，也就是防止将个人的信仰表达误置为客观事实的陈述。然而，误把信仰当做事实，这是人们常犯的一种错误。在这一立场之下，如果用中国的古

---

① 张志扬：《偶在论》，上海三联书店，2000年，第38－46页。

典语言表达,就是不能把"真"视为"诚",不能将"真"伦理化,不能将"天命"人伦化。中国的天理伦常观就是把本来是自己创造的天道当成是天道的启示和自己的发现,并将天理伦常视为恒久不变的东西,进而用这样的方法论确立了少数圣王贤君的权威。由此,血缘伦理、道德伦理、政治伦理也就找到了它的合法性基础。在这种历史传统之下,中国伦理的现代转型变得异常艰难,以致道德教育中的经验命题、伦理命题与信仰命题也缺乏恰当的分化。没有分化,它们也就很难在自足的领域确立自己的合法性,常常出现的结果是言说的误置,在道德教育领域就是道德命题与非道德命题的误置。如将个体的性情偏好误置为品格修养问题,如染发和穿迷你裙不是品格问题,而是偏好问题。然而,我们在教育中常常将二者混为一谈,有不少学校也将这些偏好等同于学生的品德操守。社会生活中这种道德领域与非道德领域的混淆也非常普遍,这是中国产生道德泛化现象的重要思维背景。从中国的德育转型来看,对不同的德育命题进行知识学的区分,是中国德育走向现代的第一步。政治教育、道德教育、思想教育、心理教育服从于不同的知识学基础与不同的规律,混淆的后果就是教育的非科学化。正如陈桂生教授所指出的那样,道德教育用政治的方法肯定是不会收到实效的。

西方的思想转型与我们有很大的不同,呈现一种不断相互否定的逻辑形态,由唯名论、经验论到怀疑论,再到康德的可能论,在康德这里有了一次哥白尼式的转变,他不追问世界的本源是什么,也不再问人与世界是怎样合一的,而是追问人的界限与不可彻底认知的世界的合一是否可能、如何可能、限度何在。从而,使人们发问的方式由"是什么"的终极认定向"如何可能"的有限接近转变。人类应该有"自知限度"的自知之明,应该培育那种对力量的克制能力,需要发展的是追问和祈祷的能力,这是人类在现代性的灾难与悲剧之后得出的结论,或者说,是人类在反思现代性之后的体验。这一点不仅对西方传统适用,即现代性的灾难与悲剧不仅出现在西方的文明中,人类的现代性伦理转向不仅在西方文明中出现问题,这种现代性在伦理上的发现对于中国传统来说同样具有深刻的意义。只是可能在分析原因时,东西方具有不同的渊源,但这种区别并不影响中国传统在现代性的转向中去反思和总结。中国哲学自独尊儒术以后就一直在"伪"与"讳"上下工夫,虽然没有西方传统中的信仰统治和现代性的理性统治,但中国传统的道德统治,包括道德的权力化或权力的道德化,也与西方的信仰统治和理性统治一样,成为中国传统暴力的一种形式。在中国的现代性过程中,由于这种传统力量的影响,中国人创造着一种不同于西方的伦理统治形式,试图用道德的政治权威去构建一个理想主义的历史终极。在我们的传统中,当道德与权力结合之后,常常会将某种道德信仰变成唯一的道德信仰。同样,在政治权力的支持下,这种道德信仰便可能成为统治其他道德信仰的力量。

"两不性"的偶在立场,对于纠正现代性宏大叙事和用权威塑造历史终极的伦理世界观具有重要意义。偶在性对可能性的论证,对于矫正现代性对绝对权威盲目追求也有着积极的意义。在这一视野中,人们对政治与道德的关系也有着新的理解。政治与道德的关系不是干预与被干预的关系,政治本身只能放在道德的尺度之下进行安置,而不能成为一个认定的主体,政治不能对道德进行任何认定,同样任何通过政治认定的道德都没有真正的合法性。中国的宏大叙事并没有经历一个理性培育的过程,中国的宏大叙事是由政治的权威塑造的,要打破中国的历史目的论,不仅要对现代性的理性主义和自由主义进行批判,而且要对中国的政治传统进行纠偏。我们在批判现代性霸权的时候,必须把偶在主义的世界观引入我们的历史哲学之中,用一种开放性的眼界看待我们的伦理传统和道德选择的丰富性,在道德信仰上恢复在我们传统中本来就有但却被边缘化的"机缘"哲学,重新看待存在于中国哲学中的老庄传统和佛家哲学,把世界看成一种可选择的存在,去除儒家那种"人为"塑造历史、实现理想的历史叙事哲学。正像张志扬所说,这是通过机缘的选择实现选择的可替换性。[①]一切绝对的选择都是有风险的,因为它否定了其他可能性,使现实趋于绝对,而在这种绝对中,可能隐藏着一种道德的暴力。现代性包含某种对演化的威胁和对现代性的反思,这要求我们给"不可知性"留下一定的位置,人类的哲学想象既不可能预测未来,也不可能承诺终极目的。

从偶在论出发,任何一种教化模式都只是相对的,只具有相对的适用性与真理性,任何一种模式都不能用绝对论的语气来宣扬自己的统治地位,因为任何一种已经实现的教化实践都只是偶在性的存在,它能否成为真理,或在多大程度上成为真理,都面临着一种可能性的挑战。正义在今天被视为伦理学的中心,但正义能否保持这样的中心,仍要伴随人类对未来的想象去证明。从这一意义来说,道德教育的现代性转型不是一个总体性的转变,不是从一个话语中心到另一个话语中心的革命,而可能是多个话语中心的同时并存。

如当今的西方品格教育、关怀教育、理性主义教育都同时存在,并从不同的侧度标志着自己的存在价值与意义。中国德育的转型也是一个由单一中心话语向多个中心话语的转型,任何一种理论都不可宣称自己是绝对本体的,可以适用于所有场景。单一话语总是使道德教育的理论话语陷于膨胀的境地,人们要么肯定一切,要么否定一切,缺乏一种话语生成的内在张力。教育话语的繁荣需要的是一个开放的空间。

---

① 张志扬:《偶在论》,上海三联书店,2000年,第64页。

三、开放的话语空间：对话中的行动理论

如果把体系封闭起来，那么这个体系本身既接受不了反叛，也不可能在反叛的前提下推进。偶在论的意义在于提供了一个如何推进自身发展的方法论思维。对于形而上学本体论来说，开放是它的大敌，因为开放使之发现还有自己包容不了的例外。

（一）伦理话语的内在开放性

现代性的宏大历史主义，不仅在伦理学上形成了巨大的历史同一性，而且压制了道德诠释的多元可能性，容忍历史为每一个人、每一种文化塑造一种美好的终极。在通向这个终极的路途中，每一人都必须沉默，面对历史的选择，每一个人实际都无须发言。历史已经铺设了一条通向美好的道路，每一个人都按照同一个方向，以相同的节奏向前迈进。在这个沉默的话语世界中，沟通与对话消失了，因为道德的历史已经关闭了其他任何空间，道德沟通和对话已经显得多余与累赘。

黑格尔在评价毕达哥拉斯规定教团成员在学习时保持沉思的教规时，曾经特别加以赞扬，认为这是学习的重要前提。他写道："这一点，一般地可以说是一切教育的基本条件。人们必须从此着手，才能够把握别人的思想；这就是抛弃自己的观念，一般说来，这也就是学习、研究的前提。人们惯于说，理智是通过问题、辩论和解释等而培养起来的；但事实上这样做并不能使理智培养好，而只是使它表面化。人的内心生活是在教育中扩充、获得的；通过教育，人才能有涵养；通过沉思，人在思想上、在精神活动上才不致贫乏。更可以说，通过沉思，人才学得理解和能力，才洞察到自己的主观想法、论辩才智之一无是处——由于洞察这种主观想法一无

是处的洞见的增长,人就弃绝这种主观想法了。"①黑格尔对沉思的赞美,绝非一个偶然。尽管他对沉思的思考可能并不在伦理的现代性转型这一视野中,但的确从一个角度体现了对道德问题的态度。在他那里,个人是没有道德言说权力的,个人应当被放置于精神自我发展的历史之中接受洗礼,个人只要服从、跟随就可能到达真理的目标,而无须自己去寻找和信仰。在黑格尔那里,个人在历史中应当沉思,因为伦理的终极已经由历史预设和选择。

作为一种话语方式,对话与交流的含义不仅仅指教育实践中教者和听者的对话与交流,还包括理论的对话与交流,即不同理论的相互参照与借鉴,这是在教化领域超越现代性的重要问题。现在的错误是,用教育实践中的对话和交流代替了伦理内涵自身的对话和交流,即在内容上采用一种现代性的伦理态度,而在教育实践上则采取了一种超越现代性的态度,两者之间的冲突导致生命对话这一伦理形式的不完整性。也就是,在伦理自身的领域还没有真正超越现代性的同一性束缚,却要在教育实践中体现它的后现代价值,这当然是不可能的。正是由于理论研究中现代性的这一典型特征,理论的研究只成了一种标识研究者成就的虚设,而实践中的德育问题却在一边冷眼旁观,这种研究恰恰与现代的精神是不相符合的。现代社会是一个开放的多元社会,其基本的精神特征就是不同价值的和平共处,沟通与对话成为现代社会形成伦理共识的基本手段。在今天,我们所要做的就是指明道德教育领域中的这一矛盾。首先,倡导伦理自身的内在开放性,看到伦理自身首先打破自我的封闭性,用历史偶在论的多元思维取代历史终极的目的论伦理态度,把对话与交流这一话语形式引入伦理学领域。也就是,不仅在价值的传递过程中用对话和交流的态度面对学生,而且要将伦理本身的对话和交流的共处性带给学生,把道德

---

① 滕大春:《外国教育通史》,山东教育出版社,1989年,第203页。

的可能性作为伦理思考的基本原则，并在这一原则之下建构学校德育的伦理体系和教育体系。

如果我们的道德是封闭的，美好的终极是无须思考的对象，那我们如何与我们的学生进行对话和交流？又如何在教育过程中体现道德主体对道德价值的想象和创造？作为伦理生活一部分的学校德育，首先必须建立开放的价值目的，然后才有教育过程的开放。对于一个无须思考的价值来说，思考本身就失去了意义。只有当显现的真理是一个未知的可能时，我们才能去思考它、想象它。从这里我们可以知道，对话与交流不仅是一种教育方式，更准确地说，它不首先是一种教育方式。作为一种话语方式，我们首先应当看到它的伦理性，只有把它作为一种伦理的原则，才可能更好地把它作为一种教育的原则。只有当它的伦理性得到承认的时候，它的教育性才能最终得到承认。

对话和交流在今天已经成为一种教育的时尚，但这个时尚怎么会走到我们的道德生活之中，成为教育言说的一种话语方式呢？从现代性的生命遮蔽中，可以很清楚地看到交谈作为一种话语方式出现的意义，它体现了对个体生命价值的重认。但是，这只是批判现代性的一个方面，最重要的原因是人们开始改变现代性寻找真理的方式，从历史主义对终极真理的崇拜中解放出来。当我们离开了现代性的真理观之后，道德真理失去了既定的方向，那种用终极进化寻求道德真理的方式失去了地盘，伦理进化的宏大叙事已经不能为人类寻找未来提供帮助，道德真理本身已经变成一个开放性存在，人类面临的不是去寻找一个共同的信仰，而是面临一个无限丰富的选择。虽然人类依然共同生活，有许多共同的价值需要尊重，但究竟如何生活，如何为自己的存在做出道德的评价，已经没有一个统一与固定的标准可以依循。在这种情况下，对话作为一种既具有个体性又具有开放性的伦理形式，开始登上寻找道德真理的平台。过去那种命令式的道德推进方式适用于实现共同理想,而在寻找多样性的伦理意义方面,它却失去了价值。对话和交流刚好体现了这种需要。作为一种话语方式,个体对话的无限性和开放性成就了道德真理的无限性和开放性,在每一个人的对话和交流中,我们看到了人类生活的多样性和无限可能性。在这样的话语方式中,我们看到了伦理世界的偶在性,离开了预设的历史轨道,世界的丰富性便会呈现出来。美好不是唯一的,同一性并不能创造美好,美好本身是多样的,因为在对话和交流的话语方式中,人类创造着无限丰富的美好。

现代性教育话语的贫困是由什么造成的? 实际上,它是形而上学本体论的产物。形而上学本体论将伦理世界归为同一性的话语,将一种个别性的"美好"意识形态化,确定为道德的终极。在这种话语方式之下,一切个体语言都陷于沉默。所以,现代性伦理学创造着这样一种道德信念,这就是如何更好地循规蹈矩,而不是思考应不应该循规蹈矩。当偶在性和个体性成为超越现代性的主流话语时,这种话语方式的变化就成为道德变迁的新方向。道德教化开始进入偶在性时代,此时,没有一种价值能够绝对支配我们的道德世界,那种线性的、确定性的道德结构被瓦解了。因此,在这种背景之下,作为具有个体影响力的德育形式,对话和交流性的话语方式开始变得重要起来,它取代了那种试图传递主流权威的传统教化模式,成为支配道德教化的主要方式。

对话与交流性的话语方式具有某种"私人性"和"个别性"的特点,是人类日常道德生活的主要方式,从这个意义上讲,现代性的历史目的论实际去除了日常伦理生活的合法,用主流伦理的话语方式代替了日常生活中伦理存在的丰富性和多样性。对话与交流性的话语方式更强调一种"过程性"和"个别性"的道德影响,它在传统的集体话语中处于被边缘化的状态,出现所谓伦理学日常语言的"失语"状态,实际是日常伦理生活话语权力受到主流伦理话语权力的取代和统治,失去了自己应有的地位。在道德的对话和交流之中,人们对处于主流位置的道德话语也采取了完全不同于传统教化生活中的态度,因为作为一种话语方式,对话和交流不是"法官式"的,也不是"医患式"的。在对话和交流中,一切作为要传递的道德价值都处于与接受者平等的位置,它的道德价值可能不在于这个价值自身,而在于对学习者的陈述和启发。在这种意义上,交流和对话是一种道德的"剥离",而不是一种道德的"剥夺",它在教化活动中以"自我显现"的方式出现,而不是以尺度和标准的方式出现。由此可见,对话和交流作为一种"道德方式"及"教化方式",它的权力是交谈自身赋予的,而不是交谈之外施予的。

(二)生命价值的现代性重构:个体生命对话的教化意义

从理论到行为的置换,这种转换包括教育学话语深层空间与意义的转换,不仅是理论上的话语,还有教师日常生活中的话语。关于如何回归到个体的真实性,德育理论界做出了许多努力,如关注情感、体验、生命、回到个体的真实生活等。然而,如果没有对传统形而上学的本体论的批判,最终不可能真正回到个体生命的伦理叙事之中。在本体论的视野中,生命常常被建构为抽象的理性存在,然而,"生命并不是一个简单的由几部分拼凑而成的几何体,而是一种复杂的,融合了无助、伤痛和情感的生命"。①德育中的生命叙事是对本体论德育的一种有力的调校,它将教育的重心落在了个体生命的真实体验之上。人的发展从生到死是一个辩证的过程,从认识自己开始,然后打开与他人的关系。从这种意义上说,教育首先是一个内心的旅程,所以我们要从学生的内在生命出发。我们经常批判学校德育中存在的各种问题,从现代性角度看,一个

---

① Tim Spod,*Philosophical Discussion in Moral Education*. Rourledge,2001:47.

重要方面就是对生命叙事的忽视和冷漠,道德教育往往只关注普遍的道德原则,而忽视或无视学生个体生命的感受和体验。从当前学校德育研究来看,这个问题已经得到普遍关注,并且成为学校德育纠偏的主要对象。不过如果我们不搞清楚什么是人的生命叙事,为什么要用生命叙事代替传统的历史叙事或政治叙事,如果我们不能在超越现代性这个时间谱系中认识生命叙事的意义,那我们就不能真正领会生命叙事的深刻含义。

1. 道德启蒙主义的本质

舍勒说,现代现象中的根本事件是,传统的人的理念被根本动摇,以致"在历史上没有任何一个时代像当前这样,人对于自身如此地困惑不解"。[1] 现代人的形成意味着人的形而上学品质或实质性本质的解体,人只被视为各种自然生理和历史社会因素的总和。当人被设想为上帝的造物,人有其本质和确定的自性,有不可分割的身位性,然而,现代社会使人的实在的整体性不复存在。人的本质不再由上帝来确定,而是由自然生命和社会生活来确定。西美尔认为 20 世纪的主导理念是生命。[2] 以自然生命为取向的人的释义,把人的定义从形而上学的实质性价值的界说转换为量的、经验性的界说。在西美尔看来,个体的生成是现代性的标志。因为,现代社会的分化为个人在空间上、经济上、精神上越出原有所属关系提供了可能,而在传统社会,个人与环境的社会建构过于紧密地交织在一起,以致很难看到特别个体化的行为。[3]

舍勒对现代性问题的分析与诊断是深刻而精到的。他从现象学的角度指出,从根本上讲,现代性关涉个体和群体安身立命的基础的重新设定,现代性就是生命的觉醒。他曾将此形象地概括为"本能冲动造反逻各斯",这与古典时期人的唯精神的存在形成了

---

[1] 转引自刘小枫:《现代性社会理论》,上海三联书店,1998 年,第 19 页。

[2] 同[1],第 20 - 21 页。

[3] 同[1],第 22 页。

鲜明对比。他认为，无论是唯精神还是唯身体都是对人的生存规定的狭窄理解，协调精神与身体的张力则是解决现代性问题的关键所在。他的解决之道是：生命的精神化和精神的生命化，即生命与精神的互渗。在德育的现代性历程中也面临着同样的问题，生命与精神如何互渗互助？止步于精神的德育会培养出没有情感的怪物，而止步于生命的德育也只能培养出有欲望而无追求的人，因而，德育的现代性变革也应当从生命与精神互渗的角度来建构自己的新的体系。

个体的真实自由是现代性的根本问题，张志扬曾说："我没有时代感和历史感，我只是想探讨个人真实性的问题。无论是现实生活，还是各种文本、各种主义、各个学科，这个世界上只有个人最真实。最真实的是个人，在这个世界上走的全都是个人。人的有限性是一切问题的出发点。我的问题就是个人的真实性及其限度。"① 他将真实而又具体的个人置于现代性问题的中心，这便抓住了中国现代性问题的关键与要害。从现代学的角度来说，最根本的问题是怎样对待形而上学。单纯用本体论解决是不够的，必须从本体论、社会制度，到话语、心理，都作为一种结构来理解，而现代结构是现代性的基本特征。这个问题不解决，就无法理解现代性问题。对于中国德育来说，要进入现代就是确立起它的现代结构。这种结构有利于不同的团体、不同的个人步入到社会的教化之中，形成一种多元的动态结构，而不是单一的等级式的传递。生活结构的转型是对传统德育的一个巨大挑战，它使道德形成的基础产生了真正的变化。

包利民认为，启蒙的根本特征在于治疗，从而将其称为一种治疗性智慧。启蒙对道德问题的理解是，在启蒙思想家看来，道德问题主要根源于整体对于个人的压迫。道德问题的真正根源是道德

---

① 张志扬：《现代性的问题意识》，《浙江大学学报（哲学社会科学版）》，1998 年第 2 期。

本身。传统道德缺乏理性的根据,它凭借外在压力而存在,它贬低感性,鼓吹理性,启蒙的显著特点就是理性的权利。理性要求自足的地位,不再非反思地接受道德诫命,即作为理性存在的人是重要的,而道德只是手段。这就是康德所说的人是目的,启蒙道德的合理性建立在感性对理性的反抗之上。传统的道义论和目的论将道德本身视为目的,而施予与接受道德之人的苦乐感受却成了微不足道的东西。"启蒙的实质性意义在于颠倒被颠倒了的价值排序,恢复了日常生活幸福的一阶价值,而道德作为手段只能是二阶的。"[①]启蒙的价值不仅在于它促进了感性的解放,还在于它为人的自由选择自己的生活提供了可能,生命在这里成了根本的目的。

2. 教化生活中感性之力的流动

在现代性中,感性的地位被启蒙合法化了,人的终极目的或幸福被奠立在感性之上。现代思想家通过两种方式来论证感性的合法性。一是将感性圣化作为理性解构后的新的本体,强调本体的下移。在这种观点的指导下,传统的政治至上及沉思默观的生活形式向感性生活形式移变。中国民众当下感性欲望的复苏正是这一移变的反应。另一种论证方式不是将感性作为一种形而上学本体。事实上人生活于感性的具体的世界维度之中,因为将感性设为一种新的形而上学本体,它也可能和理性一样成为一种新的统治人的暴力。因而,"人们只讨论手段或中间结果,但是不强求终极结果的一致"。[②] 而现代主义的感性强调以人本身为目的,反对用"外在的好"伤害个体的价值存在。密尔的出格、尼采的酒神精神、福柯的极限体验、巴赫金的狂欢,都是对这种卓越的感性的表

---

① 包利民、M·斯戴克豪思:《现代性价值辩证论——规范伦理的形态学及其资源》,学林出版社,2000年,第70页。

② 同①,第73页。

达。尼采的思想也可以说是一种功利主义思想。① 尼采认为，应当以这种幸福论看道德，只有优秀的、创新的、有利于种族生命力积极发展的幸福，才应当保护，否则道德只会带来种族衰弱的结果。

在对现代性的批判中，感性力量的复兴最先从张扬身体的力量开始。就西方传统而言，在反抗传统信仰统治的过程中，实际有两股力量共同作战，即除了理性之外，就是感性的贡献。现代性在用理性向传统宣战的同时，感性也开始同样的战斗。然而，当现代性成功地将信仰赶走之后，这两股力量之间也发生了争端，理性代替传统的信仰试图统治感性。在现代性的初期，这种统治几乎是成功的，理性用科学的名义完全主宰了人的生活。然而，在现代性的宏大哲学面临挑战时，这种统治终于开始动摇，感性在协助理性摧毁信仰之后，又再次独立承担起反抗理性的责任，试图从感性的生命流动中看到超越现代性的方向。在这种反抗中，身体被推上哲学的舞台。法国现代思想家梅洛·庞蒂认为，身体世界是艺术奥秘的谜底，因为身体既是能见的又是所见的。身体的意义在于："我以整个存在的一种总体方法中知觉到，我把握住事物的一种独特结构，存在这种独特的方式就在瞬间向我呈现出来。"② 肉体通过感觉的综合活动去把握世界，并把世界明确地表达为一种意义。身体是思想居住的空间，思想并不依附自我，而是依据身体来思考，即把思想统一于身体的自然法则中。肉体对于灵魂而言，是灵魂诞生的空间和所有其他现有空间的存在方式。

从学校德育的角度看，当我们理解了身体具有教化价值之后，我们就可能理解教化生活是如何与人的生命叙事相融合的。有学

---

① 包利民、M·斯戴克豪思：《现代性价值辩证论——规范伦理的形态学及其资源》，学林出版社，2000 年，第 76 页。

② 转引自王岳川：《身体意识与知觉美学》，http://xueshu. newyouth. beida - online. com/data/data. php3？db = xueshu&id = 03073001 - 2.

者把这种教化生活的生命叙事分为三个层次。首先,教育是一个内心的旅程。讲述自己生命的故事,即生命叙事,是在寻找生命的感觉。生命的叙事改变了人的存在时间和空间的感觉,它不只是讲述曾经发生过的生活,也讲述尚未经历过的想象的生活。一个人进入过某种叙事的时间和空间,他的生活可能就发生了根本的变化。其次,有利于学生形成尊重与宽容的品质。学生讲述自己的生命故事,可以使他们从自己身边熟悉的人与事中,真实地感觉到生命的差异性、多样性与共通性的"共生性",进而形成宽容与尊重的品质。再次,有助于学生道德判断、道德选择、道德行为能力的培养与提高。① 虽然叙事的理论可能非常复杂琐碎,但叙事的实践则是动人心弦的。我们的生命与我们的信仰,与其说是由某些命题化了的信念以及重重知识聚合而成,不如说是由一个又一个的故事形成的。关注一些看起来不可妥协的信仰命题,不如去关注属于"我"的以及属于周遭他人的故事,透过这些生命故事的讲述与聆听来确立自己的身份。我们并不是从某些抽象而普遍的教理出发来理解我们自己的生命,而是从每一独特个体的经历中,透过讲述这些故事的方式来理解这个独特个体。

现代性最主要的价值就在于它确立了人的尊严,而在很大程度上,对人的尊严的承认是以承认感性欲望之合法性为前提的,感性之力在批判现代性的伦理立场中成为支撑道德合法性的基础。存在主义者在这方面提供了很多有意义与有创见的探索。存在主义强调不存在什么普遍的道德律令可以援引,在每一件事上都必须做出个体性的、完全独立的判断和选择,并且这种自我选择必须在对自己真诚和负责的同时,还必须能够延伸到他人的体验和确认,也就是个体生命的普遍化、共识化。从这个意义上说,这种个体的选择自由使个体生命承担起令人难以置信的沉重性,选择的

---

① 刘慧、朱小蔓:《关注学生个体的生命世界》,《教育研究》,2001 年第 9 期。

暴政已无可避免地成为现代人的命运。然而,也正是这种自我承担突显了人的存在价值。每个人都应当为自己负责,同时也要为他人负责。在现代人的生活中,威胁人之自由或人之为人的尊严的力量开始发生变化,虽然传统的威胁依然存在,包括政治的甚至是大众的"暴政",但更为根本的威胁却来自于个体生命自身逃避自由的本性。① 在现代性的选择压力之下,个体的尊严与个体的责任达到了同样的高度。现代性的选择自由,激起现代人丰富的伦理追求,这意味着现代性仅仅创造有利于自由的规则是不够的,必须创造对道德信仰的卓越信念才能解决现代人的道德焦虑。②

自尼采以后,形而上学的道德开始返回道德的坚实大地和可感觉的身体,成为个体化生存的游戏规则。这就使得道德存在走向多元化,走向以个体的和自由的选择为特征的生活叙事性道德。个人的道德差异成为关涉个人的处身性存在的象征,再也不是那种自我弃绝式的道德救赎。道德不是约束生命的抽象规则,而是一种生命的欲望感觉。追随德性不再是为了形成整体的道德秩序,而是生命在存在中具体的道德体验,是个人的生存性的体验。③ 人的道德生活永远充满冲突与矛盾,我们各自在生活中有着自己的道德体验,有着真理和理想无法抚慰的生命忧伤。在现代社会,道德变成了个人身体性的选择,是存在于个人的自我创造或对一种生活方式的选择,是通过我们的生活体验不断创造出来的东西,其本身就是多样的和多元的,不是统一的和普遍的。但这种个体生命的道德感受是以尊重他人的生命感受为前提的,即在呵护个人生命欲望的同时,持守对他人身体感受与权利的尊重是避免现代社会道德泛生命化与个体化而导致更多的社会冲突的必需。

---

① 包利民、M·斯戴克豪思:《现代性价值辩证论——规范伦理的形态学及其资源》,学林出版社,2000 年,第 177 页。

② 同①,第 203 页。

③ 金生鈜:《德性与教化》,湖南大学出版社,2003 年,第 301 页。

第三节 学校道德生活转型的
现代性证明与整体架构

一、学校道德生活转型的现代性证明

（一）从"启示"到"证明"

在以神义论为基础的道德中，道德原则的合法性被认为来源于宗教经典，但自从 17 世纪唯理论者确立了理性的合法地位以来，这一看法开始受到挑战。德国哲学家沃尔夫在他的第一本自成体系的伦理学著作《有关人类行为推进自身幸福的行为和理性思考》（1720 年）中，就明确拒绝给道德一种神学的根基。他认为人的行为善恶是自在自为的，而不是由上帝意志决定的。道德是通过对人的行为效果的理性评判来加以说明的。① 斯宾诺莎在《神学政治论》一书中也拒绝承认圣经的独特地位，认为真理源于内心的自由和合乎理性的洞见。上帝退场了，一切都需要理性自身来加以证明，所以需要论证。他们的观点开启了启蒙思想家论证法律与道德原则的自足性。道德需要证明也就成为一个普遍的现代观念。说到底，启蒙瓦解了传统道德的合法性基础，而道德证明的意义在于为人类道德生活寻找新的合法性依据。"启蒙的道

---

① ［德］包尔生：《伦理学体系》，何怀宏，等译，中国社会科学出版社，1988 年，第165 页。

德本质上是一种证明的道德。它最关心的东西不是告诉人们去追求某些善或德性，也不是告诉人们应该遵守某些道德规范，而是去说明人们为什么应该追求这些善或德性，为什么应该遵守这些道德规范。启蒙的任务是为现代道德提供一种证明，一种辩护，一种依据于人性和形而上学的论证。"① 道德的证明使人类对伦理生活有了开放性的认识，伦理世界再也不是由一个确定的权力所支配，伦理变成一种诠释的哲学，道德再也不是封闭的，而是开放的，这种开放性由人的理性智慧所决定。

启蒙把道德的权威赶走了，它用个人的决断取代了由人之外的他律性的圣贤权威。如果我们接受现代性的道德哲学是关于道德的证明这一论断，那么就让我们先来看一看，现代性如何将伦理学的重心由道德的确认转向道德的证明。这种道德论证对我们理解现代性的伦理转向以及这种转向对学校德育所产生的影响具有重要意义。现代道德哲学提出了什么样的证明？按照麦金太尔的分析，现代道德哲学主要提出了三种类型的证明，它们分别是由康德、休谟和克尔凯郭尔提供的。

康德提供的道德哲学把理性作为道德的内在基础和根本尺度。在他看来，道德有先验的标准，这就是高于人智慧之上的绝对命令，它决定人的道德选择，人必须听从绝对命令的指引。康德绝对命令的本质是理性，但又不等于理性，而是人的理性智慧（即康德所谓纯粹理性）进入道德实践之后所产生的道德意志。这种道德意志由于有人的先验知性作支撑，因而在康德看来这种道德意志也是先验的，它不依赖于人的经验感知而改变。苗力田在用康德的道德形而上学诠释自由的概念时写道：所谓"自由即理性在任何时候都不为感性世界的原因所决定"的东西。② 可以看到，康德

① 姚大志：《道德证明与现代性》，《吉林大学学报（社会科学版）》，2002年第1期。
② ［德］康德：《道德形而上学原理》，苗力田，译，上海人民教育出版社，2002年，第34页。

的道德哲学把严守理性智慧作为最高原则。而休谟则嘲讽康德的这种道德想象力，认为康德忘记了经验感受力对人的道德影响。在他看来，康德既承认道德的实践性，又排斥道德实践性，这是没有道理的。道德的实践性决定了经验情感在道德选择中不可替代的地位。休谟认为，理性与激情都可能是道德建构的依据，但人的道德不大可能单纯地受理性支配，因为人的激情具有更强大的道德力量，在理性与激情相冲突时，总是激情战胜理性，在人的激情面前，人的理性常常显得微弱而无力。

事实上，康德的思路同休谟一样，他同样承认人有激情的力量，只不过他排斥了激情这一无常的因素在道德生活中的决定意义，因而他与休谟在同样的事实面前却得出完全相反的结论。他认为偶然的"激情"不足以作为道德的根据，从而道德只能依据普遍必然的"理性"。康德对激情的否定是对休谟的道德证明的否定，同理，休谟对理性的否定也是对康德道德证明的否定。克尔凯戈尔则对休谟和康德共同否定。克尔凯戈尔从休谟和康德的对立中认识到了启蒙运动关于道德证明这一任务的失败，他接受了休谟和康德道德哲学中的反面论证，将理性和激情双双排除于道德证明之外，同时，他又否定了这两种道德哲学中的正面论证，从而主张道德不可能有一种合理的证明，主张道德没有根据，没有标准，只能是一种个人的选择。

然而，无论是康德的绝对命令，还是休谟的情感主义，在克尔凯戈尔看来，都是不值得争论的。克尔凯戈尔向人们推荐了三种生活方式，其中美学的与伦理的生活方式非常典型地说明了他关于道德只能作为一种选择而不能作为一种命令的理由。在美学的生活方式中，人沉溺于生命直观中，迷醉于个人浪漫激情，而伦理的生活方式则重视生活中的责任和义务，用良知左右人的生活信仰。这两种生活方式是相互矛盾的，非此即彼。然而，没有任何合理的理由使我们偏向其中任何一方，也没有任何道德权威来支持其中任何一方。如果没有道德权威，没有合理的充足理由，那么，我们到底过什么样的生活归根结底取决于我们的选择。克尔凯戈尔认为，没有任何东西能够决定人们过什么样的生活，这完全是每个人自己的根本选择。在克尔凯戈尔之前，启蒙运动通过康德试图为道德奠定一个理性的基础，提供一种合理的证明。现在克尔凯戈尔宣布，理性不是权威，也不能为道德提供合理的证明，在他那里，道德又从证明变成了直觉的选择。不管克氏是如何否定现代性伦理证明的意义，他自身对康德和休谟的批判，实际已经在证明道德哲学是用逻辑的"证明"来自我建构的。即他用理性方法证明了非理性的合法，他的道德仍然是证明的。

（二）诠释性真理观：道德学习者的权利

在一些学者看来，就道德哲学的任务是提供合理证明而言，以克尔凯戈尔、康德和休谟为代表的启蒙道德哲学都失败了。事实上，现代性的道德证明不存在什么失败与成功，因为道德一旦从原有的神性位置上走出来，就永远失去了所谓绝对与应该，一切都得由人在证明的过程中去把握。这就是现代性道德转向得出的唯一结论，也是现代性道德转向为我们提供的最宝贵的道德财富。

现代性有许多问题，从现代性在道德言路方式上的变化可以看出，现代性出现了最严重的道德危机和挑战，因为人类道德的传统被现代性的剧烈变化所打乱，因而无法按照一种既定的模式传递人类的道德价值，道德被迫从"应该"转向"论证"。因为再没有现成的、不被怀疑的，或者说能够得到普遍认可的伦理原则，在这种情况下，现代性只能把道德的原则交给运用原则的学习者。美国学者拉思斯专门论及价值澄清学说的哲学理由，在他看来，价值澄清的学说价值并不在于提供了一种面对学生的态度，而在于提供了一种如何思考道德与教育问题的理念。这种理念没有把它的价值放在如何尊重学生方面，而是放在如何澄清方面。他写道：

"一般说来,价值澄清理论要求我们鼓励人们花更多的时间和精力思考与价值有关的问题。我们应该鼓励他们更加审慎和全面地思索自己的价值观以及整个社会的价值问题。"①同时,对个人理性的承认也提供了这种道德转向的可能。在这种情况下,现代性的道德发生了一些根本性的变化,这种变化包括:道德自身的地位开始下降,而道德运用者的地位在提高;人们开始关注人在诠释道德价值中的地位和重要性,道德的意义与价值更多地依赖于它的运用者。道德运用者成了道德教育的中心,也正因为此,在西方才会出现各种突显主体价值的新的道德教育哲学。

从某种意义上讲,体谅关心与价值澄清看起来是一个孤立的学派,是一种独立而自足的理论,实际上,这些道德教育的学派都与现代性的道德哲学转向相关。它们不是孤立的,更不是自足的,而是在现代性的哲学转向中诞生的学术思潮,没有现代性对人的自由理性的证明,没有现代性的世俗化伦理哲学,就没有这些以自由判断为基础的教化理性。学校道德教育的每一步发展,实际都是人类对伦理哲学诠释力的体现。拉思斯在论述价值学习时,一再强调人的理性智慧在价值学习中的意义。他说,价值的学习"……源自关于充分利用智慧来指导生活的人们性格如何的见解……它应当是贯穿于个体的生活的事物,它利用个体有限的一部分精力和智谋,它确实体现于个体的行为决定之中"。② 在这里,个体的理性智慧构成决定这一教育学说的基础,而这个基础正是现代性的哲学转向所提供。道德教育的关心体谅学说实际也同样秉存着这一现代性的哲学思路。教育中的"关心"除了体现人类爱的信仰之外,更重要的是因为每一个被教育的人,他们是具有道德责任能力的个体,能在关系中去把握自己的道德责任而不遗失道德的自我,因此,关心和体谅都意味着一种道德诠释的自由。

---

① ［英]拉思斯:《价值与教学》,谭松贤,译,浙江教育出版社,2003 年,第 1 页。
② 同①,第 328 页。

如果没有现代性的解放,在道德意识上就不会有这种对学习者的认识,因而便没有也不可能有站在学习者立场的教育学说。

然而,诠释性的伦理世界观也带来了教化哲学的恐慌。在现代性的诠释哲学面前,伦理面临分裂的危险,可以说,现代性的道德诠释所取得的成果就是诠释本身,而不是道德本身。在诠释与证明的道德兴趣面前,道德自身退居到第二位,因为人们不相信有什么最后的真理,因而也不需要把精神放在寻找正确的伦理准则之上,而是把道德的热情放在道德本身的论证之上,一切为了给自己寻找一个自我确证的力量,一切都成为自我证明、自我诠释。因为只有在诠释中,人们才能得到自我的慰藉和良知的肯定。正如加达默尔在他的诠释主义理论中所认为的那样,理解作为一种寻找真理的方式,它永远是创造性的,只有诠释的智慧才是真理的最后支撑。他用"效果历史"这一概念表达了他对真理的看法,或者说提出了他的诠释性的真理尺度。他在论证效果历史的含义时指出:"一种名副其实的诠释学必须在理解本身中显示历史的实在性。"应当懂得所谓"历史的实在以及历史理解的实在"的关系。① 从他的诠释哲学中发展出了一套理解性的真理观。加氏对真理的诠释哲学,从某种意义上让我们看到现代性及现代性的反思已经把伦理变成一种证明的哲学,这种证明再一次体现了现代性在理性启蒙上的权力转移,证明本身已经意味着理性的权力自荐。

(三)"善"与"正义":两种不同的建构起点

现代性的道德证明选择了多种伦理途径,伦理学家们依照各自不同的哲学立场,对传统的道德权威进行批判和重新诠释,从而寻找自己的道德话语权力。人类道德的兴趣从善转向正义,从信

---

① [德]加达默尔:《真理与方法》,洪汉鼎,译,上海译文出版社,1999 年,第 385 页。

仰转向合理,从心灵转向社会。伦理的建构从个人对善的追求转向对道德的社群结构的正当性思考以及个人道德修养哲学。道德不是寻找理想主义,也不是争论善究竟是什么,而是悬置对善的终极的追究,把伦理思考的重心放到一个更为实在的社会建构中,使伦理学从内在的道德建构转向外在的道德建构。伦理学的这种转向并不是从罗尔斯的正义理论开始的,在自由主义伦理学(西方理性主义的启蒙)时期这种转向就已经开始,功利主义伦理就是以大多数人的幸福为目的的。罗尔斯力图通过政治制度的建构来保证这一目的的进一步合法与稳固,他第二次对这种社会的正义伦理诉求进行论证,使正义理论的社会结构化获得了更深层次的发展。

应当说麦金太尔是在善的领域进行伦理追求的重要代表,而罗尔斯是在正当的领域进行建构的重要代表,当然,无论哪种建构可能都不是孤立进行的。两种建构对于现代人的道德生活都同样具有不可缺少的意义,但他们的努力方向确实又不一样。罗尔斯要求正当高于善,反对把绝对善的信仰问题放入伦理学的讨论中,其意义就在于尽可能地通过正义的制度建构来防止善的专制,以便为个人的选择自由留下空间,他着重讨论的是作为一种关系和制度的道德。

美国学者桑德尔说罗尔斯的"自由主义问题乃政治的而非哲学的或形而上学的,因而不必依赖有关自我之本性的各种有争议的主张"。① 罗尔斯自己也拒绝把自己的自由主义放入所谓"完备性"的学说之中,他不追求究竟什么是真正的正义这类道德信仰问题,而采取一种所谓的"重叠共识"的认同,在相互承认的基础上讨论"如何"正义的问题,而不是"什么"是正义的问题。这是他区别于麦氏正义观念的根本之处。桑德尔对此作了最为深刻的论

① [美]罗尔斯,等:《政治自由主义:批评与辩护》,万俊人,等译,广东人民出版社,2003 年,第 176 页。

述,以澄清罗尔斯正义理论的特殊价值。他要求人们不要去追究罗尔斯的正义信仰是什么,因为"与完备自由主义不同,政治自由主义拒绝对因各种完备性学说所引起的种种道德争议和宗教争议、包括有关自我概念的争议,采取任何片面的立场:'即使权衡一切,究竟哪些道德判断为真? 也不是一个政治自由主义的问题……为了在各种完备性学说之间保持公道,它(政治自由主义——译者注)不会具体谈论这些学说产生分歧的那些道德论题。'"① 桑德尔接着分析说:"由于政治自由主义并不取决于这些道德或宗教观念中的任何一种对它的证明,所以,它被表述为一种'独立的'观点;它'将宽容的原则应用于哲学自身'。"② 罗尔斯自己在《政治自由主义》一书中充分阐述了自己的观点,他写道:"作为自由的个人,公民要求把他们的人格看做是独立于任何这类带有其终极目的图式的特殊观念,且与这种观念没有同一性。姑且假定他们有形成、修正和合理追求一种善观念的道德能力,他们作为自由个人的公共认同,也不会受到他们的决定性善观念变化的影响。"③

　　麦金太尔对罗尔斯的这个观点有清楚的认识,他在《德性之后》一书中评价罗尔斯时说,罗尔斯进行道德论证的前提排除了对绝对善,即什么是"好生活"的争论,不去追问什么是值得过的生活,什么是最终的价值这样的问题。他在书中留下了精辟的评价:"罗尔斯明确地把下述论断作为其观点的前提:对人而言的好生活是什么,我们必然与他人有不同看法,所以,我们必须把对这种善和这种利益的任何理解排除在我们对正义原则的阐述外。只有这样一些利益:不论我们大家关于好生活的观点是什么,每个人都能

　　① [美]罗尔斯,等:《政治自由主义:批评与辩护》,万俊人,等译,广东人民出版社,2003 年,第 177–178 页。

　　② 同①,第 178 页。

　　③ [美]罗尔斯,等:《政治自由主义》,万俊人,译,译林出版社,2000 年,第 30 页。

从中得到一份利益——才是值得我们考虑的。"①这就是罗尔斯的正义,不是一种道德的信仰和个人道德选择的理由,而是在一个最基本的道德共存前提下的正义的社会原则。

而麦金太尔对正义的兴趣和罗尔斯有所不同,他关注的主要不是正义如何可能,而是正义的原点在哪里。他在《德性之后》一书中,虽然花了不少笔墨来剖析罗尔斯和诺齐克的正义理论,但是他最关心的问题不是他们的正义程序和操作方式,而是正义作为一种普遍的道德信仰在历史的渊源上是如何发生变化的。最重要的是,他要给今天的人类道德提供一个可靠的方向:我们应当往何处去,应当寻找什么样的正义?正是带着这样的目的,他清理了从古希腊的英雄主义正义理论直至今天罗尔斯理想主义的正义理论。他的目的不是追问在今天这个时代如何表达正义,而是追问究竟到哪里去寻找正义。所以今天的伦理学才会把麦金太尔的努力称之为一种历史主义的德性理论,因为他的复杂的道德论证最终要把人引向古典英雄时代的自由理想之中。他认为一切正义只有在历史的原初始点中才能找到根据。

二、学校道德生活转型的现代性架构

(一)现代性的历史信仰

现代性创造着历史的权威,这种权威确立起社会主流不可动摇的道德地位,宏大的历史目的支配着现代性的道德价值。世界是统一的,历史是统一的,黑格尔是现代性伦理的典型代表。在黑格尔那里,"自由是对必然的认识",他对自由的界定构筑起现代性的伦理框架。对于后现代而言,自由虽然来自于现代性的哲学

---

① 〔美〕A·麦金太尔:《德性之后》,龚群,等译,中国社会科学出版社,1995年,第315页。

启蒙,但对于这一现代性的最大成果,后现代哲学家没有弃之不用。无论后现代如何用生命的概念去重新诠释哲学的本质,或者用女性的思维去重新构思主体的概念,把爱、理解和体验作为今天的哲学宣言,用包容和差异代替权力和支配,用大地主义的生态平等代替人道主义的自由,但自由这个概念始终没有被彻底否弃,而仍然是后现代的中心概念之一。任何后现代的哲学都直言继承现代性的自由概念。对于后现代而言,自由已经没有了黑格尔的霸气,自由首先失去了自身通向必然的力量,自由是人的自由而不是历史作为一种精神的自我觉醒(黑格尔认为历史是精神的觉醒)。同时,自由也不是由单纯的理性意志支配的产物。自由与伦理的结合是后现代对自由的最大修正,在这种力量之下,自由开始与他者结合,自由在对他者的责任中显现出来,变得温柔可亲,再也不是孤言独语,自由需要在另一种存在中孕育。在后现代思想家看来,生命似乎是一个比自由更重要的概念,但这种理解可能过于乐观,因为对生命的解释最后重又落实到自由上来,人不可能放弃对自由的渴望,但人又害怕自由对世界造成的危险。自由给我们的伤害太大,所以人们既不愿丢弃它,又不愿原封不动地接受它,自由被后现代所修正,同样是人的权利,但自由不是无限的权利。

现代性在理性自由的旗帜下,使每一个人都有可能成为主宰自己的主体,因而自由也成为人可以主宰世界的理由。现代性的理性启蒙不仅给世界一个新的主宰力量,而且也给人类带来新的道德权力,因而现代性在伦理学上的意义甚至比它在科学上的意义更重要,它所改变的,不仅是一个物质世界的文明景观,而且是一个意义世界的景观。人类不再相信任何外部的力量,也不再去寻找这种力量来解决价值选择的困惑,人类已经意识到自己就是一切价值的尺度。普罗泰戈拉在几千年前就已经看到人类启蒙的这一天,他预言"人是万物的尺度",只是在他那个时代还没有科学的力量作为人类理性的证明,因而他的预言也只能是一种微弱的声音。普氏说，人是万物的尺度，这证明了真理没有绝对的标准，真理可以因人而异，而现代性却使他的预言变成一个普遍的原则：人，在与世界的关系中，成为道德的终极者。

如果这种对人类的认识成为一种普遍信仰，对于人类的未来来说将是可怕的。历史已经不止一次证明，人类只要忘记自己在宇宙中的位置，就会自我膨胀。德国思想家舍勒认为，人必须首先确立自己在宇宙中的位置，才能真正善待自我，才能看清自己的本质。在他看来，人永远只是一个祈祷的 X，人自己根本不能决定任何真理，只能向善、爱善。这意味着人虽然不能占有意义，但却可以祈求意义，即爱善。古希腊哲学家对人的智慧进行了限定，对人的道德和意义进行了限定，在他们看来，人永远不可能占有意义，人永远已不可能占有智慧，但可以向智，即爱智慧。因此，人有哲学的能力，但哲学的能力不是智慧的能力，哲学只是人爱智的表现。人只要做到"爱智"与"爱善"，也就真正完成了自己存在的使命。现代性把人的这两个天赋使命给解除了，人以为自己就是智慧的，自己就是"意义"，这是现代性给人类带来的两个最危险的结论。

我们在批判现代性时，常常强调把人从道德权威之中解放出来，把道德的权威让渡给个体自我。道德教育的根本在于把道德从权威中解放出来，让学生学会自主与自由的选择，因为他们是道德选择与承担的主体。这种批判看到了道德权威给学生自由带来的局限，但从教育的价值看，又不能简单地否定道德权威对儿童道德学习与道德成长的作用，尤其在生命发展初期，道德的榜样与权威仍是引导儿童道德学习的重要力量，同时，道德的选择与承担能力也需要通过学习来培养。因而，不能简单用现代性的批判代替教育的批判，文化意义上的批判与教育意义上的批判遵循着不同的基础与价值前提。

（二）现代性的主体意识与自由危机

现代教育试图建立的是人如何自主的问题，但这个问题恰恰已经不是现代生活最重要的问题，应当说，现代性已经解决了这个问题。然而，从中国的问题出发，似乎这个问题还没有得到很好的解决，我们似乎还需要自主性的建构，还需要完成这一"工业化"的过程。事实上，自主仍然是我们今天教育应当关注的问题，但关键在于在旧的问题还没有解决好的时候，我们又面临新的问题。当我们还没有学会做好主体的时候，我们又被迫去批判主体，去再次学习如何做"客体"——放弃主体的权力，去听从自然的声音，将人的智慧交给道德去处置。从某种意义上说，学会成为客体比学会成为主体可能还要困难，因为这不仅需要灵魂的再次洗礼，而且需要有信仰的支撑。

美国学者斯特劳斯对现代性的诊断，揭示出了现代性危机的本质。在他看来，现代性的危机是理性的危机，而理性的危机最终就是人的危机，这与哈贝马斯用"生命殖民化"所描述的现代性危机具有相似之处。现代性在给人自由、主体和权力的同时，却把人的生命拿走了，失去了生命的体验，人的自由、主体和权力又有什么用呢！在斯特劳斯看来，现代性的本质就是"人义论"，就是理性启蒙，而现代性的危机恰恰由理性的自负而肇起，正是从这个意义上他才说，现代性的危机深藏于现代性之中。现代性的一切危机，都是人自身的危机。张志扬在论证斯特劳斯时写道："现代性的特征无非是一种世俗化了的圣经信仰，即彼岸的圣经信仰已经彻底地此岸化了。"① 正是这种理性的盲目，理性自身的封闭与独大，使人类经历了奥斯维辛的悲剧，同时使它丧失了修正自身的活力。美国学者马歇尔·伯曼（Marshall Berman）批评道："如今的现

---

① 转引自张志扬：《一个偶在论者的觅踪：在绝对与虚无之间》，上海三联书店，2002年，第213页。

代性要么沉溺于盲目而无批判性的热情,要么因其新奥林匹亚式的疏离和轻蔑而遭到指责;无论在哪种情况下,它都被构想为一块封闭的独石,现代人无法雕塑它或改变它。现代生活开放的视野已被封闭的视野所取代,即是说,过去是既要这个又要那个,如今却以非此即彼来取而代之。"① 现代性因为理性意识的出现而给人类带来自由的观念,但正是这种自由给人类带来罪恶和堕落。从这个意义上说,现代性的一切问题在于,没有在理性启蒙的同时伴随道德的启蒙,使人类的理性因失去道德的守护而走向了自大。

自由这一概念在古典时期并不重要,真正的自由是现代性的产物。在古典时期,人还被放置于"对象"化的位置上,思想家们还在寻找人的主体的可能性。而现代性的理性意识帮助人找到了自身的主体位置,从而使人对自由的理解发生了根本的变化。人是一切,人就是上帝,正像尼采的伟大发现一样,人冲出世界对他的束缚,他想成为世界的主人。从这个意义上讲,尼采哲学的全部意义是"人的自由"的先声。换句话说,自由是理性的产物,它是因为理性的觉醒才得以成为人的概念。现代性使自由成为人自身的财富,这是现代性赐予人的最大的礼物。然而,也恰恰是现代性使人失去了这一刚刚让渡给人的权力,现代性在用自由带给人幸福的同时,又让人体验自由带给人的灾难,这样,现代性又以另一种方式收回了人的自由。德国学者阿多诺曾经批评黑格尔所揭示的普遍性是一种现代性的魔法,在他看来,在这种魔法之下,现代性自以为有理性的解放而获得真正的自由,其实这种获得自由的人恰恰是现代性最大的悲哀。在这种魔法下,最可怜的莫过于自以为自由、自以为持有个性的个人,实际是真正的"无能个人",他们根本就不知道什么是自由。这是因为,现代性的自由缺少对道德的尊重,把显示力量作为自由的根本标志,这是导致现代性的自

---

① Marshall Berman, *All That is Solid Melt into Air: The Experience of Modernity*. Penguin, 1982:24.

由陷于危机的根本原因。因此,当我们呼唤教育中的自由的时候,也应当警惕自由的陷阱与自由的暴政。

(三)寻求真理:道德教育的根基

学校道德生活究竟当如何建构,杜威以为已经解决了这个问题,他把学校交给了社会,这应当是杜威所作出的伟大贡献,但杜威的社会并没有包括深刻的历史命运,他的社会只是一个现实秩序。无论是他的学校即社会,或教育即生活,都是要让学生能够成为社会生活的主体,能够融入社会并促进社会的进步。但道德教育是否就到此为止,是否可以回避社会的根本性道德课题,即建构一个正义的社会,而不是简单适应这个社会,学校道德生活的中心究竟是什么?

作为对现代性的一种反思,学校德育首先关注的肯定是教育中如何面对学生,这是因为现代性的总体性哲学把人从教育中排斥出去,用历史和终极代替了鲜活的生活世界,这是我们批判传统教育的一个基本出发点。现代性强调了总体性,而忽视了个体性和偶然性,在学校教育中,这使学生失去了人的位置。但是当我们认识到现代性的这一错误之后,千万不能以为我们已经完成了教育的使命,以为教育的重心就在于改变传统的教育态度,或者说,只要改变了传统的教育关系,改变了我们对学生的教育态度,使教育放弃价值权威,让学生成为教育的主体,用平等的对话和真诚的交流代替权威的暴力,我们就可以走向教育的终点,占有教育的理想。我们应当知道,这只是解决了教育的一个基本问题而已,纠缠于这个问题不放就会走向另一个误区。

从一定意义上讲,学校德育应当处置两层关系,第一层是与儿童的关系,第二层是与道德的关系。今天的学校德育研究以及对现代性的批判,仅仅看到了第一层关系,对第二层关系的剖析还显得非常不够。比如对自由的理解,我们仅仅从与儿童的关系这个角度进行思考,以为给了儿童自由,如学习的自由和生活的自由,就完成了自由教育的任务。实际上,这是非常肤浅的观点。自由不仅作为一种教育的实在关系,而且还有相应的价值内涵,这一价值内涵就是自由同时意味着责任,而这个内涵在我们的学校道德教育中却没有得到充分的安置或安置得非常肤浅。当然,不是说在学校德育中就一定应当包括全部的哲学思考,而是说,哲学思考的成果是构建学校德育的价值基础,离开了这个,任何道德教育的形式都是不深刻的。

从这两层关系中,可以看到学校德育的两种建构模式:一是关系性的建构模式,一是价值性的建构模式。在通常情况下,这两者并不是分开的。一种新型的教育关系,实际代表了我们对新的道德价值的理解,同样,当我们有了新的伦理意识,我们也会通过适当的形式表现在自己的教育关系中。然而,无论如何,这两者还是有区别的,过于注重教育关系,把新的道德价值完全理解为对教育关系的改造,这将削弱对道德价值的学习和建构。从亚里士多德到卢梭,以及后来的裴斯泰洛奇、夸美纽斯、赫尔巴特等,都是沿着关系性的建构模式进行的,他们反复争论的问题,是教育者应当如何建构一种对待儿童的态度,并把这种教育关系当做教育哲学的本质。在他们看来,教育的哲学就是对待儿童的一种态度的哲学。亚里士多德提出顺应自然的教育哲学,到卢梭则从这种顺应之中重新建立起一种自然主义的教育哲学,他们的哲学本质应当是相同的。亚里士多德的顺应是对灵魂的顺应,而卢梭要为这种灵魂的生长创造一个自然的条件,他们一个从人的内部建构教育应有的态度,另一个则从外部建构这种态度的基础。在他们之后,一代一代的教育家们的教育思考则是对这种态度哲学或关系哲学的不断诠释和设想。在这个过程中,黑格尔的教化哲学最为典型。在他看来,教育最重要的是让学生形成一种学习的态度,这就是沉思。沉思对于黑格尔来说具有特别的教育意义,沉思是一切教育的前提。

除这种注重关系的教育哲学之外，还有一些教育家则开通了理解教育的另一条道路，但这条道路可能没有引起我们的重视，甚至被许多人作为批判的对象。这条道路就是，从道德价值本身出发建构教育的模式。这种教育哲学关注道德价值本身的教育意义，认为在教育哲学中最重要的不是如何处置与儿童的关系，而是如何抓住道德精神的变化和本质，让学生能够掌握真正的道德理性。但许多人指责这种教育哲学背离了儿童生长的哲学。究竟应当如何看待这两种教育哲学呢？事实上，我们用了一种对立的态度对待这两种教育观念，没有意识到这两者相互依赖的一面。如果我们不是在这两者之间进行非此即彼的选择，那么，我们就会发现，我们的教育正是因为缺少后者的支撑，所以才显得单薄而无力。

然而，仍有许多学者看到了教育哲学的这两种视野的不同，也看到了在两种视野中进行平衡的重要性。福录贝尔对上帝精神的论证可以说明，他已经意识到后者对于培育人的灵魂和精神的重要性。他说："人的教育就是激发和教导作为一种自我觉醒的、具有思想和理智的生物的人有意识地和自决地、完美无缺地表现内在的法则，即上帝精神，并指明达到这一目的的途径和手段。"在他看来，"教育的目的是表现忠于天职的、纯洁的、完美无缺的、因而也是神圣的生活"。[①] 他把教育的最高宗旨讲完之后，才去考虑教育应当如何处置与儿童的关系，并将作为一种态度的教育哲学放置于作为一种思考的教育哲学之后。无论如何，教育首先是要解决人的价值问题，而道德教育是要先解决道德本身的问题，然后将澄清的价值运动用于教育生活之中。教育如何面对儿童，这只是道德教育的一个部分，什么道德值得教才是影响和决定教育的根基。即对教什么的思考要先于如何教的思考。因而，教育不仅要

---

① ［德］福录贝尔：《人的教育》，孙祖复，译，人民教育出版社，1991 年，第 2 页。

思考如何面对儿童，或者说如何确立儿童在道德生活中的位置，更重要的是要思考用什么样的高尚的道德和美好的意愿引导儿童，让他们与道德真理相遇，思考并占有道德的真理世界。

引导儿童走向何方以及如何对待儿童，是道德教育需要思考的两个重要问题。但现行的教育中，我们思考得更多的是如何对待儿童，而不是什么才是真正有益于孩子的。在今天的教育研究中，研究者们花费大量的笔墨论证新型的教育关系，这种新型关系就是以儿童为中心，强调让教育者让位于学生，一切从孩子出发，要求教育者出让教育的权力。

在我们对现代性的思考中，由于传统教育的道德暴力对儿童的伤害太大，使我们把批判的重心放在了教育的关系上，而忘记了教育，尤其是道德教育所具有的更重要的根基在哪里。正如国内学者高伟所说的那样：近现代教育的"理解"不是从"教育"出发的，而是从教育者与受教育者的关系，特别是改造关系或者塑造关系出发的。[①] 这样的思考虽然看到了教育关系与态度对道德学习的重要性，但教育的关系与态度不是教育的根本性问题，寻找到有益于孩子健康成长的价值根基，才是教育的根本性问题。正是由于学校教育纠缠于这种形式问题，我们的教育才变成了没有"价值"的教育。如果说，在教育中学生们永远在为自己的自由而努力，那这种教育还处于十分低级的水平，当学生已经争取到自己在教育中的地位之后，他们应当成为思想的自由创造者，成为学校精神生活的一个重要部分。在这个过程中，学校才能成为真正的学校，因为它把寻找真理的权利给予了学生，给予了我们这个正在寻找真理的世界。金生鈜认为，现代教育必须培养受教育者的两种基本能力：一是以正义感与善观念为核心的道德能力与德性，二是判断、思想、自主自律的理性能力。因为这两者是公民享有向社

---

① 　高伟：《生存论教育哲学发凡》，南京师范大学博士学位论文，2003年。

会提出符合美好生活的合理要求的自由权力的基础,也是公民能够自主承诺社会正义与他人自由的义务与责任的基础。① 他强调关注儿童理性能力的培养,认为教育"应该以养育人的理性精神作为教育培养人的重要内容之一"。② 这是对我们应当如何引导儿童道德成长的深刻思考。

可以说,从"态度哲学"转向"思考哲学",这是学校德育从现代性的困惑中解脱出来并走向未来的教育哲学的重要一步。现代性因为无视人的存在,被历史的宏大叙事所迷惑,因此现代性的解放首先是教育关系的解放。但仅仅停留在这个解放上是不够的,还必须回到教育哲学的根本上来,这才是现代性的根本解放。然而,现代性又是矛盾的现代性,现代性一方面用强大的集体叙事放逐人在教育中的位置,但另一方面它又挑起人的理性自由,试图让人获得自己的道德理性,要求人去思考,我们只注意到前者的教育价值,而没有注意到后者的价值。正是这种矛盾可能使我们的教育只关注了前者,而没有注意到后者,事实上,恰恰是后者构成现代学校德育的根本内容。

其实,从某种意义上说,教育现代性的问题,正是在于对"思考"的过于强调(西方是这样),忽视了作为一种"关系"的人在教育中的存在,因此,强调交往、对话和关怀,并且这种生命情感重新为教育确立价值的基础。过去我们常常用西方现代生命哲学中提出的,包括体验、理解、陶冶等新的哲学价值作用,批判和否定我们传统教育中的灌输、强制和暴力等教育倾向,实际上,这在某种程度上是对生命哲学的错误理解。因为生命意识在教育中的再显,原本不是针对我们(东方)传统教育的道德霸权,而是在西方语境中指向过于理性主导的那种强调将道德知识化的教化传统。在西方,基督教的教化传统也曾将道德与信仰变成一种权威和强制力

---

① 金生鈜:《德性与教化》,湖南大学出版社,2003 年,第 309 – 310 页。
② 金生鈜:《教育为什么要培养理性精神》,《教育研究与实验》,2003 年第 3 期。

量,但总的来说,并没有形成中国教育传统中的这种政治强制传统。因此,从这个意义上说,现代性的主体哲学代表着一种"思考"的取向,而生命哲学则是对主体哲学的一种反思,它强调的是生命的交流、对话和关爱。由此,在教育的哲学领域才会出现"思考"与"关系"的对抗。而现在面临的问题是究竟应当如何处理好两者的关系,在它们之间有没有一个第一和第二的优选问题,即是在思考的基础上关怀,还是在关怀的基础上思考。

让学生把握道德真理,使学生成为独立思考的主体,这与按照伦理的逻辑建构学校的道德生活是不同的。前者强调的是学校德育的价值目标问题,而后者则强调道德教育自身的道德性问题。因此,从这个意义上说,把教育哲学指向教育关系的取向体现了后一种教育价值,即并不重视道德教育究竟能给予学生多少道德的知识和修养,关键在于能不能以一种道德的方式对待学生。比如,公平和正义作为一种伦理价值,关键不在于能不能让学生掌握这种价值或树立公平正义的道德观念,而在于教育本身有没有按照公平正义的方式对待学生。当然,这两者本来也是不能完全分开的,但作为一种教育价值,它们之间的确又是不相同的。从这一点出发可以看到,如果说现代性开始了一种"思考的哲学",使人从绝对的信仰中走出来成为信仰的主体和思考者,那么后现代性则开始了一种"关系的哲学",它用人的生命体验重新为教育中的人制定一种关系的准则,把爱、体谅、关心、对话和交流带入教育的道德建构之中。从这个意义上说,现代性推论出"道德思考"的重要性,并把教育的价值定位于道德价值的传递和实现,而后现代则力图摆脱人的思考和对价值的把握,只是要求教育应当创造一种道德的生活方式去陶冶学生,让他们在一个自然的道德情境中发展自己的道德。那么是不是说,这就意味着思考是没有意义的,掌握确定的道德价值也是没有意义的? 这是一个值得再次深入思考的问题。虽然,现代性给我们带来许多问题,理性的启蒙使我们的教育和生活失去生命原有的活力，但我们仍然不能忘记，对道德真理的自由思考乃是道德教育的根基，失去了这个根基，道德教育将失去全部的意义。只是这种道德真理可能是个人性的，而不是普遍的。

这里应当解释清楚的是，对儿童的爱与尊重并不意味着放弃道德教育的价值内涵，无论是亚里士多德的灵魂适应说，还是卢梭的自然教育论，都没有推导出可以抽空道德哲学包含的深刻内涵。顺应儿童的天性发展，与不要道德的实质内容不是一回事。尊重儿童的道德自由和道德权利，以及用交流对话的方式实现道德的价值传递，并不意味着可以拒绝对道德问题的思考。道德教育及其实现方式的道德性，只是道德教育的外在形式问题，不能从这一形式推论出任何可以用幼稚的道德游戏代替严肃的伦理课题的结论。有了爱、关心、体谅、交流和对话，还要有公平、正义、善及善的信仰。道德是对人类命运的叩问和求索，它不能永远停留在儿童语言的游戏之中。在这种语言游戏之外，同样包含着伦理的深刻命题，什么是正义、民主、自由，这些是任何生命与情感的教育关系都不能代替的。在道德教育中，有生命情感的轻松，也有命运深思的凝重，当我们站在人类命运的视野中看人的道德问题时就会发现：人，天生赋有沉重的使命，人不可能轻松自在地活着，人的使命决定人必须思考，永远思考，追问真理和意义，这是道德的根本源泉，离开了这个源泉，人就无所谓道德。

德国学者阿多诺对海德格尔把人类道德灾难诗性化的哲学态度甚为不满，他严厉批判海氏哲学在浪漫情调背后的道德退化。他用"奥斯维辛之后不再写诗"的誓言，表达对人类道德的凝重意识。在他看来，死亡不可以被艺术化，死亡不应当是海德格尔笔下的轻松自得，奥斯维辛是人性的死亡，而海德格尔将这种死亡变成一种诗，阿氏认为，这是对人类伦理的羞辱。在海德格尔看来，死亡和罪恶都可以被看做诗的艺术去想象，死亡是存在的终极，毁灭在海德格尔那里变成生的力量。在阿氏看来,海格德尔那种主张哲学与现实分离的思想是一种罪恶,这是一种"形尔上学的魔法"①,它使人处于对苦难的冷漠之中,甚至被卷入对兽性的同情。因此,海德格尔对毁灭的赞颂在阿多诺那里变成了愤慨,海氏对死亡的神秘性的向往,在阿多诺看来一点儿诗意也没有。阿氏认为,海德格尔的形而上学冷漠,造就了对现实苦难的宽容,是鼓励社会以现在的形式继续存在下去,使人失去对现实的批判力和战斗力。从这里可以看到,道德在哲学上是不可以诗化的,道德永远带着沉重的历史责任和巨大的探险意识。从学校道德教育的角度来说,我们对道德教育的思考,对学校道德生活的建构,无论在形式上可能表现出哪种自然和轻松,但在道德的价值内涵上它都被赋予了伟大而深沉的精神内涵。

阿多诺主张,哲学不能与现实分离,哲学是生活世界的哲学,是对现实苦难的思考和反思,这是哲学的不可推卸的道德责任。一句话,道德是关乎人类命运的沉思,而不是轻松自在的游戏。学校的道德教育因为要摆脱传统权威的统治,因而倡导一种自由解放的哲学,然而,自由解放绝不意味着将道德游戏化和感性化,绝不意味着对责任和义务的摆脱,绝不意味着放弃对人类命运和前途的思考。今天,我们在现代性的解放中寻找着诗性的教育哲学。的确,狄尔泰的生命情感易于让我们接受,文化教育学派的自由与体验也让我们在传统教育的压迫下呼吸到一种新鲜的空气,在这种精神哲学的诱惑下,我们已经陶醉了,把一切历史和命运责任都抛到九霄云外,一切都由生命的自然情感做出选择。我们如何生活、如何判断、如何找到我们的价值,这些都在感性的体验中完成。然而,这种教育哲学能够拯救现代性的道德与灵魂吗?这似乎把教育的哲学思考简单化了,如果学校德育可以这样轻松浪漫,那人

① 张一兵:《无调式的辩证想象:阿多诺〈否定的辩证法〉的文本学解读》,生活·读书·新知三联书店,2001 年,第 331 页。

类的真理和价值就不会这样艰难和充满危机了。

道德是生命的,把生命理解为对快乐的追求,尤其在道德教育中提倡直观与放纵以及顺应自然体验的态度,这不是道德教育应有的原则。道德教育必须要有历史感与命运感,如果道德教育放弃对责任和义务的追求,放弃一种深沉的凝思,那么我们的道德教育就可能被人的感性欲望所支配。如果换一个立场来看,当我们试图把人的道德生活引向一个更大的历史视域中时,我们就会体验到学校的道德生活也是这个历史过程的一个部分。道德的快乐在亚里士多德那里就已经被证明,那不是一种纯粹自然的快乐,而是一种对命运和存在的沉思。用阿多诺的观点来说,一切希望弄清 20 世纪为什么会有那种人间悲剧的人,都不会再用那样轻松的眼光看待人类在未来的道德选择。从学校的道德教育来看,这种道德的深思与责任似乎还没有真正让我们体验到:在许多人看来,不管生命与情感有多么深沉,当把它放在儿童的生活世界中时,都应当化为一种以自然生命为基础的轻松与自然。卢梭对儿童的理解,对自然天性的赞美,都是在呼吁一种没有任何道德压力的教育,在我们的教育中,对批评的责备,对知识的批判,对权威的嘲弄,都反映着这样一种倾向:以为懂得一些新的教育口号就可以搞好学校德育,学校德育的危险在于盲目跟随流行的口号,却缺少对流行口号的深刻反思。

我们在对西方的理性主义德育进行批判的时候也存在一些误区,认为他们只重形式的思维训练而忽视内在的内容。虽然内容与形式的割裂是导致教育问题的重要原因,但也不是唯一原因。我们需要思考的是,人们为什么不约而同地只重形式而不重内容,这可能是为了突显行动者主体选择的一种策略,也许正是现代德育意识到自己为与不为的边界所在。即对于教育来说,我们只能在形式上对学生的道德发展加以引导,而不能替他们自己决定究竟什么是道德,什么是不道德,这种思想深刻地体现了尊重的思想,体现了以受教育者为主的思想。即内容与形式的统一需要受教育者在具体的生活情境中去加以完成,这给孩子运用自己的理性提供了可能,这是一种能促进受教育者主体性发展的思想,也是一种教育留白的思想。不能无端地指责他们忽视或抛弃了人类美德,他们正是为了更好地促进学生去创造自己的美德,而将道德的选择权与决定权让渡给了学生。用不重视美德内容的观点来指责形式主义德育,在逻辑上犯了德育观误置的错误。形式主义德育认为美德并不是一个确定不变的东西,它是一个需要依情境而定义的东西,情境的千变万化并不是在课堂中就可以掌握的,美德又如何可教呢?唯一的出路与策略就是教人如何去寻求美德。他们并不是要放弃责任,而是力求实现自己能达到的责任,努力去实现真正道德的责任。

学校道德生活的
现代性重构

我们生活在一个剧变、动荡和革命的时代，我们的生活方式、人生哲学都有了激变。我们目睹古老文化传统的碎裂以及完全不同的思想流入。我们得在一个全球性通讯以及无止境的思想多元化的世界寻求我们自己。我们被卷入种种不同的世界观相互冲突的旋风里，我们渴望对这个世界及我们自己有更深刻的理解，却不知道何去何从。①

——孙志文

第一节　学校道德生活现代性重构的
起点、原则与精神向度

一、学校道德生活现代性重构的起点

前面已经论述，对于中国的现代性来说，可能有不同于西方现代性的起点和归宿，中国的现代性有自己特殊的来源和方向，可能

---

① ［德］孙志文：《现代人的焦虑和希望》，陈永禹，译，生活·读书·新知三联书店，1994 年，自序第 1 页。

不是来自于理性启蒙对信仰统治的反抗,也不是来自于生命动员对理性压迫的挣脱。但是,中国的现代性仍有现代性的普遍依据。虽然东西方没有相似的传统力量,在西方是摆脱信仰,在中国是摆脱权威,但两者却有着相似的启蒙动力,都是用理性的力量去对抗传统的重负,都有一个对生命意识的呼唤问题。因此,从这个意义看,中国的现代性及其批判同样有着一些共同关注的主题。在道德教化的逻辑起点上,同样需要重新奠定它的哲学基础。岳龙指出:"立足生命存在,关注生命体验,呼唤生命活力,提升生命质量,这就是我们教育现代性的基本内涵,也是教育现代性义无反顾的责任。"[1]"关注个体的生命存在才是我们追求的教育现代性的本真所在。"[2] 这种对现代性的认定,如果不考虑到中国现代性的特殊情况,它就可能是片面的。正如第一、二章中所论述的那样,因为中国传统的特殊性,对于中国这样仍然缺乏理性意识的传统来说,其现代性过程可能既需要用生命冲动去批判现代性对理性的过度张扬,同时又不能简单地用生命冲动去排除理性的生长。然而,我们的传统具有非常特殊的性格,它既缺少对理性的尊重,同时又缺少对生命的崇拜。在我们的传统中,只有政治与权力的冲动,如果说这种冲动也具有个体性和情感性,那它也只是一种被政治化的个体性和情感性,而不是那种被理性和权力所压迫的个体生命力量。此外,在今天这个全球化的生存背景中,不管我们愿意还是不愿意,我们已经处于现代性的世界谱系之中,我们的生存处境在理性还没有充分成熟的情况下就已经开始受到理性膨胀的危害,因而在培育理性意识的同时,考察我们教化哲学中的对生命的缺损,同样是中国现代性十分艰巨的任务。

---

① 丁钢:《历史与现实之间——中国教育传统的理论探索》,教育科学出版社,2002年,第48页。

② 同①,第53页。

（一）轮回的教化理性

1. 教化的知识起点

道德究竟应当以什么为它的逻辑起点,这是在古典时代就已经产生的问题,苏格拉底的知识即美德可以说是第一次将这个问题提到论辩的平台上。在他看来,他所说的知识即美德并不是像现代人所理解的那样把人的道德问题知识化,而是试图为道德教化寻找一个内在的起点,并从这一点开始人的伦理实践。苏格拉底的努力是要把美德问题一层一层地剥离,最终找到美德的本质,任何教化的起点都必须从这个本质开始,只有这个起点才是内在性的或最可靠的。苏格拉底用了全部的精力去思考这个问题,最后他发现,道德作为一种知识才是构成人的道德的核心,一切美德最终都可以归为对道德问题的理解。一个人真正占有了道德知识,才可能真正成为一个道德的人。虽然有人批评他说,许多人没有道德并不是因为没有道德知识,而是因为他不愿按照道德知识去行动,但在苏格拉底看来,这种观点是不成立的。他认为,一个人不能按照已经懂得的道理去做,最终还是因为他没有真正懂得这个道德。说到底,还是一个道德知识问题。苏格拉底在认定美德"是神赐予心地善良者的一种本能"的基础上,指出人不会故意作恶,人"知善"必定"行善",因而,知识即美德。苏格拉底还从这一点进一步推论,这样的逻辑是符合道德教化的客观逻辑的,因为美德作为知识才是可教的,而作为德行是不可教的。道德教化只能从道德的知识开始,然后向人的德行拓展延伸。

因为苏格拉底认为,只有作为道德本质的东西才能被用来作为道德教育的起点,因此只有道德的知识才能承担这个角色。这样就有了苏格拉底对于道德教化逻辑结构的基本认识和态度,即一切都应当从道德的知识入手,这样的道德教育才是实际可行的,美德的修养和教化也可以变成可操作的教育过程。但是,对于美德是否可教,他仍然没有得出令人信服的结论。① 不过,他自己终日巡游于雅典街头劝人思善、行善,实际已对美德是否可教的问题做出了行动上的回答,美德似乎是可教的。苏氏对美德可教性的探问直接开启了德育理论的哲学源头,西方德育从这里不仅有了知识学的开端,同时也有了实践性的源头。与苏格拉底一样,柏拉图和亚里士多德同样关注什么是美德以及美德是否可教的问题,并在这一探问中展开自己的教育想象。柏拉图从理念论的角度将美德理解为永恒理念的显现,道德教育就在于培养人的至善理念。而亚里士多德则按照他对美德的中庸看法,对美德是否等同于知识或是否可教也同样采取中庸态度。②他不像苏格拉底那样选择了一个极端态度,而是把美德分为"智德"与"行德",认为智德是最高的美德,它的形成主要依赖于德育,而行德主要是习惯的结果,依赖于人的心性体验或道德经验的陶冶。他更看重德行实践的意义,他甚至把作为道德学术的伦理学视为一种实践学科,认为伦理学的本质是实践而不是理论。在这个基础上,亚里士多德还提出德性的主体自觉问题,认为"德性依乎我们自己,作恶也是依乎我们自己。因为我们有权利去做的事,也有权利不去做"。③ 从这里,可以清楚地看到他对道德的实践特征的偏爱,在这一问题上,他超越了苏格拉底和柏拉图,为道德的诠释打开了一个新的视野。

2. 危机与对抗:现代性的理性回归

知识论的教育起点观将理性视为人的本性,教育就是为了培育人的理性能力,这也是道德教育的最高目的。从知识出发寻找人的德性,源于以知识为美德的古典希腊时代,不仅苏格拉底持守这样的信仰,柏拉图和亚里士多德实际都继承了这样的传统。然

---

① 黄向阳:《德育原理》,华东师范大学出版社,2000 年,第 71 页。
② 于钦波、刘民:《外国德育思想史》,四川教育出版社,1999 年,第 123 页。
③ 周辅成:《西方伦理学名选辑(上卷)》,商务印书馆,1964 年,第 306 页。

而，古希腊的智慧终究衰退了，在古希腊人那里的知识对道德的统治被新的信仰所取代。当西方精神退出古希腊的知识信仰之后，在漫长的中世纪时期，道德被信仰所统治，道德的知识远不如道德的信仰对人道德生活有意义。道德不是一种知识，不是对善的认识和理解，而是人对善的真诚与祈祷，人的道德信仰要远远高于人对道德的知识诠释。这时，教化作为一种可操作的行动，完全从道德的知识领域退却出来。这个精神谱系一直等到上帝退却、信仰衰落之后，才重新接续起来。

尼采对信仰的抨击使伦理世界重又向古典时代回归，理性的再次复兴宣告道德的现代性诠释的开始。如果从现代性作为一种伦理学的视野看，所谓现代性的理性启蒙就是重新回到古典时代那个"知识即美德"的信仰之中，人类再次用知识作为诠释道德及其本质的依据，也就是知识又重新出现于人的道德追求之中。在这个回归中，人们再次开始面临美德是什么、美德是否可教这一古老的道德难题。从某种意义上说，现代性的道德启蒙帮助我们摆脱信仰的绝对统治，再次让我们看到知识的道德价值。然而，道德教化问题究竟是由知识引起还是从德行开始，启蒙哲学并没有给出完全充分的答案。现代性用古典理性摧毁了信仰的伦理信念，用"理性高于信仰"再次替代"信仰高于理性"，不过，这只是一种简单的替换，而没有真正在它们两者之间提出更有超越性的建议。

现代性对道德诠释的回归在很大程度上恢复了理性在道德生活中的位置，这种恢复过程在伦理学上的意义是使被遗忘的道德知性得到重新确认，存在于道德之中的理性与信仰的力量得到某种程度的平衡。一般来说，现代性是对传统的反抗，在西方是古典理性的复兴，回到理性那里，回到人的权力和想象力之中。从道德教化的角度讲，现代性的理性回归实际使道德教育重新又回到知识本体论的起点观之中。事实上，亚里士多德就已经发现苏格拉底哲学可能面临的危险，开始在他的哲学中对苏格拉底进行纠正。

在他看来,苏格拉底和柏拉图对知识与理性的崇拜已经过于偏激,对理性的极端偏好使人忘记了世俗生活的意义,使人陷于心灵世界不能自拔。亚里士多德开始了他的道德转向,从关注内心的精神到关注世俗的生活。同时,由于对知识的平淡态度,也使他放弃了自己老师对道德本质及道德教化起点的认识,开始了自己对道德问题的逻辑证明,并进一步区分"理智德性"与"实践德性"的不同,特别是拓展了实践德性在道德结构中的位置,把德行视为道德的核心。也就是说,亚里士多德没有直接继承苏格拉底的观点,他把道德的重心放到了人的德行之上,他在概念上甚至也作了不同的选择,更多地喜欢用"德行"而不是"德性"。然而,现代性却没有亚里士多德的眼界,要求一直回到苏格拉底对理性的偏激态度之中。

理性膨胀给道德教育带来的问题是什么? 这就是使学校德育真正陷于知识本体的误区,拒绝道德教化的生命体验,增加了学校德育的知识化倾向。从这个角度可以清楚地看到学校德育在现代性的理性悖论中所出现的两个方向。一是主体的暴力,强调绝对的个体道德自由,提倡人在道德生活中自尊自立,去除道德信仰的教化意义,一切由个人的体验和选择所决定,道德生活失去任何敬畏意识。在任何时候都不要相信有道德真理的存在,自己就是道德的最高裁决者。二是去除主体,在现代性的理性回归中,知识重新代替了人的思考和创造,道德的真理独立于人的存在和生活的经验,成为高于经验世界之上的绝对真理。在这种道德信仰之中,传统习惯中的道德灌输和知识学习获得了一种哲学上的合法性。

现代性的本质是理性自觉,一切权力属于理性,正像尼采所言:让上帝去死,知识和科学可以传递一切道德的信念。在这样的道德逻辑之下,道德的教化开始拒绝生命与情感的权利,道德变成纯粹知识的教化。学校的道德生活变成苏格拉底的寓言世界,道德的知识化代替了鲜活生动的生命体验。人性从道德生活中离去,人不仅在科学上变成容器,而且在道德上也变成容器。在现代性的理性冲动面前,人们很快发现在信仰的暴力之后,人类又迎来了一个新的统治者。在这种暴力之下,道德教育也重新建构起一种逻辑的结构,知识成为道德教化的唯一起点,道德的问题总是通过转化为知识的问题来解决。现代西方德育理论中,之所以会出现那么强大的认知性的道德流派,包括柯尔伯格的道德哲学,从哲学的角度讲,都是因为在很大程度上受到现代性理性意识的影响。然而,在这种知识论的道德意识之下,教化的人性被分解成不完整的两个部分,道德的生命力量被消解了。在现代性的理性冲动面前,人们开始重新发现人的生命意识在道德教化中的意义,在批判道德的知识起点的同时倡导生命体验作为道德起点的可能性。一个寻找生命力量的运动在现代性的反思中开始涌动。

(二)力量与敬畏:作为超越现代性的道德起点

现代性存在两种暴力:一是用理性主体代替生命主体,用理性瓦解情感;二是用理性主体代替信仰主体,用理性瓦解敬畏。所以我们谈论教化起点的恢复与重建,必须讨论两个问题,一是生命(力量),二是敬畏。

1. 源自生命之力的道德

当道德转向生命体验之后,一种由关照生命冲动的力量论道德起点观出现了。这种道德起点观撇开了知识论和价值论的视野,从本体论的角度追问人性的道德本质。在这一追问下,被理性暴力遮蔽的生命力量重新展现在我们面前。在力量论看来,生命首先不是被评判的价值对象,而是一种有待展开的人性力量,它是生命与情感的冲动,是包含在每一生命个体中的道德冲动。在这一视野中,人们发现了道德与生命的关联,道德不是一个由逻辑和概念构成的体系,而是由人的生命体验产生的一种信仰。生命哲学家是力量论的典型代表。如叔本华将生命的本质视为力量的冲动,认为力量就是生命意志,是生命克服一切阻力,保存自我、努力向上的一种力,这种力是先于人的一切存在的本质。美国哲学家蒂里希则认为,力量是"生命在自我超越的运动中,克服内外阻力的那么一种自我肯定"。① 德国哲学家狄尔泰更为具体地讨论了生命的力量形式,他认为人的一切都是无限发展和不断变迁着的一种生命之流,这种变迁的生命之流展现着生命的生存意志,因而,生命的本质就是一种不可阻挡的"力"。教育家福录贝尔写道:"力就其内在的本质来说,是唯一的独立存在的……作为向外表现的力是一切事物的最终原因,是自然界一切现象的最终原因。"②这一观点表明,力量是人性的本原,力量的消失意味着人的消亡。在这些生命论哲学家的思想中,生命是一种充满无限可能性的、充满流动性的"力",它从根本上不同于知识论或道德论哲学,将人视为某种不变的客观存在。

力量论教育起点观站在的是一个全新的立场,跳出了知识论与道德论的两难选择,要求对两者进行重新解释和评价。在力量论起点观看来,无论是从人的理性本质出发,还是从人的道德本质出发,都不能真正促进人性的自由发展。因为理性与道德只有在生命的自我确认中,才能成为一种"为我"的存在,从而获得丰富的人性意义。正如马克思所说:"我的对象只能是我的一种本质力量的确证,也就是说,它只能像我的本质力量作为一种主体能力自为地存在着那样对我存在,因为任何一个对象对我的意义,都以我的感觉所及的程度为限。"③ 只有以个体丰富的生命体验为前提,"才能使个体生命向世界保持良好的积极开放的态度,使个体乐于与周遭世界进行活泼丰富、富于爱心的交流,使个体在与世界的交

① [美]蒂里希:《蒂里希选集(上)》,何光沪选编,高师宁译,上海三联书店,1999年,第316页。
② [德]福录贝尔:《人的教育》,孙祖复,译,人民教育出版社,1991年,第133页。
③ [德]马克思:《1844年经济学哲学手稿》,人民出版社,1985年,第82页。

流中充满感动、激情和想象,这些都是追求真、善、美的内在基础"。①　因而,教育首先应考虑生命的原初存在,在生命之"力"能够自由生长的前提下,才能讨论知识与道德的问题。伦理学家居友也认为:"生命首先要能够维持存在,才谈得上生命的运动,才有其道德可言。"② 德国哲学家雅斯贝尔斯曾尖锐批判过那种离开生命前提进行的道德陶冶,他说:"善与恶只有在人对它的生命意义和自我存在的深切体验中才能区分……善和恶一旦被作为一种客观现象来描述和建构就必然会走向人性的反面。"③因此,力量论的教育起点把生命的"原始力量"视为教育的人性基础,认为教育必须坚持生命优先的原则,从原始的生命力出发,才能为生命创造更多的可能。

教育实践中,应试教育在追求外在目的的过程中否定教育中的生命存在,湮没了最基本的、教育本应具有的生命权利。因此,这样的教育不管是知识论的还是道德论的,都只能阻碍人的发展。生命力量论的教育起点观基于独特的人性的假设,把生命之"力"看做人性的本原,将生命视为超越一切客观规则的存在,因而坚决反对任何脱离人性本原的教育假设。在他们看来,知识论与道德论教育起点观的错误,就在于否定教育的生命前提,在于用可能性的、有待培育的知识与道德力量取代生命运动本身,从而使生命陶冶的过程变为一种强制性的生命控制。

2. 生命的敬畏:作为教化起点的道德信仰

在现代性所带来的知识暴力面前,人们开始从理性解放的欢呼中逐渐清醒过来,人获得了主体自由,但却失去了生命的力量。当理性刚刚告诉人们,人具有完全独立的道德权力的时候,人以为发现了世界的真理,认为过去的敬畏是多么幼稚,原来人无须崇拜

①　刘铁芳:《生命情感与教育关怀》,1999 年教育基本理论年会交流论文。

②　万俊人:《现代西方伦理学史》,北京大学出版社,1990 年,第 174 页。

③　方朝晖:《重建价值主体》,中央广播电视大学出版社,1993 年,第 102 页。

任何力量,自己就可以统治这个世界。但是,当人类真正掌握这个权力之后,又开始发现自己的无能和危机。对于道德问题,人终究不能自我决断。舍勒说,人是一个祈祷的存在,道德的真理不在人这里,而在人之外,人必须永远地祈祷,永远地敬畏,离开祈祷和敬畏,人就会陷于危机之中。在生命的起点中,实际不仅包含了对生命之力的信念,而且也包括了生命对自我的怀疑,对生命之外能够支配生命的力量的信仰,这是使人道德化的另一种生命资源。

道德不仅不是由知识这一理性力量单独塑造的,而且也不是由生命的自我冲动,包括对生命的情感体验所构成的。道德在很大程度上来自于一种由生命内部偶然性产生的那种对生命之外,并且能够支配生命的那种神秘力量的敬畏,这种敬畏从表面上看,似乎难以用理性的概念来表达,它似乎并不真正存在于我们理性可以感知的范围,但谁也不能说它不存在,或者说它没有意义,人类的道德生活在很大程度上受到它的支配。人为什么要祈祷,为什么要用祈祷来寻找善在哪里,为什么要用祈祷来使自己从善,这些都恰恰体现了人类在道德意识上的一种特殊灵性,这就是在理性之外需要一种信仰的力量。道德不仅可以作为一种知识性的东西存在,而且可以作为一种信仰性的东西而存在。

在古希腊哲学中,苏格拉底、柏拉图和亚里士多德三个人的道德信念实际表达着三种不同的道德信仰。苏格拉底坚信道德可以知识化,并将知识作为美德的基础,而亚里士多德则相信知识的反面,即人的实践在美德修养中的作用。而处于他们两人之间的柏拉图则相信理念在道德生活中的价值。柏拉图的理念意识已经远远超越了苏格拉底的道德知识论,虽然他的理念世界可能在很大程度上源于苏格拉底的对知识的信仰,但他的理念实际已经不是苏格拉底的知识,而是一种超越人的存在之外的作为一种善的上帝。柏拉图的理念世界是一个独立于世俗生活的信仰王国,它是自足而纯粹的。正因为在柏拉图的视野中它是独立的,因此柏拉图才让它具备了一切美德的普遍特性,成为真、善、美的王国。这个王国不可能在人的世俗生活中出现,在柏拉图看来,这个王国只有由人的祈祷去寻求,因此他才会提出所谓"回忆说"的道德修养观。他说,人需要用回忆才能进入这个人原来占有但又被世俗遮蔽的美好世界。从这个意义上说,柏拉图的回忆实际就是祈祷和信仰。对这个不可见世界的信仰,我们产生对至善世界的敬畏。

在教育的发展史中,这两种不同的教育起点观曾各自借用不同的人性解说批判对方的教育论点。科学主义的重要代表斯宾塞以实用主义为武器,从批判教育的"装饰性"、反对近代教育中的绅士价值观开始,极力主张科学教育。在他眼中,教育的根本任务在于传授实用知识,因为实用知识是人获得美好生活的第一源泉。虽然他并未否定教育的道德价值,但他将道德教育视为从属于知识教育的副产品,这实际喻示着一种知识论的教育世界观。后来兴起的实证主义教育思潮则直接否定教育的道德价值,认为道德价值的模糊带来了教育的混乱与低效,教育根本不应涉及价值问题,教育只是一系列的行为训练与理性分析,道德与价值因其不可度量性而被排除在教育活动之外。同样,道德论也曾对知识论提出尖锐的批判。

卢梭从自然主义的态度出发,批判知识论教育对人的自然本性的戕害,把知识论教育观视为实现其教育理想的主要敌人。在他眼中,正是作为文明象征的人类知识败坏了儿童的自然精神。当前,我国许多学者也站在道德论立场上对应试教育的知识论取向进行批判,他们将道德教育视为教育的灵魂和核心,认为教育的转型在本质上是由"知识人"的教育目标转向"道德人"的教育目标。应该说,道德论的教育看到了知识论教育"去价值化"的危险,但他们只是用先在道德规定取代先在的知识规定,仍没有意识到道德发展的生命前提,因而仍不能摆脱使人工具化的危险。

二、学校道德生活现代性重构的基本原则

现代性起源于生命的解放冲动,当现代性成为一个问题时,解决的方案也将需要生命哲学的整体观照。文化整合、道德成全也将从一种生命哲学的原初信念出发。① 但这种原初的信念,总是需要精神的照看才会有一种意义的圆成。教育从人的生命力开始,但并不意味着对生命本能的放纵,而是使人真正走向"精神生存"的人生境界。这是在自我超越中向着自由迈进的过程,它超越客观知识和社会价值对人的限定,使人获得最终把握自己的精神力量。这种超越是对生命的反思,在教育中,它绵延于人的一生,表现在与世界的无限交往中,隐藏于个体深邃的精神世界里。它既不能被中断,也不能由个体孤立的活动而获得,更不能由外部给予和强加。从这一追求出发,教育应该有两个层次的建构:从生命出发,指向于教育的生活构建;从理性出发,指向于教育的精神构建。

(一)基于作为生活世界的道德构建

教育面向两个世界,一个是科学世界,一个是生活世界。从人的理性出发,教育必然走向科学世界;从生命出发,教育必然走向生活世界。教育的两个世界来自于两种不同的人性假设,同时也反映两种不同的教育世界观和方法论。生活是生命的基础和展开形式,离开生活就没有任何生命生长的基础。卢梭、裴斯泰洛奇、福录贝尔的伟大,在于发现了生命的自由本质,而杜威和陶行知的伟大,则在于发现了生命自由生长的基础,这就是教育的生活本

---

① 唐文明:《与命与仁——儒家伦理精神与现代性问题》,河北大学出版社,2002年,第82页。

质。杜威正是以生活的概念,继承和发展了前辈自然主义、自由主义和生命主义教育家的理想。生命没有不变的永恒本质,人只存在于流动的生命之中,生命只能作为运动的历程来体验。只有在不断追问生命意义的过程中才能真正认识生命,只有在开放的生活世界中才能不断扩大生命的视野,也只有在与生活的无限交往中,生命才能不断生长。教育从生命出发,就必须向生活开放。在生命的视野中,教育不应是单纯的科学世界,而应是学生生命发展的生活世界。

传统教育之所以死死守护教育的科学世界,是因为传统教育把人的理性视为教育的出发点。因此,批判传统教育,首先应改变传统教育的逻辑起点,使教育能真正面向学生的生活世界,面向开放的社会生活。哲学家罗蒂认为,科学的逻辑阻碍了人的生活可能,阻碍了对未来生活的想象,不仅在于"它消除了世上还有新事物的可能,消除了诗意的而非仅只是思考的人类生活的可能"①,更在于它消解了人的生成的可能性,使人沦为物化的危险处境。教育的生活世界观将教育视为生命的生成活动,将学校视为人生命成长的生活世界。如班级是学校的基本教育单位,但长期以来,班级只是作为管理和教学的单位,而不是作为学生的生活单位,这样的班级教育观不能承担学生生命发展和素质教育的责任。从生命教育观看,班级首先是生命发展的场所,必须进行生命的转换。② 生活世界是一个新的教育世界观,要求重新解释教育的生命价值,使教育从单纯的科学活动中解放出来,真正回归生活。生命教育观打破了教育的知识建构和道德建构模式,不以知识的逻辑体系和道德的规范系统为教育建构的依据,而是以学生生活作为建构教育的基本线索。

---

① [美]罗蒂:《哲学和自然之镜》,李幼蒸,译,商务印书馆、三联书店,1987 年,第 338 页。
② 甘剑梅:《班级:一个可能的生命世界》,《现代教育论丛》,2001 年第 1 期。

教育的生活建构，不是彻底否定科学世界的教育价值，而是要为科学世界寻找生命的根基，并摆脱科学世界对生命发展的压迫，使科学世界成为学生自由发展的条件，为学校科学教育确立合法性。同时，在回归生活的过程中，必须正确理解生活世界的含义，使教育真正回归日常性社会生活。在教育理论中，关于生活世界有两种解释，一种指向非日常性的精神生活，另一种指向日常性的社会生活。从生活实践来看，人不仅有非日常性的精神生活，同时也有日常性的社会生活。这说明生活世界并非纯粹精神性的生活，而是物质生活与精神生活、日常生活与非日常生活的统一。因此，在教育的生活构建中，必须从两种生活世界的层面上回归生活，尤其是回归真正的、现实的、普通人的生活世界。对于学生来说，主要存在于他的家庭关爱、社区活动、朋友交往、学校学习等日常生活之中。如果把生活世界仅仅理解为纯粹的精神生活，那实际等于又回到知识论或道德论的教育起点观上。如学校让学生学习文学作品、从事艺术活动和高雅文化，并把这些作为素质教育的主要内容，同时却忽视了学生的家庭生活、同伴活动和个人消遣，以及学生究竟怎样玩、怎样交往、怎样照顾父母、怎样过节过生日等。学校很少将这些活动纳入正规教育的视野加以关照。同样，如果把生活世界仅仅理解为单纯的日常感性生活，那教育就永远达不到精神提升的高度。

（二）基于精神世界的道德建构

力量起点观认为，教育应从原初生命开始，通过知识和道德的学习，最终培育人生命的精神力量。因而，从原初生命出发，追求教育的精神建构，是教育的理想追求。人的精神力量不是自然延续的进化过程，也不是遗传的本能，它不能直接从日常经验中获得。人的精神力量深藏于人内心生活的深处，必须在后天的自由自觉的活动中，通过艰苦地努力去挖掘、唤醒、培植方能获得。生命的原初力量不能自发完成向精神力量的超越，教育的培育是生命活力实现精神超越的桥梁。罗洛·梅指出："人性是一棵树，它需要按照使之成为一个生物的内在活力倾向而在各方面生长、发展。"①正如植物的生长需要阳光一样，人性的生长需要教育的照料，这种照料只有通过对学生的生命关怀，通过体察学生的内心生活，才能促使学生生命发生灵魂的转向。因而，只有那种既能体现学生生命成长，又能体现外在规导的教育，才能真正哺育学生的精神生命。由南京师范大学鲁洁教授主持的国家生活德育课程标准的制定，是以家庭、社区、学校为中心，建立学校德育的内容和形式，而不是以社会政治、历史发展和学校规范为线索。新课程标准把学生在与父母交往、与同伴交往、与教师交往中可能遇到的道德问题，作为学校德育体系的基本主题。在新课程标准中，学生生活是道德教育的首要前提，但在这一前提下，学校的教育规训又始终体现于学生的成长过程中。

传统的教育起点观与生命力量论的教育起点观，实际都在寻求共同的教育终点，使学生成为一个有知识、有道德、有理性的人，这是他们共同的教育理想。然而，因为追求目标的方式不同，从而导致了不同的教育结果。传统教育直接企及人的精神目标，而生命教育论却让生命在自我成长中培育精神力量。传统的教育起点观因为放弃生命的自我成长，而使生命的原始力量与生命的精神力量相对立。在与生命冲动的对抗中，传统教育中的知识和道德成为外化于生命的暴力。教育不能绕过生命，只有在生命的"力"的引导下，一切外在的教育才是有意义的。因而，教育需要改变寻求理想的出发点和方式。

在教育的精神建构中，教育目的不只在于培养学生认识和解释世界的能力，也不在于简单获得社会的外在规范，更重要的是要

① 罗洛·梅:《罗洛·梅文集》，冯川主编，冯川、陈刚译，中国言实出版社，1996年，第531页。

引导他们将这些外在规范内化到自己的内在精神之中,形成一种肯定自身、确定自身、持存自身和发展自身的安身立命之"力"。在这种教育中,人学会依靠自己独立面对命运,同时又不以自我为眼界,对他人对万事万物寄予无限深沉的爱。这种以生命为起点,以精神为理想的教育,才可能做到既培育人的生命活力,又使生命活力得到精神的引导和规范,使人性的力量不断进入新的境界。从人性的"生命力"和"精神力"两个方面来看,只有将两者真正结合起来的教育才是真正有深度的教育,因为只有这样的教育方能穿透生命的本质和人的内在灵魂。一个寻求深度的教育,绝不会浮动于生命之外,用一套简单的教条阐释教育的灵性与精神。教育是生命,教育根本无法表述为确定的规范,生命的教育表现于每一个人的创造之中,仅有外在的形式是不够的。

教育只有具有生命的灵性,才能具有生命的创造力和包容力,才能把外部世界纳入到自身的框架之中,并渗透到教育生活的所有领域,从而唤醒学生对生命意义的反思,唤醒对真、善、美的内在追求,最终提升学生内在的心灵力量。只有具备这种精神的灵性,教育的一切形式和内容才会有生命的真实意义。在这样的教育生活中,才能真正发生灵魂与灵魂的相遇,从而达到开启生命之"力"的目的。

要实现这种精神的渗透,要求教育者必须超越以外在需要为目的的功利教育,确立"生命优先"与"生命平等"的教育原则,抱持对一切生命的敬畏之念,关怀教育对象的生命本体,借助一切形式进行生命的对话,领悟生命的奥秘,发现人生的意义,进而使教育的生命境界得到提升。在雅斯贝尔斯看来,教育是通过对精神生活的涵泳来确证自己的存在的。他说:"教育依赖于精神世界的生活,这种精神生活制约着教育,又是教育的源泉。教育不能由自身产生,它是用来传达直接在人类行为中表现出来的生活的,它对为人类生活提供基本必需品的缺席的实际情况,以及对国家都采取审慎的态度,它通过运用精神上的创造性成果而得到高扬。"①

三、学校道德生活现代性重构的基本精神向度

教育从原始生命力出发,是否就停留于原始生命力? 这是教育必须思考的问题。生命的本质是力量,但原始生命力只是生命的原初形态,作为人的生命,还有更高的形式。高清海认为:"人在本能生命之上还有一个'超生命的生命'、'主宰生命的生命'。""人的生存恰恰是为了对本能生命的突破、对有限生命的超越。"②人的理性、思维、道德、价值、精神等,是人的生命力量的更高形式。我们批判传统教育从人的理性、道德和精神出发,并不是否定理性、道德和精神的教育价值,而是批判他们错误的教育起点。教育起始于人的生命力,但最后必达成于生命的高级境界,只有两者的真正统一才是教育的完美实现。

从哲学研究看,生命的两种境界始终是哲学争论的焦点。自柏拉图和亚里士多德以来,人性的力量就被看成人性的本质,但他们对力量的理解有着浓厚的理性色彩。柏拉图和亚里士多德都把理性生命视为力量的根本,而到了尼采以后,非理性主义哲学又走向古希腊哲学的反面,彻底否定人的理性生命。在尼采看来,人性的魅力在于人的力量意志,人因为生命冲动才永具活力,才能不断超越自身,获得更多的生命。另一位生命哲学家柏格森提出生命进化论的思想,认为生命冲动才是人类进化的根本原因。20 世纪著名宗教哲学家蒂利希在书中写道:"存在就是使一切存在物成为

① [德]卡尔·雅斯贝尔斯:《现时代的人》,周晓亮,等译,社会科学文献出版社,1992 年,第 64 页。

② 高清海:《人就是人》,辽宁人民出版社,2001 年,第 16 - 17 页。

其所是的那种力量。"① 而存在主义哲学家罗洛·梅则直接提出"原始生命力"这一概念,认为人的原始生命力是人创造一切美好生活的源泉。

无论是理性力量观,还是生命力量观,都具有哲学的片面性。在理性力量观那里,理性反思失去了生命的源泉。因为理性能力只有在活生生的生命体验中才能获得反思的无限源泉,离开了人的感性生命,任何理性力量都是毫无意义的。相反,生命力量观又过分张扬感性力量的盲目冲动,使生命失去规范和疏导。生命的感性力量既可能是积极的,也可能是破坏性的,只有在理性的引导下才能富有建设性,才能成为创造性的力量。理性的力和感性的力,是人性不可分割的两种生命形式,任何分割都是对生命的伤害。没有生命的流动,人就失去了创造的根源,没有理性的引导,人就可能陷于暴力和罪恶。教育应以人的生命活力为起点,但又不能止步于原始生命力。因而,基于生命本原的教育,既要克服理性主义对人的外在塑造,又要反对生命论对原始生命力的过分夸张。教育应基于生命活力的原初创造性,进而企盼由人的生命冲动向精神创造的追求。

起于生命,达于精神的教育应追求什么样的境界呢? 从生命的整体性与生成性看,本书认为有三个基本向度。

(一) 爱的教育:追求生命的活力

爱是人原初生命的直接体现,爱是生命的推动力,是生命行动的力量。美国哲学家蒂利希非常深刻地说:"若没有推动每一件存在着的事物趋向另一件存在着的事物的爱,存在就是不可能的,也是不现实的,在人对于爱的体验中,生命的本性才变得明显。"② 对

---

① [美]P·蒂利希:《存在的勇气》,成显聪,等译,贵州人民出版社,1988 年,第2 页。

② [美]蒂里希:《蒂里希选集(上)》,何光沪选编,上海三联书店,1999 年,第308 页。

生命的爱、对世界的爱、对他人的爱，是创造力的源泉，因为人有了爱，才会给予这个世界，才会奉献于他人。因为有对生命的爱，人才会积极地献身于自己的劳动和创造，才会追求智慧和道德。从生命之"力"出发的教育之所以追求爱的理想，寻求教育中的情感世界和情感表达，是因为爱与情感体现了生命力量观的基本思想。教育追求爱的理想，以爱为教育的重要价值，是教育表达生命之力的基本方式。

爱的教育，一直是古今教育家的理想，这体现了他们对生命意识和生命之"力"的关切。爱的本质是原始的感性生命力的"理性"运动，它不仅仅是一种原始活力。因而，爱只有在与他人无限的精神交流中，在不息的生命经验中才能获得。因而，爱的教育，不仅讲述爱的智慧，而是以爱待人，创造爱的精神，提供爱的机会，肯定爱的价值，使学生在感受爱的过程中，学会创造爱、给予爱，最终获得一种实实在在的爱的能力。

（二）信仰的教育：追求生命的力量

意志与信仰是生命之"力"的核心，也是生命之"力"的升华。意志寻求生命的理性之根，并对感性生命实行理性规范，意志发展的高级形态就是理性信仰。信仰源于对原始生命的理性态度，它是人内心深处对终极真理的无限追求和对生命价值的永恒确信。信仰建立在人对自我存在的自由掌握之上，它不服从于任何一种外在客观性，能时刻使人回到本原中发现自身，在其中认识到自己的责任，并给人以不可摧毁的希望，让人拥有一种敢于承担一切的力量，形成自己的精神中枢。

从生命出发的教育，之所以重视人的意志和信仰的教育，是因为人自身的精神独立，是对人"超生命"存在的确证。正如裴斯泰洛齐所说："人的本质既不是我的容易腐烂的肉体，也不是我的感官欲望,而是我的道德与宗教信仰的才能。"① 这种信仰的获得,不是对外在价值规范的皈依,而是基于生命的创造性活动所产生的自我超越的坚定信念。因此,信仰的获得不能依靠道德说教和理论灌输,只能依靠丰富的精神资源和历经诱惑的意志训练。教育过程中的信仰陶冶,不仅依赖于引导学生发现生活中丰富的精神资源,还要有将学生推入"诱惑"之中的勇气,让他们在生活的创造、追求、尝试和冒险中建立自己内心的信念。

(三)智慧的教育:追求生命的境界

智慧是生命发展的理性力量,没有智慧的生命只会沦于盲目的冲动而迷失自身发展的方向。智慧不单纯是认识自然、改造自然以及征服外部世界的知性能力,而且是一种能进行生命反思的力量。借助于智慧,人可以对自己的生命处境和生命意义进行无穷的探求和追问。智慧植根于生命的本原,生命的原初力量推动人进行智慧的创造,因而,智慧是生命的精神化。生命在智慧中获得灵魂和力量,有了智慧,人才能怀疑和批判,才能把握真实的自我,才能向世界无限开放。智慧不能在知识传递中实现,智慧需要超越既定的知识边界,进行永无止境的追问与探索才能获得。智慧的教育只能在启迪和批判中进行,只能通过与世界的对话和交往而产生。智慧的教育力求避免把教育与知识灌输及智力训练相混淆,在智慧教育中,知识教育不是单纯的传递和灌输,也不是严格的智力训练,而是把知识视为精神自由活动的条件和对象,把智力活动作为精神愉悦的内容。知识和智力都不会成为教育的目标,人在知识学习中的自由活动和自由发展才是教育所要实现的价值。教育目的不再是既定的知识体系,而是对有限知识的无穷追问与怀疑,在知识的学习中实现从"知性"到"智慧"的飞跃。

---

① [瑞士]裴斯泰洛齐:《裴斯泰洛齐教育论选》,夏之莲,等译,人民教育出版社,1992 年,第 411 页。

爱、信仰与智慧是学校道德生活追求生命本原的三个向度,也是教育引导人从"原初生命"出发,向更高精神境界发展的结果。同时,从生命本身来说,这三者又密不可分。"没有信仰和爱的智慧、实践或职业能力,乃是动乱的无尽源泉,这种动乱致命地影响着人类才能的自然发展,但由极不理智的爱和极端僵死的信仰所铸成的大错也是难以想象的。"① 因而,基于生命本原的教育既不能止步于浅表的知识技能教育,也不能放任于生命的盲目冲动,而是在对生命的整体观照中哺育人性的内在力量,以帮助受教育者获得生命的存在之根与生活的现实之力。教育的现代性病症的治疗也就孕含于这三个基本追求之中。

第二节 学校道德生活
现代性重构的伦理基础

学校道德生活现代性重构还需要思考它的伦理基础,在现代社会中究竟应当以何种伦理作为学校生活建构的基础,是不同文化背景的思想家深入思考的问题。

我国的现代性建构采取的是自上而下的总体性建构,具有高度统一性的政党伦理成为我们现代社会建构的基础,但由于这种政党伦理的封闭性与一元性,使其无法处理与解决日益开放的市场社会中的种种伦理问题。因而,寻求更丰富的伦理资源,打破政党伦理的一元化,成为我们思考学校道德生活现代性重构伦理基础的首要任务。

---

① [瑞士]裴斯泰洛齐:《裴斯泰洛齐教育论选》,夏之莲,等译,人民教育出版社,1992 年,第 425 页。

一、从个人德性到制度德性：伦理中心的现代转移

相对于我国一元化的伦理取向，西方的伦理资源则丰富得多，如功利主义伦理、情感主义伦理、权威主义伦理等，人们也在为究竟什么样的伦理能够真正解决现代性的问题而争论。其中影响最大的两派立场是麦金太尔的德行伦理与罗尔斯的正义论伦理。

（一）个人主义道德的局限

随着个人权利在现代社会的崛起，个人德性也成为现代伦理的一个主要基础，即道德更多遵从于个体的理解与表达，而不再遵从普遍共同的原则与规范。麦金太尔将这种伦理称为情感主义伦理，他认为这种伦理观的流行与现代性对信仰世界的批判联系在一起。在现代性的理性大旗之下，人类开始大规模地、毫无顾忌地对伦理信仰进行解剖和分割，任何在传统中被视为不可侵犯的信条，都可以被看做投枪的靶子，再也没有不能被摆动的石头。

从功利主义到相对主义，从权威主义到情感主义，人们用尽自己的想象去重新解释道德的真理与律则。这种道德的反叛有一个非常共同的特点，这就是重新认识人类的道德信仰，追问生存的终极世界在哪里，什么是美好生活，什么是理想的世界。它总是在不同的道德信仰间进行着某种批判和选择，而不是在不同的道德信仰间进行某种共同的建构，他们关心的是"你是真理"还是"我是真理"，而不是我们是否生活在真理的世界中，我们脚下的世界和秩序是不是符合道德的真理。麦金太尔在这种混乱的道德证明中感到了一种危机，认为人类进入了一个没有信仰的时代，这将是人类伦理生活的一次"大灾变"。在他看来，这种大选择最终只能让人放弃道德的信仰而走向相对主义和功利主义，因而他要求人们

回到古典时代,回到历史的原初起点,回到那个普遍的信仰之中。那是一个既崇尚英雄主义,又保持冷静智慧的时代。在那个时代,人们享受着卓越的道德生活,只有在那个时代,人们才真正看到普遍的真理。在麦金太尔看来,现代式的伦理想象,无论它多么绚丽多彩,多么充满智慧的想象,多么具有道德证明的勇气和逻辑的力量,它们都是不可依赖的,因为这种道德从根本上说,是出自于人类自私和有限的理性。

麦金太尔提供了另外一种选择,而这种选择指向了西方道德哲学的源头——古希腊。麦金太尔认为,启蒙思想家们的道德证明不可能成功,因为道德观念和人性观念之间的关系只有在适当的历史背景之下才能得到正确的理解。在他看来,西方道德体系的一般形式和基本结构在亚里士多德的《尼各马可伦理学》中就成形了。亚里士多德的伦理学是一种目的论,在这种目的论体系中,麦金太尔主张,只有采取一种历史主义的态度才能完成道德证明的任务。

他呼吁,回到前现代。现代主义的道德理论都是个人主义的,这些个人主义的道德理论认为人性在本质上都是自私的,它们从人性出发,把所有的人都看做利己主义者。由于人的本性就是自私的,利他主义从个人来讲既是不可能的,也是不可解释的,所以社会才需要利他主义来矫枉过正。在麦氏看来,这是对人性的一种误读,只有回到亚里士多德的幸福伦理学中,才能看到人类的道德本性,那是一种向善的信仰,那才是自由主义的本原和最初源头。他把亚里士多德对人性的解释作为今天自由主义的源头,因为在亚氏那里,自由主义是人的本性中自我实现的力量,因为人性本来就是向善,向善的自我意识是人的本性,所以自由的人必然会将追求最高的善作为自己的信仰。

(二) 卓越在现代性中的位置

在麦金太尔那里,卓越是道德的最高理想,因而他把伦理建构的重心放在了人的美好期待之中,他追问的道德问题都是人对理想世界的信念。罗尔斯强调底线,而麦金太尔强调卓越。阿那克萨哥拉是古希腊哲学家,当有人问他为何而生时,他说:为了沉思太阳、月亮、天空,以及支配着整个宇宙的秩序。他认为,任何道德的生活和信仰都必须寻找一种内在价值,人的道德生活应当由一个整体的信仰支撑。他写道:"具体生活的各种利益被整合进了一个涵入了对善和至善的寻求的一种传统的总体模式中。"① 美国学者霍尔姆斯不无嘲讽地说:"他一步一步地嘲弄'世俗理性',同时一直以崇敬的态度论述'权威',以贬抑的口吻论述'民主个人'。"② 按照亚里士多德的德性观,我们生活在一个共同体中,善对于我们所有成员是共同的,从而"我"追求的善不可能与其他人的善相冲突。善并不是私人财富,既不是我的,也不是你的,而是所有人和每个人共有的。这就是麦氏之所以要回到前现代的理由,也是他敏锐的道德洞察力的根本体现。

麦氏要回到古典亚里士多德传统中,并不是简单地回到古典英雄主义追求勇敢和智慧的那种张扬卓越的伦理传统中,而是回到亚里士多德的自我实现的信仰之中,在这个传统中有对正义和善的求索,这是麦氏论证正义的最终目的。从这一点上看,他与罗尔斯讨论正义问题从出发点上就存在着巨大的差别,罗尔斯是要提供一种正义的程序操作模式,而麦金太尔却是要帮助人类找到未来的方向。因此,他在书中写道:"亚里士多德的道德传统是我们具有的一个传统的最好例证,它的追随者们完全有资格在一个很大程度上对它的认识论的和伦理的资源抱有信心。"③ 由此可

---

① [美]麦金太尔:《德性之后》,龚群,等译,中国社会科学出版社,1995年,第346页。

② [美]霍尔姆斯:《反自由主义剖析》,曦中,等译,中国社会科学出版社,2002年,前言第2页。

③ [美]麦金太尔:《德性之后》,龚群,等译,中国社会科学出版社,1995年,第349页。

见,把麦氏的伦理信仰完全等同于亚里士多德是错误的,麦氏只是借用亚里士多德的伦理学来恢复人们对终极性的绝对善的信念。在一个充斥相对主义和自我主义的时代,恢复这样的信念对于拯救人类的未来,维护人类的道德文明和伦理生活是十分重要的。

现代道德在人类理性的力量下被分解和割裂,进入一个不仅是难以统一,而且是相互冲突对立的道德时代,这对麦氏来说是一种人类的不祥之兆。麦金太尔不反对现代性中道德对理性的依赖,但他反对道德对理性的滥用,他要人们在寻找和论证道德真理时,不要忘记在人们理智之外的普遍意志。正是从这个意义上,他希望人类回归历史的原点,回到亚里士多德的理想世界中。

麦氏与罗氏的区别在于,他强调的是普遍共同体的信仰,而不是普遍共同体的伦理法则。罗尔斯寻找普遍一致的共同体规则,而不是可以选择的一个个体信仰的善。两个人都在寻找一致,但麦氏寻找一致的正义信仰(虽然他反复强调,正义是不可能一致的,正义是一个变化的、对立的概念),罗氏寻找一致的秩序和结构,一个在试图找到普遍的善的生活,一个在试图建立社会的正义原则。

罗马人会改变传统的希腊德性哲学,放弃勇敢和智慧的追求,而接受救赎的、彼岸的、放弃欲望快乐的生活,是因为罗马人的道德衰落。罗马人的纵欲使自己失去了追求进取的精神,在这种情况下才会有斯多葛的出现和新柏拉图的出现。在当时,罗马的群众由国家供养,国家免费发放食品,罗马的民主制度为争取群众投票支持,为群众提供大型娱乐,剧院、竞技场、大浴室等在罗马遍地都是。比如,罗马竞技场的看台上并不全是贵族,主体是群众。在奥古斯都时期,有过一万人的角斗;庞培时期,有过 17 头大象、500 至 600 头狮子、410 头非洲野兽的表演。在观看竞技时,群众还有免费的饮料,一边吃,一边喝,一边大笑,一边喝彩。德国学者包尔生说:"罗马的道德史是对圣经《启示录》的注解。"① 人在欲望纵情至极点的那一刻,人觉悟到自己的虚无和无意义,精神的世界忽然出现在我们的面前。

罗马世界转变的历史告诉我们,道德世界与世俗权力是同样脆弱的,世俗权力可以瞬间倒塌,而精神的传统也可以突然转向,无论在精神上,还是在生活上,人——都是可以转变的。罗马人可以在历史的瞬间改变自己的纵欲生活,由罗马人的这种自我改变,我们自然会想到中国的秦王朝,拥有由严刑酷法造就的古代最伟大的国家秩序。这个古代最强大、最先进的军团,怎么会在自己的巅峰时期瞬间瓦解? 历史学家们在研究秦史时,常常对秦帝国那个使其一夜之间土崩瓦解的法律和耗尽国力的耕战政策,却又能够使之从一个蛮荒之地的弱国逐渐成为能够打败六国并完成统一的帝国惊叹不已。同时,也是这个法律和耕战政策使之瞬间灰飞烟灭。我们常常把罗马人少有的自我改变的历史,看做人类历史精神史上一个真正的奇迹。这些史事都说明,历史的发展并不具有不可改变的必然性。

麦氏说,现代政治不可能也确实不具备真正的道德一致,其至他还批评了现代哲学经常在这种矛盾中运用的一种"优先策略"(这暗含着对罗尔斯的批评,因为罗尔斯在他的正义理论中,正是运用这一策略解决自由与平等的冲突)。他说,在我们的社会中,不存在任何"首要"的道德原则,一切道德原则都不可能排除道德之间的冲突和对立,一切道德努力只不过是"发挥了调解或平息争端的作用",而不是真正解决了它们之间的"正义"关系。② 也就说,即使运用这些原则解决了问题,也只不过是解决了问题,而并

---

① [德]包尔生:《伦理学体系》,何怀宏,等译,中国社会科学出版社,1997 年,第93 页。

② [美]麦金太尔:《德性之后》,龚群,等译,中国社会科学出版社,1995 年,第319 页。

没有真正带来平等与正义。后现代主义首先向这种"一致"原则发难。利奥塔在《后现代状况》一书中提出，现代主义的"一致"原则是错误的。首先，"一致"是永远达不到的。人们对事件的看法是不一致的，在道德问题上采取的观点是冲突的，而且这种不一致和冲突是无法解决的。其次，"一致"意味着恐怖主义。利奥塔反对现代主义的"一致"原则，是因为他认为根本就没有什么道德真理。他以"语言游戏"的观点来看待道德，没有规则，就没有游戏。但是，语言游戏的规则不是客观的，而是约定的，不是必然的，而是随意的。在道德问题上，利奥塔主张的则是一种"异教主义"。异教主义承认异端的合法性，追求"异质性"，在道德问题上也坚持一种"开放的体系"。

麦金太尔主张，只有采取一种历史主义的态度才能完成道德证明的任务。休谟的人性观念诉诸激情，康德的人性观念诉诸理性，而克尔凯郭尔则诉诸"根本选择"。当代各种道德哲学的观点是一致的，也就是说，它们都是反形而上学的。自由主义伦理将道德法则建立于普遍性的契约基础之上，人们的意见一致是对道德的最好证明。然而，在后现代主义看来，任何一种基础主义都是不可信的，道德是一种语言游戏，所以道德没有普遍性，而这种语言游戏的观念使后现代主义陷入了相对主义。在麦金太尔看来，契约主义所追求的普遍主义是无法达到的，后现代主义所导致的相对主义则是无法接受的。道德哲学必须超越普遍主义和相对主义，为此，它必须建立在坚实的基础之上，但是这种基础不是人性，而是人类的历史实践。

（三）制度德性与社会正义

我们已经知道，现代性强调的不仅是一种人道主义理想，而且关注这一理想的道德关系，并试图用正义的原则制约这一关系，这是现代性的道德方案之一。罗尔斯的政治自由主义代表了这样一种方案,而这一方案指明了道德教育所必须增加的内涵,学校德育不能仅仅关心儿童究竟具有什么样的道德信仰,而应在关注个人良知的同时,培育他们对社会正义的兴趣和热情。作为一种现代性的方案,政治伦理在今天已经通过许多形式得到表现,但总体上来说,我们还没有真正认识到它在现代生活中的深刻意义。正是由于这个原因,我们才经常感觉到我们的道德教育似乎总是有点问题,虽然学校在做着各种各样的道德教育工作,但似乎总是不能真正接触社会道德的实际问题。从这个意义上说,我们还没有真正打开学校德育的天地,还有一个重要资源没有得到开发。如果新一代人仍然像生活在传统中的人一样,对社会正义和公平秩序缺少热情,只是像哲学家一样关心内在的良知与陶冶,那么,我们的道德教育就必然是有严重缺陷的。它只能叫人管好自己的良心,而不能为社会的道德性提供任何贡献。这种对社会正义漠然置之的人,在道德上永远是脆弱无力的,这不是今天道德教育所要追求的目标。美国学者乌尔里希·贝克指出:道德和正义对于现代社会来说,不是一种外在局部的变量,相反它是现代性的独立的意义源头。①

　　正义在伦理学中经历了不断的纠正,从古代的共同体正义、近代的信仰正义,到现代的规则正义。在古希腊传统中,正义被定义为共同体的和谐,后来,在上帝的召唤下,正义变成了上帝意志。在东方,这种意志表现为政治的权威。今天,正义在罗尔斯等人的论证之下又转化为共同体的规则和权利。古代共同体的和谐与现代社会的公平,同样都指向共同体的正义,但前者主要指国家的存在,而后者则关注国家中的个体平等与权利。这在伦理学中具有不完全相同的意义,它们都是一种政治伦理,但方向却不太相同。麦金太尔并不关注它们的重心是什么,他关注的是它们都强调共

---

　　① Ulrich Beck, *World Risk Society*. Blackwell, 1999:10.

同体内部应当具有普遍和谐和一致的道德信仰,以及正义的追求。亚里士多德强调正义是一种政治生活的德性,并且是共同体内共同守持一致的正义信仰,这是政治共同体的必要基础,也是麦氏之所以要重回亚里士多德的重要原因。在他看来,这种一致性是共同体和谐的基础和前提。麦氏认为,现代性瓦解了这种一致性,因此,现代性使共同体丧失了必要的基础,这是今天社会陷于道德危机的主要原因。他说,今天正义变成了共同体的规则,但这种规则又不能保证一致,因此危机就不期而至:"这种对规则的先在性一致见解是我们个人主义的文化所不能确保的。而涉及正义,则没有哪里比在正义那里这种分歧更为明显,也没有哪里的后果有比在正义那更具危险性。"① 所以,麦氏对道德的一切论证都是要寻找这种共同体的共同的正义信仰。尽管他承认近代功利主义、情感主义伦理学已经使这种一致性失去可能,但他也不愿意看到现代性使人类陷于道德的相互对抗之中。因而,在这种情况下,他与罗尔斯一样,从不同的角度和不同的目的开始关注社会的政治伦理和社会正义。

如果回到 1949 至 1979 年间的教育传统来看的话,我们的教育在关注政治问题方面显然有了很大的调整,用经济中心取代了政治中心,这种取代的直接后果是社会正义的倒退。那时的教育虽然偏执,但强烈的政治信仰并非是纯粹个人性的,而是指向社会平等的道德信念。今天,我们对那个时代的信仰进行反思,抛弃了过于偏执的政治激情,却又陷于另一种道德的冷漠之中,不仅失去了对社会正义的信念,而且失去了对个人纯洁的向往。今天,西方伦理学从个体信仰转向社会正义,而对我们的生活实践来说,两者都需要。

罗尔斯的契约主义代表了现代性关注的正义问题,就道德证

① [美]麦金太尔:《德性之后》,龚群,等译,中国社会科学出版社,1995 年,第 308 页。

明来说，他的新契约主义提出了一种道德论证的程序，通过这种程序，人们就能够在道德问题上达成一致。这种一致是道德法则的最好证明，也是道德法则的最终证明。并不是说学校的道德教育就是把罗尔斯关于正义的原则拿来作为教育内容，而是他讨论正义问题的视角，恰恰是我们今天学校德育未能关心的。我们的学校德育没有把社会政治原则作为道德思考的对象，恰恰相反，社会的政治需要被视为道德价值的来源。这样的道德教育对于一个正在向公民社会过渡的时代来说，不仅是欠缺的，而且是非常危险的。一个缺少正义意识的社会，不可能培育出真正具有理性的公民。现代性的伦理证明，把政治伦理置于道德的中心，用道德与伦理为政治生活寻找根基，这是伦理现代性给学校德育的重要启示。

对社会正义的关注是对政治道德的关注，这是现代伦理的价值核心。无论麦金太尔和罗尔斯具有什么样的分歧，或诺齐克与罗尔斯是如何对立，他们在这一点上无疑是非常相似的。对于现代性的伦理来说，政治伦理是一种共同体的秩序伦理。在这种伦理观念中，共同体的和谐要高于个人对美好生活的信仰。正义是一种政治哲学，当正义被现代性作为一种伦理诉求来看待时，说明现代性已经将伦理的重心由个体信仰转向对社会共同体的伦理诉求，把正义看得高于美好。在这种诉求中，正义的道德化导致政治道德化，政治问题变成道德问题。同样，道德问题也被政治化，道德问题成为政治问题的中心。这是现代性对政治和道德这两个领域的贡献。麦金太尔把这一点作为他重返古典时代的重要理由，从表面上看，麦金太尔是要回到亚里士多德的目的论伦理学中，回到个人对美好生活的信仰之中，事实上，他与罗尔斯也有很大程度的相似性，即他在回到古典信仰的同时，也回到了那个尊重普遍正义的统一原则之中，在那里寻找他对共同体之善的信仰。麦金太尔与罗尔斯虽然在伦理学说的观点上有诸多差异，但他们都共同意识到正义的重要性，正义在现代社会更主要地是指制度的一种德性，它是现代人美好生活的基础。因而，正义也就成为现代德育的一个必不可少的前提与基础，没有正义的教育，不可能培养出有正义感的现代公民。在这种现代性伦理视野的基础之上，制度的德性也作为教育的一个重要范畴开始受到学者们的关注，如杜时忠对制度德性对学校教育影响的研究。虽然这是一个还没有受到广泛关注的课题，但它毕竟意味着中国德育基点的转向，个人伦理不再只是道德教育的唯一基点，制度伦理在现代德育中扮演着更为重要的角色，这可以说是中国德育走向现代的真正开端。

二、从德治传统到公民教育

（一）目的论的历史观与民族国家意识

对于西方世界而言，民族国家的兴盛正是对宗教世界一体的反抗，比如宗教改革本身就是源于民族理性的兴起，体现了要求反抗宗教一体统治的愿望。因此，民族国家不仅是一般意义上理解的仅仅是一种民族文化和信仰，而且是一种体现理性解放的内涵，一个民族的精神独立，意味着人类意识的一种世俗化和精神自立。民族国家的现代性意识尽管是西方历史的重要现象，不能用之简单解释中国的现代性本质，但作为一种现代性的起源，这也是中国现代性无可逃避的力量。中国的民族国家虽然可能不像西方国家那样直接以现代性的结构为基础，中国没有像西方世界那样的由信仰转向世俗的现代性解放，因此民族国家不一定是作为一种理性意识的象征而得到表现。但是，中国虽然没有这样的历史过程，但西方的现代性历程已经成为影响世界的文化现象，中国的民族国家意识可能从根源上不是出自于对宗教世界的反抗，但作为一种民族理性，它仍然并入了整个世界的现代性过程，与西方世界一起进入民族意志主体化的世界过程。尽管中国现代性具有某种特殊性,可能有自己的文化和传统上的特点,可能与信仰的解放无关,而与传统和权力相联,但在世界现代性的历史中,其民族理性在文化与伦理上的现代性仍然是十分清楚的。

加运默尔说:"对于自然认识来说是规律的东西,对于历史学家来说就是道德力量。在道德力量里面历史学家找到了他们的真理。"① 在他看来,历史的道德性,历史之所以与道德相关,正在于"必然性和自由都是道德力的表现,通过这两种表现人才隶属于道德领域"。② 在他看来,历史是人的一种自由意志的表现,而历史的自由正是一种人的道德力量。历史的自由正在于人在道德上的自由。所以在他看来:"历史的伟大个性只是道德世界前进过程中的一种要素,道德世界作为整体以及在每一个个别东西中都是一个自由的世界。"③ 加达默尔在这里用他流畅而深刻的笔触,几乎是连续不断地论证着历史作为一种道德的载体和形式是怎样通向自由的未来。在他的笔下,我们认识了狄尔泰的生命历史,认识了浪漫主义的历史终极,历史再也没有了现代性的那种必然性的前方。历史观的现代性终极向我们展开了无限丰富的可能世界,历史没有了线性的规则,人在历史中的位置被改变了,每一个个体开始出现在历史的创造中。

现代性在历史意识方面表现为目的论的历史哲学,浪漫主义支配了人类对历史过程的理解,历史变成一种理想和乌托邦世界的象征。这种现代性的历史意识,当然与宗教乌托邦的复活意识相关,但这种复活已经不是一种与现实无关的期待,不是对另一个世界的信仰,是在现实之中,历史通过进步而不断向终极世界靠近。

现代性强调超越个人的真理力量,包括如前面论述过的进步

① [德]加达默尔:《真理与方法》,洪汉鼎,译,上海译文出版社,1999 年,第 280 页。
② 同①,第 277 页。
③ 同②。

第五章 学校道德生活的
现代性重构

与现代化的历史力量。现代性一方面对人的理性智慧持崇拜与信仰的姿态，但另一方面却又不相信这种作为理性源泉的个体力量，它希望整个人类用同一种同一的方式前进，因为现代性是从科学和技术思维中获得的启示，对那种不可见的、想象和领悟的东西持怀疑态度。因此，国家这个鲜明而具有力量影像的概念自然会被不适当地夸大，国家是同一和使所有个体都成为统一的意识形态的最好工具，所以现代性会将实现历史价值的责任落实到国家，在道德领域会使国家成为一个主体，使本来属于个体意识想象的东西成为集体意识的对象，这就是现代理性的自然结果。美国文化人类学家安德森在《想象的共同体：民族主义的起源与散布》一书中，把民族国家视为一种文化的"人造物"。在他看来，民族主义不是民族意识的自我觉醒和解放，而是文化上的虚假"想象"。他写道："猛然之间，这些死亡迫使我们直接面对民族主义提出来的核心问题：到底是什么原因使得这种只有短暂历史（不超过两个世纪）的，缩小了的想象竟然能够激发起如此巨大的牺牲？我相信，只有探究民族主义的文化根源，我们才有可能开始解答这个问题。"① 国家是道德同一的最好形式，而这种同一正是现代性强调历史意识和人类方向的需要。民族国家之所以是现代性的标志，正是因为民族国家是理性主义的产物。民族国家的本质体现着理性解放的性质，它是从信仰世界走向世俗迷恋的结果。民族的文化有限性正是个体意志的一种重要形式。现代性的未来正是从民族国家意识走向世界意识，与此相应，学校德育也要从民族国家意识的培养走向人类一家、世界一体的全球意识的培养。

（二）德治传统与公民理性

许多研究者会追问这样一个新问题：我们的德育政治化确实

---

① ［美］本尼迪克特·安德森：《想象的共同体：民族主义的起源与散布》，吴睿人，译，上海人民出版社，2003年，第7页。

与民族国家有关,但奇怪的是西方的民族国家强调公民的培养,而我们忽视公民理性的教育,这到底是什么原因呢？这与西方的现代性历程以及中国的德治传统是什么关系？这是我们需要澄清的重要问题。

中国的教化哲学所内涵的政治力量,可能并不像西方社会那样,完全来源于现代性的民族国家。源远流长的政治传统和国家意识可能是中国德育偏向政治意识的重要原因,然而,中国的这一教化倾向与中国的现代性过程密切相关。对于中国古典社会而言,一直有着德治的传统,道德教化在中国不是被作为教育来看待,而是被作为政治来看待的。过去我们在理解这一现象时,往往都从教育的角度,认为是教育的政治化,但实际应当反过来看,从教育之外,从社会的角度解释这一现象。也就是说,中国德治的政治逻辑,不应被看成教育的政治化,恰恰相反,这应当被看成中国政治本身的一种内在现象。把道德教化视为政治的工具,这不是教育的性质,而是中国政治生活的一个不可分割的部分。

中国的教化哲学可以推至孔子,甚至更早。然而,有一个现象是非常有意思的,即孔子常常不是在谈论教育的时候谈论政治,恰恰相反,他是在谈论政治的时候才谈论教育。因此,在他那里,实际没有独立的教育,教育只是社会政治生活的一个部分或一种形式。孔子的道德修养,严格讲不是普通百姓的教化哲学,而是君王的修身之道。如《论语·为政》中说,季康子问孔子关于百姓的教化问题,孔子说,只要你自己孝顺父母,慈爱百姓,那么他们就会对你忠心了。而当有人问孔子自己为什么不去做官时,他则回答:我在孝呀,只要把这些品质用于政治,也就等于参政了,为什么只有做官才是参政呢？由此可见,孔子的哲学尽管从形式上看是所谓"人本体"的,即是以个人道德修养为中心展开的伦理哲学,但他的君王政治信仰使他的伦理哲学实际成为一种政治哲学。在他那里,教化不是一种自为性的哲学,而是作为一种政治意识存在的。

孔子的孝道只是君王之王道的起点，而不是个人立身的终点，《大学》中，修身、齐家、治国、平天下的伦理哲学，再次把儒学的政治本质揭示得淋漓尽致。

从某一个角度看，这种古老的德治传统在很多方面非常接近于西方现代民族国家意识对共同体的社会伦理需要，因而，在中国的现代性过程中，这种古老的德治传统能够自然而然地转化为中国现代性的一种文化现象，使学校德育纳入民族国家的政治意识之中。当然，这种传统与现代性的自然结合也导致了它的现代性困难，那就是它造就了中国现代民族国家在伦理价值观上不能建立起一种解放的意识：一方面不能摆脱传统的德育为政治服务或者把德育作为国家政治看待的传统；另一方面，又不能在面临现代性的民族国家意识时，沿着民族国家概念向个体理性自由方向发展。

西方的民族国家之所以会产生现代意义上的公民意识及其教育观念，是因为西方民族国家是沿着理性解放而出现的产物，民族国家实际是由信仰走向世俗的结果，是人类理性自由的结果。因此，沿着民族国家这个方向，可以自然地向个体自由这个更为张扬理性的方向发展，从而逐渐建立起以现代公民意志为中心的理性社会，最终迈向以构建自由平等为中心的公民伦理的教育哲学方向。

在近代早期的西方教育中，学校德育也强调民族国家意识的培养，强调培养具有国家意识和民族观念的公民。那时，虽然出现了公民教育这个概念，但与中国的传统教化一样，它强调对国家意志的接受，而不是建立公民平等和权利主体的完整公民意识。比如，18世纪末，主张国家主义教育的法国思想家拉夏洛泰和狄德罗就明确提出，努力按照国家的智力和道德标准去塑造国民是国家教育的职责，也是教育设计的依据。拉夏洛泰说："教育的目的既然是为国家培养公民，很显然，教育就必须与国家的政治制度和

学校道德生活的现代性问题辨析

它的法律相适应。如果教育违反它们，那是最大的坏事。"① 而德国最早的国家主义教育者费希特认为，国民教育的目的不在于培养学者，而在于造就国民，训练有为的劳动者。② 虽然，意识到国家对于个人平等的智力发展所负有的责任，这是一个不小的进步，但同时用国家的意志代替教会的意志行使教育的特权，又使这种国家主义教育从本质上与教会教育没有根本的不同，个人的独立性仍没有得到充分的突显，变化的只是统治个人的主体。

万明钢论证了西方传统公民教育所经历的从排斥到同化，直至多元的文化模式，这一过程体现了现代性从强调民族国家的同一性，排斥意识形态分离和差异，以及对非主流文化意识采取压制和排斥的历史传统，转而向对之采取悦纳和扶助的转化过程。从中可以看到公民教育的内涵如何与人类伦理认识的变化相互依赖，同时还可以看到，古代希腊时代那种强大的公民权利和公民自由是如何在民族国家意识的现代性中被瓦解和销蚀的。中国古代虽然没有经历古希腊时代的民主政治，但士阶层的独立与自由、学术思想对君王政治的影响却是西方社会难望其项背的。尽管没有西方的公民概念，普通百姓没有能够享受古代希腊民众的公民权利，但士阶层对政治社会的影响却也不亚于西方公民自由对政治的影响。当然，我们不能将两者完全等同起来思考，因为这是两个完全不同的文化起源模式，不能用一种哲学框架去评价和诠释，而只能作某种形式上的类比。中国早期士阶层的自由思想，的确可以与西方古代希腊的自由政治相比较，而在中国后世政治生活中，这种政治传统也的确被专制的帝王政治所否定。至近代引入西方现代传统之后，又被民族国家意识所压制，与西方走入同样的现代性意识形态的陷阱之中。由此可见，公民教育的现代性诠释，在中国的现代性论证中同样有效。

---

① 单中惠：《西方教育思想史》，山西人民出版社，1996年，第285页。
② 同①，第293页。

万明钢在文章中有这样两段描述："早期的公民身份首先强调的是,在个人与国家的关系中,民族、社会阶层及社群属性首先要服从于国家赋予个人的普遍属性。追溯民族国家形成的过程不难发现,早期公民身份的确定具有封闭性特征,与主流文化相异的民族或原住居民不能获得公民身份。若要获得这一身份,需要在行动上表示对民族国家的效忠,放弃或贬低本民族的文化或弱势民族成员的身份,因此公民教育强调文化同质和政治忠诚。""在政治层面上,民族国家发展早期,人们把文化的同质性看做是国家的重要特征。政治家们一方面是为了稳定国家的社会秩序,另一方面由于主体民族和主流文化的优越感,对于移民和少数民族以及弱势群体文化多采取排斥态度,其目的在于达到社会的同质性建构。"① 从这一论述中可以看到,无论是西方的现代性还是中国的现代性,实际都存在着同样的特点,即公民教育这个词出现之后,并不代表出现了公民教育的真正内容,公民教育被传统的封闭性所支配,变成传递民族意志的工具。从某种意义上说,这种现代性的公民教育在我国还是一个刚刚开始的新生事物,我们用现代性的早期观念诠释公民教育,还以为开展了一个轰轰烈烈的教育运动。比如 2003 年,《公民道德建设实施纲要》才印发两周年,我们才迎来全国第一个"公民道德宣传日",但宣传日的主题则是"爱国守法、明礼诚信、团结友善、勤俭自强、敬业奉献"的 20 字基本道德规范,这一规范更多体现了公民的道德义务,而不是道德权利。

从某种意义上说,我们现在的公民教育还未超越梁启超当年提出的"新民"教育思想。在梁启超看来,新民教育就是全面改造中国国民在几千年的专制社会里形成的国民性的缺陷,诸如爱国心之薄弱、独立性之柔脆、公共心之缺乏、自治力之欠缺、团结力之相差等,使之成为具有新道德、新思想、新精神的新型国民。虽然,

---

① 万明钢、王文岚:《全球化背景中的公民与公民教育》,《西北师大学报(社会科学版)》,2003 年第 1 期。

梁氏的新民教育针对当时的历史背景也体现了对民族国家意识的教化,如他所要纠正的"公共心之缺乏"病症,认为只有通过教育去培养国民,使之具有公德、国家思想、团体意识,全体国民凝结一体、上下同心,才能使社会安定、国家进步。因此,强调公德的目的最终在于培养国民的爱国思想。然而,他的民族国家意识却是出自于当时特殊的国忧民患的时代要求,也的确是针对中国民族传统的弱点而提出来的,与现代那种过于片面狭窄的民族国家意识还是不完全相同的。特别重要的是,梁氏当时在新民教育中尤其重视新民的自由与权利的教育,他说:"国家,譬犹树也;权利思想,譬犹根也。"[①]从这个意义上说,他的公民教育已经超越了他那个时代。

蓝维认为,公民是与国家相对应的概念,离开国家就无公民可言,因此,民族国家的发展,必然导致公民教育,也因此,公民教育的出现具有历史必然性,公民教育必然包含着现代国家伦理意识的内容。蓝维认为,公民教育在人类历史上沉寂了千年之后又重新在世界各个先进的资本主义国家崛起,是因为人类历史再次进入自由公民的时代。在古代希腊之后,人类近几千年没有真正的公民,自然也就没有公民教育,而现代性又一次让人类回到古代希腊的自由时代,再次出现在法律上平等的自由公民,这是公民教育之所以产生的社会基础和历史背景。当我们面对现代公民时,公民教育自然成为学校教育的重要内容。如果离开这个基本事实,把公民教育作为传统教育的一部分,继续传统的规训式的价值观教育,这种公民教育就毫无意义。因而公民教育也是一个发展的概念,它随着现代性自身的内涵变化或者向所谓后现代性的过渡,其内涵也在不断拓展。蓝维认为,随着民族国家时代的退场,随着世界历史的到来,"要求一国公民要具有面向世界的观念和相应的

---

① 梁启超:《新民说·论权利思想》,《饮冰室合集(专集之四)》,第39页。

第五章　学校道德生活的
现代性重构

275

能力与眼界,于是超乎于国界之外的公民即所谓世界公民或地球村公民的提法出现了。世界公民的提出是世界经济发展的必然,它是由民族国家向人类更大规模结合转化中的一种过渡概念。与世界公民相适应的世界公民教育在一定程度上会否定以国家、民族为中心的公民教育,但同时也展现了公民教育的新前景"。① 但也有学者认为世界主义与民族主义并不绝对是矛盾的,它们也可以有机地结合在一起。世界公民主义基于公民人权的自由平等公正的价值观,它提倡的正是对个人、对独特民族文化的尊重,因而,可以将世界公民主义具体表述为民族的世界公民主义,从中国出发,就是表述为"中国人本位的世界公民主义",它强调的是基于自由、民主、平等价值基础上的"各美其美"、"和而不同"。② 他们认为,世界公民主义可以包涵与容纳民族公民主义,也许民族的就是世界的,同时,世界的也是民族的。

三、在国家、社会与学校之间

(一)公民道德的建构:拓展公共性的基础

英国学者约翰·斯图加特·密尔曾经对"好政府"进行过精辟论证。在他看来,一个好政府并不仅仅是能促进经济繁荣的政府,还是一个能促进人民性格改进的政府。因为每一个人或任何一个人的权利和利益,只有当他有能力并习惯于捍卫它时,才可免于被忽视。个人促进普遍繁荣的能力愈大,愈是富于多样性,普遍

① 蓝维:《公民教育的现代崛起与现时代特征》,《江西教育科研》,1999 年第 2 期。
② 喻希来:《中国人本位的世界公民主义》,http://www.tylf.net/sixiang/gong-minzhuyi.html.

繁荣就愈能达到更高的高度,愈是广泛普及。①他认为,积极自助的性格对于人类的普遍利益是非常重要的。在他看来:"改进人类生活的性格是同自然力和自然倾向作斗争的性格,而不是屈从于自然力和自然倾向的性格。一切为自己谋利益的性格也都属于积极和有力的性格,因为促进社会每个成员的利益的习惯和行为无疑到头来是最有助于整个社会进步的习惯和行为的一部分。"②密尔的这一观点可能并不能完全为人所赞同,如认为为个人谋利的行为自然会导致社会福利增长等,但他在这段话中所透露出的另一观点,即强调促进社会福利要通过改进民族的性格来实现的观点无疑是非常有道理的。密尔在论证民族性格对于发展社会文明的重要性之后,把这个问题交给了社会和政府的建构。密尔的论证说明了,改进民族性格与促进自由民主的关联,这对于我们正确思考社会进步的路径具有重要启发。也就是说,社会的进步仅仅依靠财富的增长是不可靠的,它必须建立于民族性格的改变之上,这样,社会的道德教化就可能成为社会进步的重要工具。

现代性道德是自由的,同时也是他向的。道德成为一种自由的伦理实践,即它是自由的,但同时自由选择和道德选择必须是伦理的。这种伦理不再是少数精英所规定的精英伦理,而是由每一个自由人共同商讨制定的公共伦理。即"我们有自由、有权利选择自己的道德价值观,并根据这种道德观选择和谋划自己的美好生活,但是我们不能把自己的道德观作为至上的,是超越于他人的。我们必须把自己的道德与社会和个人的美好生活联系起来"。③美好生活就是追求德性的实践生活本身。公共生活及参与公共生活的能力和道德,已经成为建构现代社会或促进从"现代国家"向

---

① [英]约翰·斯图加特·密尔:《代议制政府》,汪瑄,译,商务印书馆,1982 年,第 44 页。

① [英]约翰·斯图加特·密尔:《代议制政府》,汪瑄,译,商务印书馆,1982 年,第 44 页。

② 同①,第 48 页。

③ 金生鈜:《德性与教化》,湖南大学出版社,2003 年,第 305 页。

第五章　学校道德生活的
现代性重构

277

"现代社会"转向的重要途径。这一点对于学校的道德教育,尤其是学校的公民教育来说至关重要,将道德教育或公民教育的伦理核心转向了公共伦理的建构,包括参与社会生活的主体意识以及在社会生活中的权利、义务和责任的掌握,这些都无疑是建构学校德育的现代意向的重要保证。而我们现在的公民教育把重心放在公民的义务与责任之上,忽视了公民参与公共生活的各种言说权利。因而这种教育无疑只教会了公民去适应社会的行为能力,这样的公民只是使人成为国家或企业科层制中的一个职员,而不能使人成为真正意义上的参与公共生活的公民。

现代德育的首要目的就是发展与培育受教育者的公共理性。罗尔斯认为公共理性主要是在公民个人的理性基础之上建立起来的正义感和善观念的能力,包括理性判断和思想的能力以及追求个人和社会福祉的基本美德。① 这种目标超越了传统的美德或政治意识培养的教育。公民意识和公民德性的培养是现代学校德育的重要使命。离开这个使命,学校德育就必然脱离了现代社会的伦理轨道。金生鈜认为,现代德育的价值应当指向"引导求教育者对德性的寻求与践行以及对美好生活的追寻是道德教育的核心"。② 也就是说,现代德育的价值不仅是个人美德中的良知,而更重要的是向善的意向希望。对于学校教育来说,培养未来公民德性的基点在于创造出有利于德性生成的合乎人性的环境,即创造以人为目的的基于个体的自由、自主、自律、自觉的教育的所有方面,以宽容、健康、快乐、向善的精神展开教育与个体的交往的教化方式。

为什么要以理性的公民的培养为目的? 这是因为培育拥有理性能力和道德能力的公民是创造公共领域的前提,也是使公共领域能够发挥促进社会伦理进步的重要前提。教育作为公民理性能

---

① 罗尔斯:《政治自由主义》,万俊人,译,译林出版社,2000 年,第 19 页。
② 同①,第 310 页。

力和道德能力的培养实践,必须站在公共领域和公共生活的角度,反省道德教育的理念、方式和内容。教育所培养的公民是理智的、自主的、自由的、有德性的独立个人主体,并不是塑造仅仅忠诚服从于一定道德秩序的工具人。教育是促成公共领域理性化发展的公共事务,它通过公共理性批判和反思种种关于道德与价值的信念,尊重和宽容个人的道德选择自由,这就要求教育不能传递特定的道德理念和原则,而是要批判性地在教育的交往中以种种道德价值取向引导未来的公民自主的判断和选择,从而使道德教育既形成公民的理性的品质,又培育公共领域中各种价值的交流和尊重的传统。[①]

(二)培育权利意识:拓展公共性的本质

现代性道德建立于对个人权利的呵护之上,但权利并不必然带来至善,这是我们在呼吁权利意识时需要警惕的问题。范仄在讨论权利、至善与存在的关系时说道:古代人是在"存在"与"至善"之间建立关系,最后建立起来的是诸种美德品格,而西方现代性的道德思考却是在主体获得权利化之后的生存思考,现代人在"存在—权利—至善"之间建立关系。古代人对自身的权利缺少知觉,而这恰恰是现代人最重视并努力追求的东西,以至于使现代人失去发现"至善"的能力。这是因为,现代人不能更好地建立起"存在"与"权利"的关系,或者说,在"权利"时代,人们失去了发现、建构和认可"存在"的能力,但"至善"力量最终来源于"存在"本身的规定。"权利"与"存在"的关系暧昧不明,也就无法从"权利"与"存在"的关系出发建构"至善",而没有"至善","权利"的意义最终也就幽暗起来。[②] 从这一论述中起码可以得到这样一个

---

① 金生鈜:《德性与教化》,湖南大学出版社,2003 年,第 314 – 315 页。
② 范仄:《"主体"权利化之后⋯⋯——读罗尔斯的〈道德哲学史讲义〉》,http://www. law – thinker. com/detail. asp? id = 1847.

启示:现代人改变了寻找至善的途径和道路。现代性的理性启蒙使人获得了自身的权利,但恰恰是权利使现代人失去至善或离至善越来越远,至少在寻找至善的过程中面临着更大的困难。因为权利遮蔽了存在,而至善的真理隐蔽在存在之中,遮蔽了存在就等于遮蔽了通向至善的道路。

然而,能不能用另一种眼光看待权利在现代生活中的价值呢?秦晖曾专门论述大共同体和小共同体在我国传统中的位置,认为中国传统实际一直行施的是大共同体价值,自从商鞅变法以来,一直实施的是反宗法、抑族权的政治与伦理政策,可以使专制皇权不受任何阻碍地直达每一个臣民。从这个意义上说,把中国传统简单归为宗法政治并不一定合理。在中国传统中,更强大的力量是皇权政治的大共同体传统,在国家权力与个体权力之间不允许有任何公共性的权力存在。从这个意义上看,在中国传统中最根本性的政治道德特征就是对权力的贬抑。而从这种对权力的贬抑过程中可以看到,中国传统之所以缺少公共政治道德空间或者说国家缺少"社会性",其中一个重要原因就在于中国没有对"公共权力"的信仰。所谓公共权力,是包括除国家权力(古代即皇权)之外的权力。如果要说存在权力信仰,那就是皇权至上的国家权力意识。从这里可以看到,在中国要建立现代性的公共领域,创造现代性的文化与民主,必须首先确立现代性的公共权力意识。这种公共权力是公共领域的基础,如果进入公共领域却没有独立的公共权力,那等于没有进入公共领域。所以说,培育公共权力是促进和拓展公共性的本质。

秦晖在《农民问题:什么农民? 什么问题?》一文中对农民的解释提示我们,在中国的文化境遇中,所谓现代人与传统人的最大区别在于对共同体依附性的减弱,个人的独立性是现代人最大的标志。这从一个侧面反映出现代性的一个重要特性,就是使每一个人作为人的权力从被幽闭的世界中解放出来。他说,中国没有真正的都市,也就没有真正的市民。从这一意义上说,我们都是农民,一种对农业共同体具有强烈依附性的成员。真正的市民社会是既摆脱了共同体束缚又失去了共同体的保障、具有独立人格并自己对自己负责的人建立的。传统与现代的区别主要不是一种社会名称与符号的差异,主要在于个人是否向成熟、独立的个人发展。现代化无论姓资姓社都意味着发达的市场经济与完善的民主政治,而这两者的共同基础就是个人不再"从属于一个较大的整体"而取得独立人格、自由个性与公民权利,从而成为"完成的个人"。无论中西,传统的农业社会都以个人依附于身份性共同体为特征,而现代公民社会则要消灭这种依附性并代之以人的独立性。[①] 现代化的本质并不是城里人改造乡下人,也不是乡下人改造城里人,而是城乡公民都成为"完成的个人"。而过去的改造论恰恰是一种压抑个性并使人依附于共同体的理论。对那些有思想个性的人进行改造教育,其后果是把人都变成狭隘人群的附属物。[②] 从某种意义上说,这是关于中国公民教育本质的深刻论述。从这里可以看出,现代性的权利意识就在于摆脱对共同体权力的依附,在公共领域中的个体具有完全独立的道德人格。从学校德育的角度看,培育这种独立人格是学校德育参与构建公共领域的重要途径。

(三) 制度的道德建构:拓展公共性的条件

刘小枫认为现代性问题有三个基本论域,即制度、理念、心性三个题域,这应当是讨论现代性问题的三个维度,每一个领域的现代性问题都需要从这三个层面来考虑。在这三个题域中,德育无疑与人的心性结构的现代性转变有着更为直接的相关,但制度与理念也同时影响着德育的现代性变革。德国学者舍勒认为,现代

---

① 秦晖:《问题与主义》,长春出版社,1999 年,第 22 页。

② 同①,第 23 页。

性不仅是一场社会文化的转变,更是环境、制度和艺术的基本概念及形式的转变;不仅是所有知识事务的转变,更是人的身体、欲动、心灵和精神内在构造本身的转变;不仅是人的实际生存的转变,更是人的生存标尺的转变。① 现代性个人伦理的存在不是什么先验的东西,它与制度有关。相互信任是道德的根本,而这种信任只能来自公正的稳定感。相反,德性论的缺陷恰恰在于,它不能保证公正,即常常不能按"内好"分配"外好"。"外好"的诱惑会对人性带来巨大的挑战。从某种意义上说,权力制衡正是为了抑制权力"外好"的诱惑力。我国道德传统大多强调的是一种"内好",对"外好"的诱惑力估计不足。正由于这种对"内好"的偏爱,中国传统缺少对公正的必要关注。从这个角度看,这正是导致中国容易产生制度性腐败的伦理根源。道德的功能并不应当是诵读出来的测试,政治伦理尤其不能给"内好"的诱惑留下过多的空间,否则,尽管个人良知可能实现美好的理想,但社会生活一定难逃在劫。罗尔斯的睿智正在于他看到了这一点,从而始终将注意力放在基层的、强制性的、义务性的道德上。他的正义论正是由于牢牢把握住了这一点,才保证了在他的正义论中能够给社会一个起码的公正。②

中国的德育期待一种制度的变革,中国的德育不能只有理论而没有制度的变革,现代伦理的改造与发展不可能通过什么神秘晦涩、天马行空的自我言说(包括所谓哲学的、文学的甚至伦理学的批判)而得以纠偏和补救,离开权力结构的改善也即制度的改革尝试,那些纯粹的理论就可能成为一种道德的空想主义。尽管谈论者可以借助于才气俘获到赖以谋取资源的受众,比如"后现代主

---

① 转引自刘小枫:《现代性社会理论绪论:现代性与现代中国》,上海三联书店,1998年,第19页。

② 包利民、M·斯戴克豪思:《现代性价值辩证论——规范伦理的形态学及其资源》,学林出版社,2000年,第213-214页。

义"的幻想已经在很大程度上变成不结果实的浮艳文本,但现在人们已经比较清楚地意识到,中国的道德建设应以自由、平等、民主为价值灵魂,只有这样才能把握道德建设的合理性根据。高兆明指出:中国道德建设应以有效制度为枢纽,以社会正义为核心,以基本道德为立足点。其中,建立公平合理的社会制度是社会道德走向普遍良序的关键。① 所谓制度的变革应当是一种社会权力结构的变化,在这种社会结构之中包含着现代公共领域的创造和建立。只有在一个合乎人性的环境中,人才能变得合乎人性。因而,罗尔斯提出了制度公正优先于个体善的思想。公共领域不是一种纯粹心灵的结构,而是一个社会实在的伦理形态,也就是说,作为公共领域中的伦理价值,公共性的伦理实际已经成为一种道德制度建构的重要对象。因此,从制度角度进行公共领域的价值改造,就必须发现各种能够建立公共领域的权力要素和结构基础,并从这些因素出发,去思考公共伦理的建构问题。

从制度的角度看,市场经济的建设实践应当成为我们考虑当代中国一切重大问题的基础,道德建设亦不例外。市场经济不仅仅是配置资源的一种新的方式,而且有着新的人文精神的内容。独立主体唤醒了人们独立思考的欲望和能力,以及参与公共领域表达自我的主体意识。这种指向于公共伦理的制度变革,已经引起学校道德生活的一系列重大变化。比如,我国的教育体制自上而下,由政府作为推进学校德育的主要力量,但正是这种推进方式限制了个体道德的创造能力。学校德育需要政府的关注,但这种关注只能是事务性的,它不能对德育的价值实质进行干预,这是由教育自身的价值显现决定的。在西方,学校德育问题具有鲜明的社会性,公众讨论在学校德育的过程中发挥重要作用。公众认为应当由自己来规划自己的教育问题,因为并没有所谓的先知先觉。

---

① 高兆明:《道德建设的现代性反思:形势、问题与对策》,玉溪师范学院学报,2002 年第 4 期。

这种对学校教育价值的讨论，实际预示着一种不完全相同的制度伦理的支撑。建构一个国家的制度体系，实际是建构这个国家现代公共伦理体系，无论这个制度怎么发展变化，包括社会转型使德育发生的变化。解决德育有效性这一真实的假问题，不可能完全在学校内部通过加强和改善学校德育工作来实现，它有赖于整个社会伦理的重建。离开这一前提，我们无从进行道德判断，因为没有衡量学校德育有效性的尺度。在社会转型期，学校德育也应积极探讨学校道德文化在制度伦理、精神信仰等方面的基本内核，从而使学校成为学生在特殊时代的"精神之乡"。

第三节　学校道德生活现代性重构中教师道德身份的转变

学校道德生活的现代性重构，除了制度与文化的要素转变外，教育主体的身份与角色意识的转变也是一个重要的要素。其中，教师角色与身份的转变直接影响着学校道德生活的变革。在现代性的语境中，教师的身份与角色定位面临着一系列的冲突与问题。

现代性的理性突进导致了知识与道德、知识与信仰的分离，也导致了知识专家与道德专家的分离。这两种身份在古典时代是一体性的，而现代社会使两者处于分离之中，这种分离的身份使教师失去道德家的身份，而只是单纯的知识专家。从另一个角度看，正是这种知识专家的身份使教师失去了道德的影响力。

在现代社会，我们为什么日益变得需要依赖伦理专家或道德专家了？英国学者鲍曼在《生活在碎片之中》一书中对此进行了深刻的分析。他指出，在现代社会中，伦理是一种法律体系，它对普遍正确的行为作出判定，还将正义与邪恶分开，而对这些信念本身是否正确以及这些信念的基础是什么,都没有充分的分析与说明。在他看来,对道德本身及道德基础的合法性审视应当是道德专家的专利,因为他们掌握了常人无法利用的探寻真理的途径,这就是关于道德的知识,而普通人被认为没有作出这种判断的能力。处于权威之下的人们在行动时只是运用他们所信守的规范,普通人的伦理无能和专家的道德权威是彼此阐释和证明的。在他看来,现代人被各种观念所统治,已经失去独立判断的能力,因此转而从专家那里寻找可靠的指导。我们开始不再相信自己的判断,变得容易产生怕犯错误的担心。而这种担心的去除正需要专家的一种确定性的引导,一旦这种依赖性稳定并扎根下来,对伦理专家的需要就变得不言自明并自我再生了。[①]

鲍曼的观点实际是以另一种方式在论述现代人逃避自由的心态。在这种情况下,现代人日渐失去了道德自我。面对现代人的道德无能,我们的教化哲学应当承担什么责任呢?这正是今天学校德育需要讨论的问题。教育者应当承担道德家的身份吗?换句话说,教育本身是否应当树立道德的示范和榜样?这正是一个困扰着现代教化哲学的问题。

教师作为一种社会职业身份,总是被视为社会文化传递与发展的关键。正如法国著名社会学家涂尔干所说的那样:"教师是社会的代理人,是文化传递的关键环节,而且,创造一种社会的、道德的存在也是他的使命,通过教师,社会创造出想象中的人。"[②] 由此,教师也理所当然地首先被期待为具有理想品质的人。从道德的维度看,教师总是被赋予崇高的道德期待:教师应当不同于普通人,应当比普通人道德高尚。有学者将人们的这种看法明确表述

---

① [英]齐格蒙·鲍曼:《生活在碎片之中——论后现代道德》,郁建兴,等译,学林出版社,2002年,第1-3页。

② 涂尔干:《道德教育》,陈光金,等译,上海人民出版社,2001年,第467页。

为"教师即道德家"。① 人们把教师喻之为道德家,不仅隐含着对教师高尚道德的期待,还隐含着一种教育逻辑,即要求教师必须首先成为一个道德高尚的人、一个超于常人的道德楷模,然后才能承担道德教育的责任,即所谓先是一位"道德家",然后才是一位"教育家"。然而,正是这些道德预设才造成了教师道德角色和道德心理的种种矛盾,才使教师道德评价处于困惑之中,引起教师道德的面具性和虚假性等问题。

一、对道德家身份的颠覆

自西汉扬雄在《法言·学行》中提出"师者,人之模范"的论断以来,我们似乎很自然地将教师与道德家联系在一起。然而,教师真是一个道德家吗?可能是一个道德家吗?不论从哲学还是从文化的立场看,这都是一个需要论证的问题。

(一)身份的颠覆

理解教师是道德家有两个视野:一是道德真理的视野,二是道德品行的视野。然而,无论从哪个视角,都不能得出教师可能成为道德家的诺言。对于前者,古希腊哲人已经指出:"道德规范并不是只有少数专门研究者才知道的深奥事物,而是几乎人人都了如指掌的普通事物,在道德上无所谓专家,也无所谓业余爱好者。"②如果把道德作为一种终极的真理,谁也不能充当掌握道德真理的

---

① 虽然直接将教师称为道德家的人并不多,但从人们对教师应该具有完美道德的期望来看,人们实质上是以道德家的身份和品质来要求教师的。郑金洲在《教育通论》一书中,首次明确将人们的这一看法表述为"教师——即道德家",见该书第 325 页,华东师范大学出版社,2000 年。
② 黄向阳:《德育原理》,华东师范大学出版社,2000 年,第 71 页。

代言人。对于后者，苏格拉底早就断言，美德的知识不能代替美德本身。孔子也说："若圣与仁，则吾岂敢？"[①]换言之，美德并不存在于道德权威那里。人们把教师推上道德家的位置，无疑只是出于一种对教育的热忱和愿望。事实上，只有看到教师道德的有限性，才能使教师有更多的道德成长与发展的可能，要求教师成为道德家，实际反而否定了教师道德学习的必要性和可能性，实际更不利于教师的道德完善。

对中国的传统来讲，现代性颠覆了传统中教师的道德身份，对教师的道德身份的确认不是从教师在社会教化中的位置来确认教师的道德角色，而是从教师作为一个人的角度来确认教师的道德身份。从这个角度看，只能从人的道德本质来理解教师道德的道德性，而不能离开教师作为人的身份去从他的社会功能上寻找教师的道德本质。从这个角度上看，在道德真理和道德行动上，教师不可能超越常人，他唯一可能超越常人的是他所掌握的道德知识。我们必须看到，教师与普通人一样，因而只能把他们视为道德上的学习者。教师亦有成为道德高尚的人的可能，但这种高尚道德在本质上仍是一种普通人的道德，它是属于普通人的高尚，而不是超越常人的道德高尚。因此，把教师放在普遍人的位置上理解教师道德的性质，才能真正理解教师道德可能性的本质。实际只有把教师视为道德上的普通人和学习者，才真正能够推进教师的道德建设。如果说教师真的可能成为不同于普通人的道德人群，那么，实际等于承认教师在道德上可能优越于一般人，成为道德上的贵族群体，成为在道德上居高临下的有特殊身份的人，这实际无异于拒绝了教师在道德上学习的可能性，使其成为不需要受教育的人。如果那样，将是多么危险的哲学。因此将教师视为道德家，不仅背离常识经验，同样也是不合逻辑的结论。当然，我们说教师不是也

---

① 《论语·述而》。

不可能是道德家,不等于说教师不可能成为有道德的人,更不意味着教师可以不要道德,只是为了说明教师道德与常人道德有本质上的相通性。

教师是否能够取得超越于常人的道德资格的问题,事实上只在于两个疑问的解决:第一,教师能不能真的比普通人更高尚,第二,教师职业是否真的比别的职业更具道德性。前者在上述讨论中实际已经解决,而对于后者,我们必须从现代性已经改变的社会道德结构上来理解教师道德的道德性。从已经改变的道德关系角度,我们同样不应拒绝用平等性的眼光看待教师职业的道德性。教师职业在道德要求上与其他职业并没有本质的不同,只是具体的表现方式和道德形式可能不同而已。我们绝不能说,教师所需要的道德比一个普通邮递员所需要的道德更高贵,更具有道德的尊严和神圣性,而只能说两者可能存在不同的道德方式。我们同样不能说,教师职业比其他职业要求更高的道德,而只能说要求不同的道德,教育对教师的道德要求绝不比医院对医生的道德要求有更高的道德内涵,而只会有不同的内涵。教师职业所要求的敬业精神、服务精神、奉献精神和以身作则,并不是要求教师个人有多么高尚的道德境界,而只是由教师的工作特点所要求的专业美德①,它和一个清洁工的专业美德没有本质上的不同。教师的道德重要性只能是一种不同的重要性,而不能说是更高贵的重要性。道德上的平等性,决定了道德的贵贱不会因职业、身份、地位的不同而有所差异。

许多人也许会追问,主张教师道德与普通人的道德或者一般职业道德没有本质的差别,是不是在为教师道德失范寻找借口?教师的不道德难道是合理的、应该的吗?事实上,这种追问恰恰证明了我们的观点,在这种追问中,我们更可能看到教师只能是一个

---

① 黄向阳:《德育原理》,华东师范大学出版社,2000 年,第 129 页。

道德上的学习者,而且必须把他们看做一个道德上的学习者,才能真正促进教师道德的改善和提高。教师和普通人一样,都是不完美的道德人,正因为此,我们才需要提出教师的道德学习,而不是相反,因为教师是道德家或可能或应该成为道德家,而要求教师的道德学习。教师是道德上的普通人是指,"他不是以某种潜在方式贮存能量的场所,而是有个人经验和个人思想的具体的个人,是要求被理解、承认和应答的人"。① 只是由于教师的职业具有某种特殊性,才会使教师经常处于道德反省之中,这可能使他们处于不同于普通人的道德情境之中,但这绝不意味着教师道德在性质上可能不同于普通人。守护教师道德可能需要更高的理性和更艰苦的努力,但这不能成为要求教师成为道德圣人的理由,相反,它需要我们对教师寄予更多的理解与关怀。

(二) 身份与传统:教师作为道德家的历史诠释

要求教师成为道德家,实际是某种政治性的隐喻。把教师视为道德家,其实质是要求教师成为社会政治意识形态的代言人,而不是因为教师可能成为一个道德家,其潜在意义是要求教师代替社会意识形态承担对学生的规训任务。在这里,教师作为道德家实际包含着强烈的政治身份。从这个角度看,如果教师成为道德家是可能的,也是现实的,那这种可能性和现实性只是存在于政治与身份统一的传统之中。在漫长的历史社会中,教师曾经长期被赋予一种政治性身份,也就是说,教师的身份被政治化了,这种被政治化的教育身份只是中国古代道德身份的一种特殊形态。在中国传统中,教师的教育身份没有独立性,教育身份与道德身份是等同的,教师作为知识分子没有独立的身份意识,必须从道德身份中才能获得其真实的教育身份。在中国古代社会,士大夫的德行操

---

① 叶澜,等:《教师角色与教师发展新探》,教育科学出版社,2002 年,第 41 页。

守是影响国家政治文化的重要因素，作为士大夫的教师，其最终使命不是学问，而是救世治国。《学记》中的"师也者，所以学为君也"，《中庸》中的"尊德性而道问学"，都表达了道德优先、学术为次的思想。可见，在古代社会，教师的道德身份优先于教育身份，其教育身份要通过道德身份来确认。秦朝的李斯甚至提出"以法为教，以吏为师"的口号，从而明确规定了教师的社会代言人角色。在这种文化传统中，必然要求教师扮演教化他人的道德精英的角色。

然而，现代性瓦解了这种教师身份的可能性和现实性，现代性的理性自觉使教师无法保持和占有道德权威的位置。道德，作为一种可以思考的对象，已经不再局限于少数知识精英，教师失去了古代士大夫的位置，因而也不可能充当社会道德的示范。现代性使教师从权威降为普通人，教师也只是道德生活中的普通受众，他们的道德行为同样不得不依赖公共社会的认同。有学者认为，传统社会是"同质社会"，现代社会是"异质社会"，在异质社会中没有文化领袖的位置，文化旗手无法居于中心的位置，任何一个人都不可能代表整个社会发言。[①] 现代社会使教师失去了充当道德领袖的社会根基。如果继续强迫教师充当改造社会的"道德英雄"，要求教师替代社会道德意识形态，承担拯救社会和教化他人的责任，让教师去决定学生的道德命运以及对精神生活的选择，是非常危险的。在逐步走向多元文化的今天，我们需要的是求同存异的道德。[②] 道德教育也需要从单一的求同走向异同并存，一方面，日益分歧的社会需要共同生活的价值共识，这需要教师告诉学生为了共同的生存与生活，哪些价值是应该共同遵守的，哪些是不可以违反的；另一方面，日益多元的文化事实又要求教师引导学生学会理解与尊重多元的价值，并善于在多元价值的博弈中进行合理的

---

① 张静：《人文知识分子角色与社会转型》，榕树下（中评网）。
② 黄向阳：《道德相对主义与德育》，2000 年德育年会论文。

价值选择。吴康宁指出,"教会学生尊重与选择是 21 世纪道德教育的主题"①,道德教育的目标不能再仅仅停步于统一价值规范的传递。在新的道德教育中,教师的重要任务是为学生的选择创造环境和提供帮助,而不仅仅是教师自身的道德示范。那种认为教师道德决定学生道德,同时也决定整个社会道德的观念,正是我们今天需要批判而不是应当发扬的哲学传统。

随着现代教育功能的拓展,教师所承担的责任和义务越来越多,道德责任只是其教育任务之一而不是全部,教师的道德身份与教育身份开始分离,道德身份只是作为教育的一种需要,而不是整个教育身份的全部内涵,教师的教育身份有了更多的内涵。仅仅具有高尚的道德并不能保证教师胜任教育工作,教师需要更为多样全面的素质。同时,在现代社会中,教育的重心由道德转向知识。在传统教育中教师可能首先要是一个道德人,但在现代教育中却可能首先需要成为一个知识人,教师作为知识人的身份不断得到强化,而作为道德人的身份则处于次要地位。由此,教师作为道德代言人的身份在今天已经不具有文化上的可能性。换一角度说,在制度化的现代社会中,社会道德从根本上说是制度化的产物,而不是"个人行为"的产物,虽然个人道德对社会道德能够发生作用,但这种作用若没有制度的担保是难以持续、恒久的,它的积极作用也常常会为消极的社会因素所消解,道德的人与道德的社会是互为条件的。虽然教师职业的特殊性使他们看起来担负着更为直接的道德教化任务,但在具体的社会生活面前,教育的力量并不足够强大。这在教育日益越出学校边界的今天更是如此。当然我们这样说并不是要推卸教师的道德责任,只是反对将教师的道德责任无限夸大,让教师承担难以承受的道德重负。

---

① 吴康宁:《教会选择:面向 21 世纪的我国学校道德教育的必由之路——基于社会学的反思》,《华东师范大学学报(教育科学版)》,1999 年第 3 期。

二、教育实践中的道德学习者

我们质疑教师的道德家身份，还在于对作为教育实践者的教师道德本质的反思。作为教育实践者的教师，其个人道德与教育道德虽有极大相关，但也不完全等同，教师道德的教育性不取决于教师个体本身的道德，而取决于教师如何对待自己的道德。教师是在道德的实践中呈现道德并真正完成有意义的道德教育的，这种实践的态度构成了真正的教育道德。

（一）教师道德与教育道德

教师道德与普通人的道德究竟有什么不同？我们认为教师不能成为道德家，在本质上是普通人的道德，但并不是说教师道德就没有自己的特殊性。教师道德在本质上是一种教育性的道德，教师个体的所有道德性格是教育过程的重要资源。正是从这一意义出发，人们才要求不能因为教师个人的道德问题而危及其教育过程①，进而期待教师能够在道德上不同于普通人，在生活的各个方面都应该具有道德上的示范性。这种观点看到了教师道德的教育本质，但却推论出不恰当的教育结论。因为，从教师道德的教育性实际并不能推论出教师必须成为道德家，事实上，教师道德的教育性预示着教师个人道德与教育道德之间的重要区别。教师个人道德是一种个人私德，而进入教育过程之后，就成为一种教育道德，虽然两者有内在关联性，但仍然不能完全等同。个人道德可以有境界的高下与偏好的不同，只有在涉及学生的道德生长时，才要求它服从教育性的原则，因而，它是一种间接的教育性道德。同时，

---

① 黄向阳：《德育原理》，华东师范大学出版社，2000 年，第 128－129 页。

教育道德不仅仅指教师个人的道德,还包括教育自身的道德价值,它可以脱离并超越教师个人的道德偏好。教师按照教育规范进行道德教育,就属于教育性道德的范畴。一个教师可能有些自私,但他没有在教育过程中宣扬自私的道德性,而是与受教育者一起学习放弃和批判自私的道德,这就应当看做好的或者道德的教师。这两者的区别也是道德教育不同于科学教育的重要区别。在知识教育中,一般教育者只有"先知",然后才能从教。而在道德教育中,教师与学生在某种程度上却处于平等的位置,教师可以把道德作为脱离个体的知识,在教育过程中与学生共同学习、共同发展。正因为道德教育有这一特殊性,所以强调教师作为道德的学习者才显得更为重要。这里就自然提出教师道德的基本限度问题,教师可以不是道德家,但必须遵守教育的道德规则,这不仅是所谓教师道德的底线问题,而且也是教师道德作为一种教育道德的重要特征。这种限度,实际也是教师作为一个普通人的道德特征。

否定道德家的道德并不意味着否认教师道德与教育过程的相关性,事实上,对于教师个体来说,这两者往往是密不可分的。当然,我们期望所有教师都能成为道德高尚的人。但事实上,教师个人道德与教育道德的确又常常处于冲突之中。现在要讨论的是,当两者冲突时应以何者为优先的问题,是首先确立普遍的道德原则,还是首先确立教师个人的道德主体?从教育的立场来说,应以前者优先于后者,教育道德是教师教育行为的基本道德。何怀宏写道:"道德底线虽然只是一种基础性的东西,却具有一种逻辑的优先性。"[①]一个不能履行教师的职业义务、不知道何为正当教育行为的教师,个人道德修养再完美也不能真正保证其教育行为的道德性。一个不拘小节却又真诚地尊重与信任学生的教师,远比

---

① 何怀宏:《伦理学是什么》,北京大学出版社,2002年,第90页。

一个视学生为敌人却又衣冠整洁的教师更有职业道德。因为教育道德是教育过程中的道德，其道德性取决于是否有利于学生的道德成长这一标准，而不是以教师自己的道德修养水平为标准。因此，教师个人道德在教育关系中永远只是一种教育手段，这决定了教师个人道德只有在教育道德中才能确立它的教育价值。因而教师道德必须强调"义务"与"正当"的优先性，而不是个人道德的优先性。那种道德家的观点奉行的是个人道德优先的原则，将教师的教育道德误解为纯粹的个人品质。应该说，这种观点看到了教师道德的高尚性对实现教育道德的重要性，但却颠倒了义务道德与高尚道德的顺序，没有看到高尚必须基于义务，从而使教师道德问题陷于误区之中。

（二）教师道德的教育有限性

从逻辑上讲，教师个人道德只是教育道德的一个部分，如果把教师的个人道德定义为工具性的教育道德，那么，教师个人道德至多只是教育道德的一个不充分的条件，而不能作为教育道德的绝对条件。对教师的道德要求是由教育的道德要求决定的，因而，是否要求教师成为道德家，也是由教育的道德需要决定的。教育的道德性有三种表现：一是教育目的的道德性；二是教育内容的道德性；三是教师教育行为的道德性。[①] 在这些条件因素中，教育者的个人道德只是影响教育者的行为态度和行为方式的一个因素，而不是唯一的因素。如前文所述，那种把教师道德定义为道德家的道德，实际是把教师道德的本质指向于个人道德，这在逻辑上是将道德的条件等同于道德教育的条件，混同了"道德的条件"与"道德教育的条件"这两个不同的概念关系。我们避开道德和道德家这两个概念的区别不谈，即使是"道德作为道德教育的必要前提"

---

① 鲁洁：《德育新论》，江苏教育出版社，1994年，第489页。

这句话,如果不加分析也是有问题的。

从表面上看,道德当然是道德教育的前提,教师没有道德怎么能去教育别人,这似乎是毫无疑问的问题,但这种观点同样是不充分的。道德和道德教育之间实际并没有必然性的对等性关系,道德至多只是道德教育的一个极不充分的条件,从教师的个人道德绝对不能直接推论出学生道德的必然结果,教师"有道德"可能会促进道德教育的过程,但绝对不可能代替学生道德成长的过程。教师个人道德的教育性意味着教师道德是一种工具性的道德,它服从于教师的教化使命,它的价值是通过学生的道德成长表现出来的。教师的个人道德只有对学生的道德发展产生有益的实际影响时,才能确立它的道德价值。

教师道德的核心不是自身的道德境界,而是教师教育行动的道德性,同时,这种教育行动的道德性在本质上也不取决于教师自身的道德水平,而是取决于其教育水平。正如薛晓阳所指出的那样,教师德性真正的善,不只在于教师自身所拥有的善良品性,还在于教师的生命创造力,而教师的教育创造性,比教师的个人品质具有更大的教育影响力。①

教师作为一个道德上的普通人,完全具备道德教育的资格,和普通人所不同的是,教师被社会赋予专门进行道德教育的职责,这一职责并不意味着教师的个人道德水平一定要高于普通人甚至他的教育对象。道德教育不是教师的专利,与一般人不同的是,教师应当具有进行道德教育的自觉意识,因为这是一种教育者应当具有的性格。因此,不能把教师的个人道德作为一个绝对的教育条件,不能因为教师还不是一个道德高尚的人、不够一个道德榜样,就不能对学生进行道德教育。

---

① 薛晓阳:《超越"圣洁":教师德性的哲学审视》,《教育研究与实验》,2001 年第 2 期。

三、生活中的道德常人

在教育中,教师以道德家的身份往往容易出现道德的强制,产生教育的暴力。从教育的角度看,教师的道德家身份是不具有合法性的,同时,以道德家的身份要求教师也导致对教师的强制与生活暴力,使教师生活于虚假之中。在现代社会中,教师已逐渐失去了终极的承担者的权威力量,日益成为生活中的常人。以常人的道德作为教师道德建构的起点,是现代性的合法选择,也使教师不仅成为一个道德的人有了根基,同时也使其成为一个道德的教师有了真正的起点。

(一) 现代性视野中的个体哲学对道德家的瓦解

从前面的论述可知,在现代社会,教师已不再可能扮演道德精英的角色。因而有人追问:"不可能"是否就意味着"不应当"?"不可能",的确不等于"不应当",由事实判断的"真"并不能得出价值判断的"真",从某种角度说,道德正是因难而贵的。但反过来,是否"可能"就"应当"呢?

道德家即道德上的"至者"和"先知"。把教师视为道德家并让他们去统治学生,这是中国传统及现代性的典型价值态度。在这个意义上,道德家的道德不仅是一种精英道德,而且同时具有强烈的"救世"意识,即不仅局限于个人道德本身,而且有为他人立法的权力。在这种道德观念中,可以清楚地看到道德权威主义的影子,教师把自己看成道德的中心,教师道德不仅是自我享用的价值尺度,而且是一种改变他人生活的道德力量。教师不仅不能与普通人"一般见识",而且凌驾于普通人之上,有为普通人立法的道德责任。站在这一立场上,教师被置于道德生活的中心,高高在上,俯视学生的道德生活,作为道德权威,教师有决定学生道德命运的权力。毫无疑问,这种道德立场赋予教师道德一种特权和"强力"的性质。沿着这样的思路,我们很自然地可以推论出教师道德的暴力性,这正是我们今天试图避免并极力批判的道德哲学。然而,现代性正在自我纠正,终极的道德信念以及个体的道德价值正在瓦解现代性的教师地位。从这个立场出发,让教师成为道德家不仅是不可能的,而且也是不道德的。也就是说,从道德家的权威主义中,只能产生不平等的道德关系,推论出对学生道德权利的否定和损害,推论出反道德的道德立场。陶东风曾尖锐批判过道德终极论的暴力本质,他说:"道德理想主义对于一种拔得过高的道德理想的过分自信、过分迷恋、过分执著,会导向一种自觉或不自觉的一元化倾向、排他倾向、独断倾向甚至专制倾向,以为自己掌握了最高的、唯一的真理而变得不宽容,不能允许不同的声音,排斥异己。"① 现代性的理想主义把学生置于无知的、有待教化的位置上,教师却扮演着立法者的角色,视学生为道德改造的对象。

如果换一种立场看问题,是否就可以避免教师道德的暴力性呢? 即如果教师道德只是用来约束自己,而不干预他人,那么教师道德的完美主义立场是否就具有正当性呢? 一种高尚的道德榜样的确可能具有巨大的道德影响力,成为有效的教育道德的组成部分。然而,那种可望而不可即的道德,那种完美的道德形象,同样也可能成为学生道德发展的负面力量。远离学生道德生活的道德榜样,可能拉大教育者与受教育者的道德距离,成为学生道德发展的巨大压力,让学生产生的不是前进的动力,而是道德上的一种自卑与恐惧,从而使学生失去向上的理想和希望。教师的道德高尚不仅不会产生激励作用,反而起到阻碍作用。在教育实践中,由于教育道德远离生活实践而受到学生的拒绝,并不是理论上的推论,

---

① 陶东风:《社会转型与当代知识分子》,上海三联书店,1999 年,第224 页。

而是经常可以看到的实际情况。教师在道德上与学生道德发展的平等性，却可以产生教师与学生在道德上的共鸣和互勉。因此，从这个意义上说，改变教师道德的哲学立场具有充分的心理学基础，同时，它不仅在于重新认识教师道德的本质，而且同时具有德育方法论上的重要意义。从本质上看，道德家的道德其本意并不在于教师自身的道德精神，而在于它所孕含的等级化道德关系对一元道德权威的推崇，在对教师完美道德期求的背后，实际喻示着对控制式教育的肯定和颂扬。因而，我们在理解教师道德的本质时，不能被经验思维所蒙骗，必须从常识中解放出来，看到这一口号背后的"反道德"的倾向。由此，即使教师"可能"成为道德家，成为道德完人，我们还是要说"不应当"和"不正当"。结论是，并不是因为"不可能"而"不应当"，而是因为"不能"而"不应当"。要求教师扮演道德家角色的真正危险并不在于教师能不能成为道德高尚的人，而在于它所隐含的教育价值观危及教育的生命根基，正是这一危险使道德家的道德不具有教育上的正当性和合法性。

（二）现代性视野中的生活哲学对道德家的瓦解

即使道德家道德对教育来说是理想的和可能实现的，也是有价值的，也只能推论出一部分正当性，而不能就此推论出其全部正当性。道德的正当性不能只表现在道德教育中，也应考虑到教师作为道德承担者个人的生活幸福。从教师的个人生活与道德和道德教育的关系来看，生活是第一性的，道德与道德教育是第二性的，道德与教育只是教师个人美好生活的一个组成部分，不能让教育道德与教师个人生活处于对立之中。道德家的教师，往往将职业身份等同于个人身份。在强烈的道德使命感与责任感的驱使下，他们总是以道德理想为重，往往为了实现伟大的道德目的，甘愿努力压制丰富的生活欲求，使之服从理性法则以追求德性完美的一生。对他们来说，道德理想的实现是唯一的生活可能，在对德性的执著追求中,他们走向了泛道德主义的歧途,将丰富的生活可能消解于片面道德追求之中。在追求道德理想的过程中,他们也可能会有一种虚假的幸福,这种幸福的虚假性正在于它以牺牲生活的丰富性为条件。作为道德家的生活限制了教师个人道德生活的丰富性和创造性,一种无创造性的生活不可能是幸福的。教育需要道德,但教育的道德性不能以损害教师个人的生活幸福为代价,用教师个人的痛苦来换取教育的成就是不道德的。从这一角度看,教师作为道德家也就缺乏正当性。

教师个人生活与教育生活是不能分开的,在对现代性的反思过程中,我们必须看到教师作为人的权利和本质。无论是中国的道德传统还是西方的现代性哲学,都把教师从生活中的人不恰当地提升为一个纯粹的道德家。在传统教育中,正是把教师个人幸福与教育生活分离开来,否定教师个人生活幸福的教育意义,所以才导致了教师的面具人格以及与教育道德相对抗的现象。在教育实践中,来自于教育身份与个人生活选择的冲突使教育要求与教师个人的道德选择往往不能一致,教育要求教师扮演道德家的身份,而教师又无法真正摆脱生活实际中的普通人的道德需要,这也使教师常常处于无所适从的道德困境之中,内心充满了灵与肉的争战。在生活实践中,教师道德的失范并不完全因为教师自身行为的不道德,从某种意义上说,它是社会不道德的反应,是社会用不恰当的道德标准来要求教师的结果。如一味要求教师的奉献,将生活享受视为不道德,这些不合理的要求逼迫教师过一种面具型的道德生活。教师不敢将自己的真实性情表露给学生,而装扮成道德圣人和君子的角色。这种分裂的生活,必然会让教师处于普遍的道德焦虑之中。一种充满焦虑的生活是无法幸福的,当然也是不道德的。正是从这一意义上说,教师职业总是意味着奉献与牺牲。

一个品德高尚的教师,对于教育的意义无论如何强调都不会过分,我们鼓励教师追求高尚道德,但不能保证所有的教师都必须具有高尚道德。教师道德从本质上说还是一种义务性的道德,应遵循建构性原则,而不是规导性原则,因而只能用自觉自愿和自我学习的方式要求教师的自我完善,而不能强制教师成为道德家。由此,教师的道德建设不能遵循"取法乎上"①的策略,我们只能站在普通人的立场上思考教师群体的道德建设,至于道德家的道德境界,则是道德家个人的事。如果忽略了这中间的区别,用道德家的尺度要求所有教师,其结果不会是教师道德水平的普遍提高,而只会使教师道德陷于普遍的困境之中。正如张远山在《反道德的道德高标》一文中所说,如果一种道德让大多数的人感到不道德,不愿意去做有德之人,那么这种道德就是失败的;如果一种道德不让善良而杰出的大多数人感到自己有希望做个好人,人们就会丧失道德进取心而自暴自弃,这种道德就是虚假的。

道德的目标是让大多数的人成为善人,而伪道德却使大多数的人成为罪人。道学家是人类最大的敌人,是道德最大的敌人,真正有道德的人不是为了自己成为道德家而宣扬道德,而是为了让道德引人向善。过高的道德标准不仅不能推广道德,反而推行了不道德,最终的结果就是自己成为道德偶像与道德圣人,而大多数人却不能遵守最起码的道德规范。

人只能站在大地上仰望星空! 教师也只能在平凡中追求神圣!

---

① 借用檀传宝在分析教师道德人格修养时所采用的说法,所谓"取法乎上"就是按高标准进行道德人格修炼。此处,引申为按高标准的道德要求进行教师道德建设。参见檀传宝:《教师的道德人格及其修养》,《江苏高教》,2001 年第 3 期。

参考文献

中文参考文献

[1] [美]本尼迪克特·安德森. 想象的共同体:民族主义的起源与散布. 吴睿人,译. 上海:上海人民出版社,2003.

[2] [意]沃尔佩. 卢梭和马克思. 赵培杰,译. 重庆:重庆出版社,1993.

[3] [美]沃勒斯坦. 沃勒斯坦精粹. 黄光耀,等译. 南京大学出版社,2003.

[4] [古希腊]亚里士多德. 政治学. 北京:商务印书馆,1965.

[5] [古希腊]亚里士多德. 尼各马科伦理学. 北京:中国社会科学出版社,1990.

[6] [德]包尔生. 伦理学体系. 何怀宏,等译. 北京:中国社会科学出版社,1988.

[7] [德]米歇尔·鲍曼. 道德的市场. 肖君,等译. 北京:中国社会科学出版社,2003.

[8] [英]齐格蒙·鲍曼. 生活在碎片之中——论后现代道德. 郁建兴,等译,上海:学林出版社,2002.

[9] [英]齐格蒙·鲍曼. 后现代性及其缺憾. 郇建立,等译. 上海:学林出版社,2002.

[10] [英]齐格蒙·鲍曼. 流动的现代性. 欧阳景根,译. 上海:上海三联书店,2002.

[11] [英]齐格蒙特·鲍曼. 后现代伦理学. 张成岗,译. 南京:江苏人民出版社,2003.

［12］［法］柏格森. 创造进化论. 肖聿，译. 北京. 华夏出版社，1999.

［13］［古希腊］柏拉图. 理想国. 郭斌和，张竹明，译. 北京：商务印书馆，1986.

［14］［英］卡尔·波普尔. 开放社会及其敌人. 郑一明，等译. 北京：中国社会科学出版社，1999.

［15］［美］P·蒂利希. 存在的勇气. 成显聪，等译. 贵阳：贵州人民出版社，1988.

［16］［美］蒂里希. 蒂里希选集（上）. 何光沪，选编. 上海三联书店，1999.

［17］［法］路易·迪蒙. 论个体主义——对现代意识形态的人类学观点. 谷方，译. 上海：上海人民出版社，2003.

［18］［美］多迈尔. 主体性的黄昏. 万俊人，等译. 上海：上海人民出版社，1992.

［19］［美］芬伯格. 可选择的现代性. 陆俊，等译. 北京：中国社会科学出版社，2003.

［20］［法］福柯. 福柯集. 上海：上海远东出版社，1998.

［21］［德］福禄贝尔. 人的教育. 孙祖复，译. 北京：人民教育出版社，1991.

［22］［美］大卫. 雷·格里芬后现代精神. 王成兵，译. 北京：中央编译出版社，1998.

［23］［德］哈贝马斯. 公共领域的结构转型. 曹卫东，等译. 上海：学林出版社，1999.

［24］［德］哈贝马斯. 作为"意识形态"的技术与科学. 李黎，等译. 上海：学林出版社，1999.

［25］［德］尤尔根·哈贝马斯，米夏埃尔·哈勒. 作为未来的过去：与著名哲学家哈贝马斯对话. 章国锋，译. 杭州：浙江人民出版社，2001.

［26］［德］海德格尔. 海德格尔选集. 孙周兴，选编. 上海：上海三联书店，1996.

［27］［德］海德格尔. 人：诗意地安居. 郜元宝，译，桂林：广西师范大学出版社，2000.

[28]［英］赫胥黎. 进化论与伦理学. 北京：科学出版社,1971.

[29]［德］黑格尔. 法哲学原理. 范扬,张企泰,译. 北京：商务印书馆,1996.

[30]［德］黑格尔. 精神现象学. 贺麟,王玖兴,译. 北京：商务印书馆,1979.

[31]［美］霍尔姆斯. 反自由主义剖析. 曦中,等译. 北京：中国社会科学出版社,2002.

[32]［德］加达默尔. 真理与方法. 洪汉鼎,译,上海：上海译文出版社,1999.

[33]［英］安东尼·吉登斯. 社会理论与现代社会学. 文军,等译. 北京：社会科学文献出版社,2003.

[34]［英］安东尼·吉登斯. 现代性的后果. 田禾,译. 南京：译林出版社,2000.

[35]［德］卡西尔. 启蒙哲学. 顾伟民,等译. 济南：山东人民出版社,1988.

[36]［德］康德. 历史理性批判文集. 何兆武,译,北京：商务印书馆,1990.

[37]［德］康德. 实践理性批判. 韩水法,译. 北京：商务印书馆,1999.

[38]［德］康德. 道德形而上学原理. 苗力田,译. 上海：上海人民教育出版社,2002.

[39]［澳］W·F·康内尔. 20 世纪世界教育史. 陈法琨,等译. 北京：人民教育出版社,1990.

[40]［英］拉思斯. 价值与教学. 谭松贤,译,杭州：浙江教育出版社,2003.

[41]［美］罗尔斯,等. 政治自由主义. 万俊人,译. 南京：译林出版社,2000.

[42]［美］罗尔斯. 道德哲学史讲义. 张国清,译. 上海：上海三联书店,2003.

[43]［美］罗尔斯. 政治自由主义：批评与辩护. 万俊人,等译. 广州：广东人民出版社,2003.

［44］［德］舍勒. 舍勒选集.（上、下）. 上海：上海三联书店, 1999.

［45］［法］弗朗索瓦·于连. 道德奠基——孟子与启蒙哲人的对话. 宋刚, 译. 北京大学出版社, 2002.

［46］［美］麦金太尔. 三种对立的道德探究观. 万俊人, 等译. 北京：中国社会科学出版社, 1999.

［47］［法］爱弥尔·涂尔干. 职业伦理与公民道德. 渠东, 等译. 上海：上海人民出版社, 2001.

［48］［法］托克维尔. 论美国的民主（上卷）. 董果良, 译. 北京：商务印书馆, 1988.

［49］［美］史蒂文·塞德曼. 有争议的知识——后现代时代的社会理论. 刘北成, 等译. 北京：中国人民大学出版社, 2002.

［50］［美］麦金太尔. 德性之后. 龚群, 等译. 北京：中国社会科学出版社, 1995.

［51］［美］史蒂文·塞德曼. 后现代转向. 吴世雄, 等译. 沈阳：辽宁教育出版社, 2001.

［52］［加］查尔斯·泰勒. 自我的根源：现代认同的形成. 韩震, 等译. 南京：译林出版社, 2001.

［53］［德］舍勒. 资本主义的未来. 罗悌伦, 等译. 北京：三联书店, 1997.

［54］［德］西美尔. 现代人与宗教. 曹卫东, 等译. 北京：中国人民大学出版社, 2003.

［55］［德］马克斯·韦伯. 新教伦理与资本主义精神. 于晓, 等译. 北京：三联书店, 1987.

［56］［德］默茨. 历史与社会中的信仰：对一种实践的基本神学之研究. 朱雁冰, 译. 北京：三联书店, 1996.

［57］［荷］舒尔曼. 科技时代与人类未来——在哲学深层的挑战. 李小兵, 谢京生, 张峰, 等译. 北京：东方出版社, 1995.

［58］［美］E·希尔斯. 论传统. 傅铿, 吕乐, 译. 上海：上海人民出版社, 1991.

[59] [英]斯宾塞. 斯宾塞教育论选. 胡毅,等译. 北京:人民教育出版社,1997.

[60] [英]汤因比,(日)池田大作. 展望二十一世纪——汤因比与池田大作对话录. 荀春生,等译. 北京:国际文化公司,1985.

[61] [奥]赖希. 法西斯主义群众心理学. 张峰,译. 重庆:重庆出版社,1990.

[62] [英]马林诺夫斯基. 神圣的性生活. 何勇,译. 北京:知识出版社,1998.

[63] [美]罗蒂. 哲学和自然之镜. 北京:商务印书馆,三联书店,1987.

[64] [美]罗洛·梅. 罗洛·梅文集. 冯川主编. 中国言实出版社,1996.

[65] [德]卡尔·雅斯贝尔斯. 现时代的人. 周晓亮,等译. 北京:社会科学文献出版社,1992.

[66] [瑞士]裴斯泰洛齐. 裴斯泰洛齐教育论选. 夏之莲,等译. 北京:人民教育出版社,1992.

[67] [英]密尔. 代议制政府. 汪瑄,译. 北京:商务印书馆,1982.

[68] [法]涂尔干. 道德教育. 陈光金,等译. 上海:上海人民出版社,2001.

[69] [美]理查德·罗蒂. 后哲学文化. 黄男,编译. 上海:上海译文出版社,1992.

[70] [美]施瓦支. 中国的启蒙运动:知识分子与五四运动. 太原:山西人民出版社,1989.

[71] 刘小枫. 现代性社会理论绪论. 上海:上海三联书店,1998.

[72] 刘小枫. 沉重的肉身——现代性伦理的叙事纬语. 上海:上海人民出版社,1999.

[73] 刘小枫. 个体信仰与文化理论. 成都:四川人民出版社,1997.

[74] 刘小枫. 拯救与逍遥. 上海:上海三联书店,2001.

[75] 汪晖. 死火重温. 北京：人民文学出版社, 2000.

[76] 张志扬. 一个偶在论者的觅踪——在绝对与虚无之间. 上海：上海三联书店, 2002.

[77] 张志扬. 缺席的权力. 上海：上海人民出版社, 1996.

[78] 张志扬. 偶在论. 上海：上海三联书店, 2000.

[79] 沈语冰. 透支的想象——现代性哲学引论. 上海：学林出版社, 2003.

[80] 包利民, M·斯戴克豪思. 现代性价值辩证论——规范伦理的形态学及其资源. 上海：学林出版社, 2000.

[81] 万俊人. 现代性伦理话语. 哈尔滨：黑龙江人民出版社, 2002.

[82] 金生鈜. 德性与教化——从苏格拉底到尼采：西方道德教育哲学思想研究. 长沙：湖南大学出版社, 2003.

[83] 哈佛燕京学社, 三联书店. 公共理性与现代学术. 北京：三联书店, 2000.

[84] 王一川. 中国现代性体验的发生. 北京：北京师范大学出版社, 2001.

[85] 石元康. 从中国文化到现代性：典范转移. 北京：生活·读书·新知三联书店, 2000 年.

[86] 王岳川. 二十世纪西方诗性哲学. 北京：北京大学出版社, 1999.

[87] 赵汀阳. 现代性与中国. 广州：广东教育出版社, 2000.

[88] 唐文明. 与命与仁——儒家伦理精神与现代性问题. 保定：河北大学出版社, 2002.

[89] 姜义华. 理性缺位的启蒙. 上海：上海三联书店, 2000.

[90] 周宪. 现代性的张力. 北京：首都师范大学出版社, 2001.

[91] 张宝明. 自由神话的终结. 上海：上海三联书店, 2002.

[92] 孙志文. 现代人的焦虑和希望. 陈永禹, 译. 北京：三联书店, 1994.

[93] 余虹. 革命·审美·解构——20 世纪中国文学理论的现代性与后现代性. 桂林：广西师范大学出版社, 2001.

［94］陈晓明.现代性与中国当代中国文学的转型.昆明:云南人民出版社,2003.

［95］降增玉.现代性与中国现代文学.长春:东北师范大学出版社,2001.

［96］葛洪义.法律与理性——法的现代性问题解读.北京:法律出版社,2001.

［97］张辉.审美现代性批判.北京:北京大学出版社,1999.

［98］于文杰.通往德性之路——中国美育的现代性问题.北京:中国社会科学出版社,2001.

［99］吴国桢.中国的传统.陈博,译.上海:东方出版社,2000.

［100］葛兆光.中国思想史.上海:复旦大学出版社,2001.

［101］渠敬东,缺席与断裂——有关失范的社会学研究.上海:上海人民出版社,1999.

［102］杨念群.中层理论:东西方思想会通下的中国史研究.南昌:江西教育出版社,2001.

［103］张一兵.无调式的辩证想象.北京:三联书店,2001.

［104］高瑞泉.中国现代精神传统.上海:东方出版中心,1994.

［105］吴冠军.多元的现代性——从"9·11"灾难到汪晖"中国的现代性"论说.上海:上海三联书店,2002.

［106］周辅成.西方伦理学名选辑(上卷).北京:商务印书馆,1964.

［107］马克思.1844年经济学哲学手稿.北京:人民出版社,1985.

［108］万俊人.现代西方伦理学史.北京:北京大学出版社,1990.

［109］方朝晖.重建价值主体.北京:中央广播电视大学出版社,1993.

［110］高清海.人就是人.沈阳:辽宁人民出版社,2001.

［111］秦晖.问题与主义.长春:长春出版社,1999.

［112］何怀宏.伦理学是什么.北京:北京大学出版社,2002.

［113］陶东风.社会转型与当代知识分子.上海:上海三联书店,1999.

［114］张锡生.中国德育思想史.南京:江苏教育出版社,1993.

参考文献

[115] 罗炽,等. 中国德育思想史纲. 武汉:湖北教育出版社,1998.

[116] 于钦波,刘民. 外国德育思想史. 成都:四川教育出版社,1999.

[117] 腾大春. 外国教育通史. 济南:山东教育出版社,1989.

[118] 鲁洁. 德育社会学. 福州:福建教育出版社,1998.

[119] 单中惠. 西方教育思想史. 太原:山西人民出版社,1996.

[120] 黄向阳. 德育原理. 上海:华东师范大学出版社,2000.

[121] 朱小蔓. 道德教育论丛 2000(1). 南京:南京师范大学出版社,2000.

[122] 朱小蔓. 教育的问题与挑战:思想的回应. 南京:南京师范大学出版社,2000.

[123] 薛晓阳. 希望德育论. 北京:人民教育出版社,2003.

[124] 戚万学. 活动道德教育论. 南京:南京师范大学博士论文,1994.

[125] 高德胜. 知性德育及其超越——现代德育困境研究. 北京:教育科学出版社,2003.

[126] 杨东平. 艰难的日出——中国现代教育的20世纪. 上海:文汇出版社,2003.

[127] 王啸. 全球化与中国教育. 成都:四川人民出版社,2002.

[128] 丁钢. 历史与现实之间——中国教育传统的理论探索. 北京:教育科学出版社,2002.

[129] 郑金洲. 教育通论. 上海:华东师范大学出版社,2000.

[130] 叶澜. 教育研究方法论初探. 上海:上海教育出版社,1999.

[131] 叶澜,等. 教师角色与教师发展新探. 北京:教育科学出版社,2002.

[132] 鲁洁. 德育新论. 南京:江苏教育出版社,1994.

[133] 高德胜. 知性德育及其超越——现代德育困境研究. 北京:教育科学出版社,2003.

[134] 戚万学. 冲突与整合——20世纪西方道德教育理论. 济南:山东教育出版社,1995.

[135] 檀传宝. 德育美学. 太原：山西教育出版社，1996.

[136] 冯增俊. 当代西方学校道德教育. 广州：广东教育出版社，1993.

[137] 袁桂林. 当代西方道德教育理论. 福州. 福建教育出版社，1995.

[138] 钟启泉，黄志成. 西方德育原理. 西安：陕西教育出版社，1998.

[139] 班华. 现代德育论. 合肥：安徽人民出版社，2001.

[140] 魏贤超. 现代德育原理. 杭州：浙江大学出版社，1993.

[141] 瞿葆奎，余光，李涵生，等. 教育学文集·德育. 北京：人民教育出版社，1989.

[142] 石中英. 知识转型与教育改革. 北京：教育科学出版社，2001.

[143] 张博树. 现代性及其超越——哈贝马斯研究. 中国社会科学院哲学研究所博士论文，1991.

[144] 汤玉宝. 中国道德教育现代化研究. 东北师范大学博士论文，1996.

[145] 孙彩平. 道德人的生成与流变. 南京师大博士后出站报告，2003.

[146] 岳龙. 现代性语境中的教育传统. 华东师范大学博士论文，2001.

[147] 郭小明. 课程知识与个体精神自由. 博士学位论文南京师范大学，2003.

[148] 高伟. 生存论教育哲学发凡. 南京师范大学博士学位论文，2003.

[149] 高瑞泉. 现代性与中国文化精神的近代转向. 江苏社会科学，2001.

[150] 张三夕. 论"现代性"的含义及其与"现代化"之关系. 海南师范学院学报：人文社科版，2002(1).

[151] 王晓华. 现代性的中国形态与后现代主义问题. 探索，2001(3).

[152] 任剑涛. 现代性、历史断裂与中国社会文化转型. 厦门大学学报：哲学社会科学版，2001(1).

[153] 万俊人. "现代性道德"的批判与辩护. 开放时代，1999(6).

[154] 张志扬. 现代性的问题意识. 浙江大学学报：哲学社会科学版，1998(2).

[155] 姚大志. 道德证明与现代性. 吉林大学社会科学学报,2002.

[156] 吴全华. 教育现代性研究的学理基础及反思向度. 教育评论,2002(3).

[157] 刘铁芳. 从日常生活世界的凸显到人的发现——现代性教化启蒙的历史回眸. 湖南师范大学教育科学学报,2003(3).

[158] 班华. 近十年来德育思想现代化的进展. 教育研究,1999(2).

[159] 班华. 世纪之交论德育现代化建设//朱小蔓. 道德教育论丛,2000(1),南京师范大学出版社,2000:67.

[160] 班华. 创造性的培养与现代德育. 教育研究,2001(1).

[161] 班华. 德育理念与德育改革——新世纪德育的人性化走向. 南京师范大学学报,2002(4).

[162] 鲁洁. 走向世界历史的人——人的转型与教育. 教育研究,1999(11).

[163] 鲁洁. 人对人的理解:道德教育的基础. 教育研究,2000(7).

[164] 鲁洁. 关系中的人:当代教育的一种人学探寻. 教育研究,2002(1).

[165] 金生鈜. 质疑建国以来的道德教育规训. 教育理论与实践,2001(8).

[166] 金生鈜. 教育为什么要培养理性精神. 教育研究与实验,2003(3).

[167] 吴康宁. 教会选择:面向 21 世纪的我国学校道德教育的必由之路——基于社会学的反思. 华东师范大学学报:教育科学版,1999(3).

[168] 刘慧,朱小蔓. 关注学生个体的生命世界. 教育研究,2001(9).

[169] 黄向阳. 道德相对主义与德育. 2000 年德育年会论文.

[170] 张远山. 反道德的道德高标——子贡赎人. 东方,2001(10).

[171] 薛晓阳. 超越"圣洁":教师德性的哲学审视. 教育研究与实验,2001(2).

［172］甘剑梅. 班级:一个可能的生命世界. 现代教育论丛,2001.

［173］高兆明. 道德建设的现代性反思:形势、问题与对策. 玉溪师范学院学报,2002(4).

［174］刘铁芳. 生命情感与教育关怀. 1999 年教育基本理论年会交流论文.

［175］石中英. 本质主义、反本质主义与中国教育学研究. 教育研究,2004(1).

［176］薛晓阳,班华. 模式研究与教育的实践哲学. 清华大学教育研究,2002(3).

［177］夏勇. 哈哈镜前的端详——哲学权利与本土义. 读书,2002(6).

［178］丁钢. 教育经验的理论方式. 教育研究,2003(2).

［179］李庚靖. 20 世纪上半期中国教育研究方法之演进. 广西师范大学学报:哲学社会科学版,2001(4).

［180］陈桂生. 略论迪尔凯姆关于"理性化"的道德教育的见解. 杭州师范学院学报:社会科学版,2002(4).

［181］蓝维. 公民教育的现代崛起与现时代特征. 江西教育科研,1999(2).

［182］傅维利. 中国教育现代化的文化负累. 教育理论与实践,1998(1).

［183］万明钢,王文岚. 全球化背景中的公民与公民教育. 西北师大学报:社会科学版,2003(1).

［184］李猛. 论抽象社会. 社会学研究,1999(1).

［185］甘剑梅. 论"关心"的教育品性. 教育理论与实践,2002(12).

［186］刘云杉. 国外教育社会学新发展. 比较教育研究,2002(12).

［187］樊浩. "德"—"育"生态论. 东南大学学报:社会科学版,1999(2).

［188］孙传宏. 学校蒙养与生活养成. 海南师范学院学报:人文社会科学版,1997(2).

［189］褚宏启. 教育现代化进程中的教育传统与教育现代性. 北京师范大学学报:人文社科版,2000(1).

英文参考文献

[1] J. Ball. *Sociology of Education：Major Themes*. New York：RoutledgeFalmer，2000.

[2] Henry Lefebvre. *Introduction to Modernity*. London：Verso，1995.

[3] Sean Hand(eds.). *The Leveinas Reader*. Oxford：Blackwell，1989.

[4] Zygmunt Bauman. *Modernity and Ambivalence*. Cambridge：Polity，1991.

[5] Jean-Frrancois Lyotard. *The Postmodern Explained*. Minneapolis：Minnesota University Press，1993.

[6] Ulrich Beck. *World Risk Society*. Cambridge：Blackwell，1999.

[7] Mike Featherstone. *Undoing Culture: Globalization*，Postmodernism and Identity. London：Sage，1995.

[8] Mal Leicester，Celia Modgil and Sohan Modgil (eds.). *Education，Vulture and values*. Falmer Press，2000.

[9] Marshall Berman. *All That is Solid Melt into Air: The Experience of Modernity*. New York：Penguin，1982.

[10] Peters，R. S. *Ethics and Education*. London：Allen and Unnin，1966.

[11] Neill Onora. *Towardsn Justice and Virtue——A collective account of practical reasoning*. Cambridge University Press，1996.

[12] Dwight boyd. *The Legacyes of Liberalism and Oppressive Relations：Facing Adilemma for The Subject of Moral Education.* 第九届 UNESCO——APEID 教育国际会议,"学校道德教育与人的全面发展"圆桌会议论文,2003 年 11 月.

后　记

　　学校道德生活现代性问题的复杂与多元使我们很难在一本书中作出全面而详尽的探讨，本书是在理论辨析的基础上寻求学校道德生活现代转型与重构的方法论策略。同时，现代性作为一个流动的概念也使我们很难对学校道德生活的现代性勾画出一个明确的轮廓，它只是人们在对传统的超越中不断变换的一种理论想象与实践探索，具体指认哪一种教育是现代的或是非现代的，可能是件困难的事，因为现代与非现代、现代与传统往往是相依而在的，它们可能既是"它"又是"它"。因而，本书的讨论是辩驳性的，这里所提供的建构思路只能是一种可能的参考，个人的眼界有限，想象的理论与具体实践毕竟有不小的差距。

　　我们讨论学校道德生活的现代性并不是想让德育成为盛产的现代性理论的又一个新的注释，只是想通过现代性这一视点去发现学校道德生活中存在的问题及其变革的可能性。而从学校道德生活的视角研究现代性也只是为了阐释一种新的教化哲学，而不是去再认现代性的具体观念。不过目的是否达到，是件令人怀疑的事，写下它作为继续努力的方向也未尝不可。仔细想来，学校道德生活的现代性以及现代性的问题探究，想要有一种圆满的结果几乎不可能，因为不存在问题的德育至今还没有存在过，即便是被今人再三赞叹的古希腊教育，也不是一点儿问题没有。问题总是在不同的视界中产生,这里讨论的问题只是以现代性为名的个人视界的产物,讨论的不充分与不完全如同问题本身一样不可消除。因而,非常期待您的批评指正。

本书的思考与写作是在众多师友的鼓励和帮助下完成的。师友们的鼓励和帮助一直是,也将永远是我不断超越自身局限的源泉。在此,我对所有帮助过我的师友们表示深深的谢意! 与你们的每一次相遇都是我人生至贵的财富。

甘剑梅

2009 年 8 月于杭州